"中国消费经济运行报告"丛书

丛书主编：韩 雷

丛书执行主编：刘 娜

丛书副主编：张丹丹 欧定余 马丽君 侯新烁

湘潭大学商学院

湘潭大学消费经济研究院

长沙新消费研究院

联合出品

中国居民旅游消费需求研究报告（2024）

张伟伟 谢春江 李卫飞 ◎ 著

中国财经出版传媒集团

经济科学出版社

Economic Science Press

·北 京·

图书在版编目（CIP）数据

中国居民旅游消费需求研究报告. 2024 / 张伟伟，
谢春江，李卫飞著. －－北京：经济科学出版社，2024.
12. －－（"中国消费经济运行报告"丛书）. －－ISBN
978 － 7 － 5218 － 6505 － 9

Ⅰ. F592. 6

中国国家版本馆 CIP 数据核字第 2024VZ2099 号

责任编辑：崔新艳
责任校对：郑淑艳
责任印制：范　艳

中国居民旅游消费需求研究报告（2024）
ZHONGGUO JUMIN LÜYOU XIAOFEI XUQIU YANJIU BAOGAO (2024)
张伟伟　谢春江　李卫飞　著
经济科学出版社出版、发行　新华书店经销
社址：北京市海淀区阜成路甲 28 号　邮编：100142
经管中心电话：010 － 88191335　发行部电话：010 － 88191522
网址：www. esp. com. cn
电子邮箱：espcxy@ 126. com
天猫网店：经济科学出版社旗舰店
网址：http：//jjkxcbs. tmall. com
北京季蜂印刷有限公司印装
710 × 1000　16 开　16. 5 印张　280000 字
2024 年 12 月第 1 版　2024 年 12 月第 1 次印刷
ISBN 978 － 7 － 5218 － 6505 － 9　定价：80. 00 元
（图书出现印装问题，本社负责调换. 电话：010 － 88191545）
（版权所有　侵权必究　打击盗版　举报热线：010 － 88191661
QQ：2242791300　营销中心电话：010 － 88191537
电子邮箱：dbts@ esp. com. cn）

"中国消费经济运行报告"丛书

丛书主编

韩　雷

丛书执行主编

刘　娜

丛书副主编

张丹丹　欧定余　马丽君　侯新烁

丛书编委会

刘长庚　刘金刚　罗菊兰　罗建文　醋卫华　杨智辉
朱　健　易行健　夏杰长　毛中根　汪　伟　杨汝岱
张川川　楚尔鸣　龚志民　谭燕芝　陈湘满　湛　泳
刘亚军　陈华帅　张　立　吴朝霞　张　磊　田小文
张伟伟　姚海琼　陈　靖　郑　平　彭明霞　雷剑峰

本书编委会

张伟伟　谢春江　李卫飞　马丽君
陈喆芝　陈素平　罗　栋

总　序

中共中央、国务院《扩大内需战略规划纲要（2022—2035 年）》指出，坚定实施扩大内需战略、培育完整内需体系，是加快构建以国内大循环为主体、国内国际双循环相互促进的新发展格局的必然选择。为深入实施扩大内需战略，必须充分发挥消费对经济发展的基础性作用，不断增强高质量发展的持久动力。消费不仅是内需体系的重要支撑，也是中国经济发展的基本动力，是满足人民日益增长的美好生活需要的必然要求。习近平总书记强调，要增强消费能力，改善消费条件，创新消费场景，使消费潜力充分释放出来。习近平总书记关于消费问题的重要论述，为我们开展消费经济理论研究、探索消费扩容提质的思路与举措提供了根本遵循。国务院办公厅 2023 年 7 月发布《关于恢复和扩大消费的措施》，就恢复和扩大消费展开系统部署。2024 年全国两会提出，要培育壮大新型消费，实施数字消费、绿色消费、健康消费促进政策，积极培育智能家居、文娱旅游、体育赛事、国货"潮品"等新的消费增长点。党的二十届三中全会也对加快培育完整内需体系作出全面部署，提出"完善扩大消费长效机制"。当前，中国消费已从疫后恢复阶段逐步转向持续扩大阶段，消费需求稳步增长、消费结构加快升级、消费拉动经济的作用显著增强，许多消费新现象、新趋势、新问题持续涌现，围绕这些新现象、新趋势和新问题开展系统深入的研讨，有着重要的学术价值和实践意义。

湘潭大学是中国消费经济学研究的发源地，也是当前国内消费经济研究领域最有影响的重镇之一。1979 年开始，杰出的学科带头人尹世杰教授带领一批年富力强的中青年学者在湘潭大学开展对社会主义消费经济学的研究，创下全国"六个第一"：第一个把消费经济作为独立学科进行研究，出版第一本系统研究消费经济的专著《社会主义消费经济学》（1983 年），获第一届孙冶方经济科学奖（1985 年），第一个招收消费经济学方向硕士研究生，创办第一个消费经济研究所（1984 年经湖南省人民政府批准成立，2011 年升格为消费经济研究院），创办第一家消费经济学术刊物《消费经济》（1985 年）。湘潭大学商学院、湘潭大学消费经济研究院以"推动中国消费经济学理论与实践研究、彰显服务中国式现代化责任担当"为己任，以科学研究和社会服务为依托，着力培养壮大消费经济研究力量，推动中国消费经济学科发展，服务地方经济发展，促进社会消费繁荣。为进一步传承和发扬尹世杰教授等前辈学者深耕消费经济研究的优良传统，凸显消费经济研究特色，彰显消费经济学科影响力，更好地服务国家和地方经济社会发展，湘潭大学商学院、湘潭大学消费经济研究院充分挖掘和发挥学科团队在消费经济研究领域的经年积淀与高知人力资本优势，研究市场深度需求，组织撰写可充分满足政府、企业与消费者多维需要、特色鲜明的中国消费经济运行报告。2023 年首批报告发布，本套丛书为中国消费经济运行报告的第二批成果。

本套丛书由湘潭大学商学院、湘潭大学消费经济研究院、长沙新消费研究院联合出品。长沙新消费研究院由湖南省商务厅指导、长沙市商务局与天心区人民政府共同发起，以"政府指导·市场主导·赋能产业"三位一体发展理念筹建，定位长沙新消费产业服务与孵化平台，由长沙新消费产业研究有限公司运营。长沙新消费研究院以"消费向上·中国向前"为愿景，围绕"产业研究·企业咨询·投资孵化"三个功能定位，以"共创、共生、共享"的价值理念，致力于促进新消费产业领域内学术、企业、资本、平台、政府等之间的交流，推动新消费产业前沿理论与市场实践的高质量互动发展。湘潭大学与长沙新消费研究院共同创建"新消费经济研究中心"，双方立足长沙、放眼全国，在数据采集与挖掘、科研与产学研合作、产业人才培养等多方面展开了深度合作。本套丛书是双方深度合作的成果，力求为中国新消费经济理论研究与产业实践实现高质量发展添砖加瓦。

本套丛书秉持首批中国消费经济运行报告丛书的宗旨，对中国当前消费经济热门领域展开了观察与思考。本套丛书从不同主题切入，充分运用理论推演、数据挖掘、田野调查、案例分析等多种研究方法精确描摹和深度剖析中国消费经济运行现状、特征与趋势，为相关部门制定和实施扩内需促消费政策、企业应对新消费时代生产服务转型提供了依据和参考。未来，期待湘潭大学在消费经济研究领域持续发力，推出更多基于理论指导、立足现实需要的消费经济研究成果，为推动构建新发展格局、不断满足人民日益增长的美好生活需要积极贡献智慧和力量！

中国社会科学院财经战略研究院研究员

2024 年 11 月 16 日

前　言

　　坚定实施扩大内需战略、培育完整内需体系，不仅是加快构建以国内大循环为主体、国内国际双循环相互促进的新发展格局的必由之路，更是推动我国长远发展和实现长治久安的关键战略决策。这一战略的实施，有助于满足人民对美好生活的向往，充分发挥我国超大规模市场优势，有效应对国际环境的深刻变化，以及更高效率地促进经济循环。通过不断释放内需潜力，充分发挥内需拉动作用，我们能够建设更加强大的国内市场，从而推动我国经济平稳健康可持续发展。展望未来一段时期，国内市场主导国民经济循环特征会更加明显，消费已成为我国经济增长的主拉动力。《扩大内需战略规划纲要（2022～2035 年）》明确了扩大文化和旅游消费是积极发展服务消费的重要举措，要全面促进消费，加快消费提质升级。2023 年 9 月 27 日，国务院办公厅印发《关于释放旅游消费潜力推动旅游业高质量发展的若干措施》，指导丰富优质旅游供给，释放旅游消费潜力，推动旅游业高质量发展，进一步满足人民群众美好生活需要。2024 年国务院印发的《关于促进服务消费高质量发展的意见》中提出了多项与旅游消费相关的重要措施。这些政策旨在优化和扩大服务供给，释放服务消费潜力，更好地满足人民群众个性化、多样化、品质化服务消费需求。

　　对消费需求特征进行深入剖析，对消费影响因素进行系统梳理，是推动旅游消费提质升级的重要基石，有利于我国扩大内需、促进消费战略部署。为此，湘潭大学商学院、湘潭大学消费经济研究院组织了中国消费经济运行报告的调研与撰写。本书由张伟伟老师牵头负责，并邀请知名旅游研究专家刘建平教授、阎友兵教授、方世敏教授、林龙飞教授和龙祖坤教授指导，细化方案设计以及研究框架、研究方法等。

　　本书是湘潭大学商学院、消费经济研究院、长沙新消费研究院联合出

1

版的"中国消费经济运行报告"丛书第二批成果之一。本书依托中国红色旅游创新发展研究基地（湘潭大学）、中国旅游研究院红色旅游研究基地、湖南省旅游研究基地（湘潭大学）开展，凝结了湘潭大学商学院旅游与酒店管理系多位老师的心血。本书从旅游景区和专项旅游两个维度对我国居民旅游消费需求展开研究，通过大数据揭示消费需求特征，梳理影响因素并提出发展建议。

本书为2023年分报告《中国居民旅游消费需求研究报告》的接续研究成果。本书由三个部分组成。第一部分绪论，统领全书两个篇章，阐述了开展中国居民旅游消费需求研究的发展背景，简要介绍上、下两篇的研究设计，交代数据来源与研究方法。第二部分即上篇旅游景区消费需求报告，第一章、第二章分别剖析 AAAAA 级景区、国家一级博物馆的消费需求，第三章梳理旅游景区消费需求影响因素，并提出消费需求提升建议。第三部分即下篇专项旅游消费需求报告，共五章，涵盖乡村旅游、工业旅游、冰雪旅游、邮轮旅游和研学旅行等多个领域的消费需求研究。

研究报告内容的撰写分工如下：马丽君老师，刘双、张昊、冯若兰同学撰写绪论、第一章；谢春江老师，袁楠甜、邹利娴同学撰写第二章、第三章；张伟伟老师，顾潘菲、谭俏伟、贺李同学撰写第四章、第五章；陈素平老师，罗盈科、俞波同学撰写第四章案例；张伟伟老师，谭俏伟、王雨同学撰写第五章案例；李卫飞老师，王旭平、罗杨天植、钟燕同学撰写第六章、第七章；王旭平同学撰写第六章案例；李畅同学搜集案例资料，罗杨天植同学撰写第七章案例；陈喆芝老师，高苣洲、张馨艺、符志辉同学撰写第八章；陈素平老师，钟声、张薇同学撰写第八章案例。张伟伟老师负责任务的分配、协作、责任落实，马丽君老师、罗栋老师、张伟伟老师、李卫飞老师、陈喆芝老师共同确定研究报告选题、报告提纲、修改方案，张伟伟老师负责、贺李同学协助全文统稿、沟通协调。

书中不足之处，敬请读者提出宝贵意见。

注：本书 AAAAA 级景区消费需求表中只展示前50名，查看完整排名请扫下方二维码。

目　录

下篇　专项旅游消费需求报告

绪　　论

一、研究背景

（一）消费释放新活力，助推旅游高质量发展

2023 年国务院办公厅印发《关于释放旅游消费潜力推动旅游业高质量发展的若干措施》，旨在丰富优质旅游供给，释放旅游消费潜力，推动旅游业高质量发展，进一步满足人民群众美好生活需要，发挥旅游业对推动经济社会发展的重要作用。旅游消费的快速恢复对促进经济复苏、提振发展信心具有重要作用。旅游消费的新业态、新模式正在激发市场的新活力。2023 年，随着我国经济回升向好态势持续巩固和增强，文化产业发展将保持较快增长，逐步实现旅游业的高质量发展，各地旅游景点的客流量明显回升，旅游市场呈现积极复苏态势。

2022 年党的二十大报告进一步强调，要坚持以推动高质量发展为主题，将实施扩大内需战略与深化供给侧结构性改革紧密结合，同时突出消费对经济发展的基础性作用和投资对优化供给结构的关键作用。报告指出，扩大居民消费和有效投资，可以增强经济发展的韧性，推动经济持续健康发展。报告还明确提出了坚持以文化塑造旅游、以旅游彰显文化的理念，推进文化和旅游深度融合发展。

（二）旅游业强势复苏，旅游市场呈现新特征

据文化和旅游部数据统计，2023 年，国内出游 48.91 亿人次，比 2022 年同期增加 23.61 亿人次，同比增长 93.3%。其中，城镇居民国内出游 37.58 亿人次，同比增长 94.9%；农村居民国内出游 11.33 亿人次，同比增长 88.5%。分季度看，其中第一季度国内出游 12.16 亿人次，同比增长 46.5%；第二季度

国内出游 11.68 亿人次，同比增长 86.9%；第三季度国内出游 12.90 亿人次，同比增长 101.9%；第四季度国内出游 12.17 亿人次，同比增长 179.1%。[①]

国内旅游市场呈现出短时间、近距离、高频次等新特征。"轻旅游""微度假""宅酒店"等成为新亮点。同时，"一老一小"成为国内旅游的亮点和重点，老年旅游、康养旅游、研学旅行等具有广阔前景。省内旅游客流占国内旅游客流的八成，且旅游客流集中在人口大省。省际旅游客流集中在相邻省份之间。大多游客集中在节假日进行旅游，全年节假日旅游呈现出稳开、低走、缓升的态势。同时，本地游和周边游逐渐成为重要形式。而从客源市场来看，城乡客源市场呈二元结构，东部地区客源市场超全国一半，中老年旅游者成为重要客源，国内旅游者呈现出高学历特征。

（三）高等级景区引领，激活高品质旅游消费

旅游六要素理论认为，旅游者在旅游过程中的消费可以被分解为六大要素，即吃、住、行、游、购、娱。其中，"游"之核心，在于景区之构建。旅游资源之中，高等级景区不仅象征着国家级的旅游品质，更在景区服务领域树立了标杆。此类景区作为文化遗产、自然遗产以及非物质文化遗产等宝贵资源的汇聚地，扮演着吸引游客、推动旅游业发展的基石角色。其独特的魅力和价值，对地区旅游发展具有显著的推动作用，是推动旅游业繁荣与进步的重要力量。

1999 年，原国家旅游局主导制定了《旅游区（点）质量等级的划分与评定》（GB/T 17775—1999）标准。此标准首次将旅游景区细分为四个等级，并明确了十大类评价因子的采集要求。2003 年，经过修订，《旅游区（点）质量等级的划分与评定》（GB/T 17775—2003）正式发布，其中一大亮点便是新增了 AAAAA 级旅游景区这一最高等级。这一等级不仅在细节上、景区的文化性和特色性等方面提出了更为严格的要求，更极大地推动了我国旅游资源的开发、利用以及环境保护工作。

国家一级博物馆也是我国高等级景区典型代表之一。博物馆是以教育、研究和欣赏为目的，收藏、保护并向公众展示人类活动和自然环境的见证物，经登记管理机关依法登记的非营利组织。2022 年，为进一步规范博物馆运行评

[①] 2023 年国内旅游数据情况［DB/OL］. 中华人民共和国文化和旅游部，https：// zwgk. mct. gov. cn/zfxxgkml/tjxx/202402/t20240208_951300. html.

估，推进博物馆事业高质量发展，国家文物局根据《博物馆条例》相关规定，制定《博物馆运行评估办法》《博物馆运行评估标准》，旨在通过评估客观反映博物馆在评估周期内的运行状况，建立科学的博物馆激励约束机制，以评促建，引导和促进定级博物馆向规范化、专业化、社会化和现代化方向发展。

（四）聚力打造新场景，专项旅游迎创新机遇

在各级政府促消费的积极政策环境下，在科技、资本、商业模式创新等因素驱动下，避暑旅游、避寒旅游、夜间旅游、冰雪旅游等新产品、新业态迅速成长，从过去注重景区建设向当前注重营造旅游消费新场景转变。地方美食、特色民宿、旅游演艺、夜间生活、运动休闲等消费场景受到市场欢迎。随着旅游产业链的不断延伸，人民群众日益增长的旅游消费需求不断得到满足。同时，专项旅游迎来了业态创新机遇。文化体验游、乡村旅游、生态和谐游、康养体育游、城市购物游、工业旅游、冰雪旅游、邮轮旅游、研学旅行等蓬勃发展，演化出多种新业态。

博物馆旅游是以博物馆为载体的旅游活动方式。博物馆作为向公众开放的非营利性常设机构，其主要功能包括教育、研究、欣赏，并通过征集、保护、研究、传播和展出人类及人类环境的物质、非物质遗产来实现这些功能。博物馆旅游则进一步利用博物馆的资源和特色，结合周边资源及由这些资源转化成的各种特色旅游产品，吸引游客进行观光、休闲和研学，是一种高文化含量的综合性旅游活动。博物馆旅游对旅游文化品质的提升、地方经济的发展以及文化的传播传承产生了巨大影响。

乡村旅游是以乡村自然景观、民俗和农事活动为吸引物的旅游。随着旅游市场的全面复苏，中国乡村旅游迎来重大利好，优势潜力持续释放并不断取得新的突破。2023年国家出台《关于恢复和扩大消费的措施》，明确指出，大力发展乡村旅游是促进农村消费的重要措施之一。这表明乡村旅游具有较大的发展空间和较强的增长潜力。

工业旅游是指以运营中的工厂、企业、工程等为主要吸引物的旅游。2023年10月，根据《国家工业旅游示范基地规范与评价》行业标准，文化和旅游部确定了69家单位为国家工业旅游示范基地。2022年国务院印发的《"十四五"旅游业发展规划》指出，鼓励各地区依托工业生产场所、生产工艺和工业遗产开展工业旅游，建设一批国家工业旅游示范基地；依托报废军事设施等开展国防军事旅游，建设一批国防军事旅游基地。这表明工业旅游作为一种新

兴旅游产业，有着广阔的发展远景，具有促进绿色发展、推进资源型地区转型、保护工业遗产等作用。

冰雪旅游是指以冰雪气候旅游资源为主要吸引物的旅游。中国旅游研究院2024年1月发布的《中国冰雪旅游发展报告（2024）》统计指出，2022~2023年冰雪季我国冰雪休闲旅游人数为3.12亿人次，冰雪休闲旅游收入为3 490亿元，连续两个冰雪季实现了超过3亿人次的市场规模。《"十四五"旅游业发展规划》指出，大力推进冰雪旅游发展，完善冰雪旅游服务设施体系，加快冰雪旅游与冰雪运动、冰雪文化、冰雪装备制造等融合发展，打造一批国家级滑雪旅游度假地和冰雪旅游基地。这表明我国逐渐从冰雪旅游体验阶段进入冰雪旅游刚性需求阶段，逐渐从冰雪旅游大国阶段进入冰雪旅游强国阶段。

邮轮旅游是指以大型海上旅游轮船为载体，集海上游览、到岸观光、游憩、住宿、餐饮、度假等多种功能于一体的组合型高端海洋休闲旅游。[①] 国家发展和改革委员会数据显示，2023年我国邮轮旅客运输量达10.7万人次，2023年9月国际邮轮复航后，全年中外旅客运输量达10.7万余人次，2024年仅一季度就已超19万人次，邮轮旅游市场正继续逐步回升。《"十四五"旅游业发展规划》指出，完善邮轮游艇旅游发展政策，有序推进邮轮旅游基础设施建设和内河旅游航道建设，推动游艇消费大众化发展，建设一批适合大众消费的游艇示范项目。这表明我国邮轮旅游逐渐从跟随国际规则发展转变为国际合作发展和旅游外交，将成为影响国际邮轮旅游格局的重要力量。

研学旅行是指以中小学生为主体对象，以集体旅行生活为载体，以提升学生素质为教学目的，依托旅游吸引物等社会资源，进行体验式教育和研究性学习的一种教育旅游活动。[②] 中国旅游研究院2023年3月发布的《中国研学旅行发展报告》统计指出，2019年全国研学旅行人数为480万人次，2021年增至494万人次，2022年突破600万人次，达到历史新高。我国已建成了一批国家级、省级中小学研学实践教育基地、营地，培育了一批骨干研学旅行企业，不断进步的教育事业也为研学旅行提供了强有力基础保障及支持。这表明我国进入新发展阶段，研学旅行处在大有可为的发展机遇期，将在旅游业中占据更加重要的位置。

---

① 张梦瑶，刘云. 邮轮旅游发展研究述评［J］. 保山学院学报，2014（1）：76－81.
② 中华人民共和国国家旅游局. 研学旅行服务规范［S］. 北京：中华人民共和国国家旅游局网站，2016－12－19.

二、本书体系

本书由上篇旅游景区消费需求报告和下篇专项旅游消费需求报告两部分组成。

鉴于高品质旅游消费能够更好地满足不断升级的个性化、多样化旅游需求，本书上篇选取 AAAAA 级景区、国家一级博物馆为分析对象，就中国式现代化背景下旅游景区消费需求规模、消费群体特征、消费需求空间结构及其影响因素进行全面、深入的研究，并梳理针对性的提升建议。

基于旅游新业态赋能高质量发展、专项旅游加速释放文旅消费活力的价值，本书下篇选取乡村旅游、工业旅游、冰雪旅游、邮轮旅游和研学旅行作为分析对象，就中国式现代化背景下 5 类代表性专项旅游的发展概况、消费需求年际变化趋势、消费群体分布、消费需求时空分布、消费需求特征及其影响因素进行深入研究，并梳理提升建议。

三、数据来源与研究方法

（一）数据来源

百度指数是以百度网页搜索和百度新闻搜索为基础的免费海量数据分析服务，用以反映不同关键词在过去一段时间内的用户关注度和媒体关注度，相关数据最早可追溯至 2011 年。本书选取百度指数"用户关注度"衡量公众景区消费需求，分别收集"趋势研究"板块所需研究时段及地域的日均值，"人群画像"板块中人群属性所反映的性别分布、年龄分布，作为数据来源。

上篇旅游景区消费需求报告数据来源：借助百度指数官方平台，检索关键词为 AAAAA 级景区名称、国家一级博物馆名称，收集 2023 年度（2023 年 1 月 1 日~2023 年 12 月 31 日）全国以及 34 个省份对各景区搜索的整体日均值，收集十一假期（2023 年 9 月 29 日~2023 年 10 月 6 日）的整体日均值，收集春节假期（2023 年 1 月 21 日~2023 年 1 月 27 日）的整体日均值，收集男女占比、不同年龄阶段占比等数据，进行汇总整理。

下篇专项旅游消费需求报告数据来源：借助百度指数官方平台，检索关键词为"乡村旅游""工业旅游""冰雪旅游""邮轮旅游""研学"，收集 2011~2023 年度全国对各关键词搜索的整体日均值、移动日均值；收集 2023 年每个月全国对各关键词搜索的整体日均值，以及 2023 年度 34 个省份对关键词搜索的整体日均值；收集男女占比、不同年龄阶段占比等数据，进行汇总整理。

（二）研究方法

1. 大数据分析

大数据分析是指使用各种技术和方法，对大规模数据进行处理、存储、分析、挖掘和可视化的过程。本书借助百度指数平台工具，检索居民搜索量并收集相关数据，对各项数据进行基础处理、排名以及制图，研究旅游消费需求、公众出行意愿及人群特征。

2. 定量与定性分析相结合

定量分析是指通过数字、数据等量化手段来描述和分析研究对象，有助于更加客观地了解事物的外在表现和规律，从而更好地预测和决策。定性分析是指通过对研究对象进行观察、访谈、文献研究等方式，了解其内在的本质、特性、含义和因果关系等，从而深入理解研究对象的内涵和外延。定性分析和定量分析相结合可以提供更全面、更准确的信息和结论，有助于更好地理解事物本质和规律。

本书基于百度指数大数据进行旅游消费需求定量分析，从消费需求排名、年际变化趋势、消费群体特征、消费需求空间结构等方面系统剖析中国居民对高级别旅游景区和专项旅游的消费需求；基于数据分析结果，结合相关概念界定、政策背景、发展现状，报告，深入剖析了旅游景区及专项旅游的消费需求影响因素，并提出相应的需求提升建议。

上篇

旅游景区消费需求报告

第一章

AAAAA 级景区消费需求研究[*]

　　2020 年 10 月，党的十九届五中全会通过的《中共中央关于制定国民经济和社会发展第十四个五年规划和二〇三五年远景目标的建议》，明确提出要"推动文化和旅游融合发展，建设一批富有文化底蕴的世界级旅游景区和度假区"，为"十四五"时期文化和旅游领域的改革与发展提供了方向和遵循。随后，2022 年 1 月，国务院发布的《"十四五"旅游业发展规划》进一步明确了发展方向。该规划强调，要以世界遗产地和国家 5A 级旅游景区为基础，深度挖掘和展示旅游资源中的中华文化精神内涵，同时创新发展模式，完善标准指引，统筹资源利用，强化政策支持，优化要素配置，并稳步推进建设，致力于打造具有独特性、代表性及国际影响力的世界级旅游景区。

　　AAAAA 级旅游景区是中华人民共和国旅游景区质量评级的最高等级，如何有效利用 AAAAA 级景区的高知名度和强大影响力，将其转变为推动旅游业和国家经济增长的关键动力，是旅游研究领域亟待解决的新课题。以游客需求为出发点，洞察高品质旅游的需求，提供优质的旅游服务，并科学规划景区的发展，已成为当下的紧迫任务。

　　为推动我国 AAAAA 级景区的质量提升并加强其在高品质旅游消费领域的引领作用，本书运用大数据分析技术，通过百度指数，重点研究 AAAAA 级景区的消费需求。我们将结合网络热度数据，对新时代背景下 AAAAA 级景区的公众消费需求进行全面深入的探讨。

　　通过中华人民共和国文化和旅游部智能云搜索（mct. gov. cn）检索"5A级景区"查询可得，截至 2023 年 12 月 31 日，全国共有 342 家 AAAAA 级景

---

[*] 本研究选取百度指数"用户关注度"衡量 AAAAA 级景区消费需求，本章数据来源于百度指数官方平台。

区。运用百度指数工具，以关键词搜索 342 处 AAAAA 级景区，剔除错误、重复、明显异常的数据，保留被百度指数收录的 309 处 AAAAA 级景区，以其作为分析对象。

在 309 处 AAAAA 级景区中，从地理位置分布来看，江苏 24 个，浙江 18 个，四川 17 个，河南 16 个，山东 15 个，广东 14 个，安徽 13 个，湖北 13 个，江西 9 个，新疆 12 个，湖南 13 个，陕西 12 个，河北 12 个，山西 10 个，福建 11 个，重庆 10 个，云南 10 个，广西 9 个，贵州 9 个，北京 8 个，甘肃 6 个，海南 7 个，辽宁 7 个，吉林 6 个，西藏 5 个，内蒙古 6 个，上海 4 个，黑龙江 4 个，青海 3 个，宁夏 4 个，天津 2 个。

第一节　AAAAA 级景区消费需求排名

一、全年消费需求排名

AAAAA 级景区的 2023 年全年消费需求基本情况如表 1-1 所示。全国 309 个 AAAAA 级景区的全年消费总量为 343 401 490 人次，全年平均值为 1 111 331.68 人次。其中，高于均值 1 111 331.68 人次的景区为 112 个，仅占景区数量的 36.25%，消费需求占比却达到了 72.85%。

消费需求年总值 13 万人次以上的景区 274 个，数量占比为 88.67%，需求量占比为 99.42%。可见 AAAAA 级景区 2023 年度的消费需求量集中于排名前 50 名的景区，需求量占比高达 47.70%。

具体而言，排名第一的景区为武汉市黄鹤楼公园，消费需求年总值高达 9 773 240 人次，超过 900 万人次；泰安市泰山景区排名第二，消费需求年总值为 7 297 445 人次；黄山市黄山风景区排名第三，消费需求年总值为 5 431 930 人次，均超过 500 万人次。前三名景区的消费需求年总值合计 22 502 615 人次，占所有景区全年消费需求总量的 6.62%。阿坝藏族羌族自治州九寨沟旅游景区排名第四，消费需求年总值超过 49 万人次，排名第五至第二十的景区消费需求年总值为 30 万~45 万人次。排名前 40 的景区消费需求年总值合计 143 937 020 人次，占所有景区全年消费需求总量的 41.92%。总之，AAAAA 级景区全年消费需求总量呈现出明显的头部景区聚集效应。排名前 50 的 AAAAA 级景区数据见表 1-1。

表 1 – 1　　　　　2023 年 AAAAA 级景区全年消费需求排名

景区名称	所属省份	日均值（人次）	年总值（人次）	排名
武汉市黄鹤楼公园	湖北	26 776	9 773 240	1
泰安市泰山景区	山东	19 993	7 297 445	2
黄山市黄山风景区	安徽	14 882	5 431 930	3
阿坝藏族羌族自治州九寨沟旅游景区	四川	13 449	4 908 885	4
忻州市五台山风景名胜区	山西	12 543	4 578 195	5
陕西渭南华山景区	陕西	11 908	4 346 420	6
颐和园	北京	11 834	4 319 410	7
江西省萍乡市武功山景区	江西	11 828	4 317 220	8
河南省洛阳栾川老君山·鸡冠洞旅游区	河南	11 608	4 236 920	9
故宫博物院	北京	11 546	4 214 290	10
乐山市乐山大佛景区	四川	11 486	4 192 390	11
长白山景区	吉林	11 427	4 170 855	12
湘西州凤凰古城旅游区	湖南	11 289	4 120 485	13
舟山市普陀山风景名胜区	浙江	10 952	3 997 480	14
拉萨布达拉宫景区	西藏	10 542	3 847 830	15
成都市青城山—都江堰旅游景区	四川	10 326	3 768 990	16
嘉兴市桐乡乌镇古镇旅游区	浙江	9 727	3 550 355	17
江西省南昌市滕王阁旅游区	江西	8 960	3 270 400	18
洛阳市龙门石窟景区	河南	8 813	3 216 745	19
北京市海淀区圆明园景区	北京	8 766	3 199 590	20
杭州市千岛湖风景名胜区	浙江	8 738	3 189 370	21
池州市九华山风景区	安徽	8 727	3 185 355	22
乐山市峨眉山景区	四川	8 555	3 122 575	23
丽江市玉龙雪山景区	云南	8 484	3 096 660	24
四川省甘孜州稻城亚丁旅游景区	四川	8 472	3 092 280	25
贵州省铜仁市梵净山旅游区	贵州	8 104	2 957 960	26
湖北省十堰市武当山风景区	湖北	7 873	2 873 645	27
青海省青海湖景区	青海	7 853	2 866 345	28
上海东方明珠广播电视塔	上海	7 465	2 724 725	29

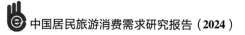

续表

景区名称	所属省份	日均值（人次）	年总值（人次）	排名
博尔塔拉蒙古自治州赛里木湖景区	新疆	7 275	2 655 375	30
安顺市黄果树大瀑布景区	贵州	6 907	2 521 055	31
阿坝州四姑娘山景区	四川	6 871	2 507 915	32
湖北省神农架旅游区	湖北	6 734	2 457 910	33
北海市涠洲岛南湾鳄鱼山景区	广西	6 515	2 377 975	34
湖南省岳阳市岳阳楼—君山岛景区	湖南	6 290	2 295 850	35
晋中市平遥古城景区	山西	6 265	2 286 725	36
嘉峪关市嘉峪关文物景区	甘肃	6 196	2 261 540	37
苏州园林（拙政园、虎丘山、留园）	江苏	6 190	2 259 350	38
济南市天下第一泉景区	山东	6 125	2 235 625	39
天坛公园	北京	6 054	2 209 710	40
秦皇岛市山海关景区	河北	5 907	2 156 055	41
陕西西安大雁塔·大唐芙蓉园景区	陕西	5 684	2 074 660	42
呼伦贝尔市呼伦贝尔大草原·莫尔格勒河景区	内蒙古	5 559	2 029 035	43
大同市云冈石窟	山西	5 540	2 022 100	44
恭王府景区	北京	5 511	2 011 515	45
北京八达岭－慕田峪长城旅游区	北京	5 328	1 944 720	46
湖南省长沙市岳麓山·橘子洲旅游区	湖南	5 300	1 934 500	47
宜昌市三峡大坝—屈原故里旅游区	湖北	5 283	1 928 295	48
南京市钟山风景名胜区—中山陵园风景区	江苏	5 280	1 927 200	49
杭州市西湖风景名胜区	浙江	5 065	1 848 725	50

二、春节假期消费需求排名

2023 年 AAAAA 级景区的春节假期消费需求年总值为 6 688 171 人次，消费需求假期平均值为 21 645 人次。其中有 109 个景区的春节假期消费需求高于平均值，数量仅占比 35.28%，需求量占比却高达 73.61%。

各 AAAAA 级景区的春节假期消费需求为 0 ~ 26.4 万人次。消费需求超过 1 万人次的景区 184 个，其数量占比为 59.55%，需求量占比为 91.58%；消费需求 5 000 ~ 10 000 人次的景区 54 个，其数量占比为 17.48%，需求量占比为 5.89%；消费需求 1 000 ~ 5 000 人次的景区 146 个，其数量占比为 18.45%，需求量占比为 2.49%。消费需求不足 1 000 人次的景区 14 个，其数量占比为 4.52%，需求量占比为 0.04%。AAAAA 级景区 2023 年春节假期的消费需求集中于排名前 130 的景区，其数量占比为 42.07%，需求量占比为 80.05%。具体而言，排名前三名景区的消费需求年总值合计 509 789 人次，占所有景区春节假期消费需求总量的 7.62%。排名第四至第十的景区消费需求年总值均超过 8 万人次。排名前十景区的消费需求年总值合计 1 237 229 人次，占所有景区春节假期消费需求总量的 18.49%，这表明头部景区消费需求聚集效应明显。排名前 50 的 AAAAA 级景区数据见表 1 - 2。

表 1 - 2　　　　2023 年 AAAAA 级景区春节假期消费需求排名

景区名称	所属省份	日均值（人次）	年总值（人次）	排名
武汉市黄鹤楼公园	湖北	37 673	263 711	1
忻州市五台山风景名胜区	山西	17 603	123 221	2
舟山市普陀山风景区	浙江	17 551	122 857	3
黄山市黄山风景区	安徽	17 376	121 632	4
河南省洛阳栾川老君山·鸡冠洞旅游区	河南	16 440	115 080	5
泰安市泰山景区	山东	16 243	113 701	6
乐山市乐山大佛景区	四川	15 009	105 063	7
池州市九华山风景区	安徽	13 310	93 170	8
湘西州凤凰古城旅游区	湖南	13 129	91 903	9
颐和园	北京	12 413	86 891	10
延边朝鲜族自治州长白山景区	吉林	12 183	85 281	11
渭南市华山风景区	陕西	11 166	78 162	12
乐山市峨眉山景区	四川	11 105	77 735	13
嘉兴市乌镇古镇旅游区	浙江	10 997	76 979	14
阿坝州九寨沟景区	四川	10 447	73 129	15

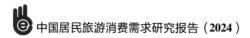

续表

景区名称	所属省份	日均值（人次）	年总值（人次）	排名
成都市青城山—都江堰旅游景区	四川	9 899	69 293	16
杭州市千岛湖风景区	浙江	9 697	67 879	17
洛阳市龙门石窟景区	河南	9 331	65 317	18
南昌市东湖区滕王阁旅游景区	江西	9 317	65 219	19
丽江市玉龙雪山景区	云南	9 134	63 938	20
故宫博物院	北京	8 970	62 790	21
十堰市武当山风景区	湖北	8 929	62 503	22
北海市涠洲岛南湾鳄鱼山景区	广西	8 601	60 207	23
河南开封清明上河园	河南	8 576	60 032	24
贵州省铜仁市梵净山旅游区	贵州	8 274	57 918	25
晋中市平遥古城景区	山西	7 770	54 390	26
北京市海淀区圆明园景区	北京	7 430	52 010	27
枣庄市台儿庄古城景区	山东	6 982	48 874	28
上海东方明珠广播电视塔	上海	6 951	48 657	29
岳阳市岳阳楼—君山岛景区	湖南	6 923	48 461	30
金华市横店影视城景区	浙江	6 826	47 782	31
甘孜州稻城亚丁旅游景区	四川	6 814	47 698	32
神农架生态旅游区	湖北	6 785	47 495	33
拉萨布达拉宫景区	西藏	6 747	47 229	34
宜昌市三峡大坝—屈原故里文化旅游区	湖北	6 571	45 997	35
苏州园林（拙政园、虎丘山、留园）	江苏	6 466	45 262	36
西安市大雁塔—大唐芙蓉园景区	陕西	6 437	45 059	37
萍乡市芦溪县萍乡武功山景区	江西	6 265	43 855	38
安顺市黄果树大瀑布景区	贵州	6 170	43 190	39
广元市剑门蜀道剑门关旅游景区	四川	5 725	40 075	40
温州市雁荡山风景区	浙江	5 608	39 256	41
长沙市岳麓山—橘子洲旅游景区	湖南	5 493	38 451	42
济南市天下第一泉景区	山东	5 477	38 339	43
阳江市海陵岛大角湾海上丝路旅游景区	广东	5 420	37 940	44

景区名称	所属省份	日均值（人次）	年总值（人次）	排名
秦皇岛市山海关景区	河北	5 363	37 541	45
湖州市南浔古镇景区	浙江	5 174	36 218	46
南京市钟山风景名胜区—中山陵园风景区	江苏	5 168	36 176	47
南充市阆中古城旅游景区	四川	4 935	34 545	48
杭州市杭州西湖风景区	浙江	4 866	34 062	49
恭王府景区	北京	4 854	33 978	50

三、十一假期消费需求排名

2023 年 AAAAA 级景区的十一假期消费需求总量为 8 949 352 人次，消费需求平均值为 28 962 人次。其中有 106 个景区的十一假期消费需求高于平均值，数量仅占比 34.30%，需求量占比却达 70.62%。

AAAAA 级景区的十一假期消费需求为 0 ~ 355 608 人次。消费需求超过 10 000 人次的景区 226 个，其数量占比为 73.14%，需求量占比为 96.05%；消费需求 5 000 ~ 10 000 人次的景区 34 个，其数量占比为 11.33%，需求量占比为 2.75%；消费需求 1 000 ~ 5 000 人次的景区 35 个，其数量占比为 11.65%，需求量占比为 1.14%。消费需求不足 1 000 人次的景区 14 个，其数量占比为 4.85%，需求量占比为 0.06%。可见 AAAAA 级景区 2023 年十一假期的消费需求集中于排名前 226 的景区，其数量占比为 73.14%，需求量占比为 96.05%。前三名景区的消费需求年总值合计 686 552 人次，占所有景区十一假期消费需求总量的 7.67%。排名前十景区的消费需求年总值合计 1 553 368 人次，占所有景区春节假期消费需求总量的 17.36%，这表明头部景区消费需求聚集效应明显。排名前 50 的 AAAAA 级景区数据见表 1 – 3。

表 1 – 3　　　　2023 年 AAAAA 级景区十一假期消费需求排名

景区名称	所属省份	日均值（人次）	年总值（人次）	排名
武汉市黄鹤楼公园	湖北	44 451	355 608	1
泰安市泰山景区	山东	21 121	168 968	2
湘西州凤凰古城旅游区	湖南	20 247	161 976	3

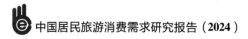
续表

景区名称	所属省份	日均值（人次）	年总值（人次）	排名
萍乡市芦溪县萍乡武功山景区	江西	17 668	141 344	4
黄山市黄山风景区	安徽	16 738	133 904	5
河南省洛阳栾川老君山·鸡冠洞旅游区	河南	16 512	132 096	6
洛阳市龙门石窟景区	河南	15 264	122 112	7
渭南市华山风景区	陕西	14 620	116 960	8
忻州市五台山风景名胜区	山西	13 866	110 928	9
阿坝州九寨沟景区	四川	13 684	109 472	10
成都市青城山—都江堰旅游景区	四川	13 569	108 552	11
南昌市东湖区滕王阁旅游区	江西	13 326	106 608	12
延边朝鲜族自治州长白山景区	吉林	12 802	102 416	13
颐和园	北京	11 710	93 680	14
乐山市乐山大佛景区	四川	11 505	92 040	15
甘孜州稻城亚丁旅游景区	四川	10 969	87 752	16
十堰市武当山风景区	湖北	10 589	84 712	17
舟山市普陀山风景区	浙江	10 451	83 608	18
池州市九华山风景区	安徽	10 100	80 800	19
故宫博物院	北京	9 956	79 648	20
北京市海淀区圆明园景区	北京	9 748	77 984	21
晋中市平遥古城景区	山西	9 658	77 264	22
嘉兴市乌镇古镇旅游区	浙江	9 614	76 912	23
杭州市千岛湖风景区	浙江	9 365	74 920	24
阿坝州四姑娘山景区	四川	9 112	72 896	25
上海东方明珠广播电视塔	上海	9 050	72 400	26
岳阳市岳阳楼—君山岛景区	湖南	8 893	71 144	27
乐山市峨眉山景区	四川	8 751	70 008	28
青海湖风景区	青海	8 714	69 712	29
济南市天下第一泉景区	山东	8 588	68 704	30
安顺市黄果树大瀑布景区	贵州	8 552	68 416	31
博尔塔拉蒙古自治州赛里木湖景区	新疆	8 443	67 544	32
拉萨布达拉宫景区	西藏	8 311	66 488	33

续表

景区名称	所属省份	日均值（人次）	年总值（人次）	排名
天坛公园	北京	8 168	65 344	34
丽江市玉龙雪山景区	云南	8 086	64 688	35
大同市云冈石窟景区	山西	7 999	63 992	36
贵州省铜仁市梵净山旅游区	贵州	7 848	62 784	37
嘉峪关市嘉峪关文物景区	甘肃	7 343	58 744	38
神农架生态旅游区	湖北	7 228	57 824	39
秦皇岛市山海关景区	河北	7 038	56 304	40
苏州园林（拙政园、虎丘山、留园）	江苏	6 911	55 288	41
西安市大雁塔—大唐芙蓉园景区	陕西	6 886	55 088	42
南京市钟山风景名胜区—中山陵园风景区	江苏	6 784	54 272	43
长沙市岳麓山—橘子洲旅游区	湖南	6 440	51 520	44
北京八达岭－慕田峪长城旅游区	北京	6 167	49 336	45
白帝城·瞿塘峡景区	重庆	6 149	49 192	46
河南开封清明上河园	河南	6 137	49 096	47
忻州市雁门关景区	山西	6 095	48 760	48
恭王府景区	北京	6 032	48 256	49
湖州市南浔古镇景区	浙江	5 830	46 640	50

第二节　AAAAA 级景区消费群体分析

一、性别分布

（一）总体情况

图 1–1 呈现了 AAAAA 级景区的消费群体性别分布。2023 年所有 AAAAA 级景区的男性消费需求年总值为 186 484 263 人次，除以景区数量 309 个，得到全年每个景区的平均男性消费需求量为 603 509 人次，性别占比为 54.32%，TGI 指数为 106.16，略高于 100 的整体水平，表明男性对 AAAAA 级景区的关注程度略高于整体水平。相比之下，女性消费需求呈现 156 845 687 人次年总

值、507 591 人次年均值、45.68% 性别占比的分布，TGI 指数为 93.55，略低于 100，表明女性对 AAAAA 级景区的关注程度略低于整体水平。整体而言，男性与女性对于所有 AAAAA 级景区的消费需求相对持平。

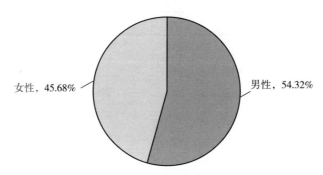

图 1-1　AAAAA 级景区消费群体性别分布

（二）消费偏好

数据显示，排名前 50 的景区中，男性消费需求占比均超过 60%，最高达 88.30%，TGI 指数全部高于 100，可见这些景区很受男性群体青睐；其中，排名第一的景区是位于浙江省丽水市的缙云仙都景区，该景区素有"桂林之秀、黄山之奇、华山之险"美誉，是体育锻炼、探险、度假的绝佳旅游地，能很好地满足男性游客"求动"的心理需求，备受男性游客青睐。男性群体消费偏好排名前 50 的全国 AAAAA 级景区见表 1-4。

表 1-4　　　　　　　　全国 AAAAA 级景区男性消费偏好

景区名称	所属省份	男性占比（%）	TGI 指数	排名
丽水市缙云仙都景区	浙江	88.30	172.58	1
阿坝州汶川特别旅游区	四川	78.43	153.29	2
长治市太行山大峡谷八泉峡景区	山西	75.68	147.90	3
西宁市塔尔寺景区	青海	75.00	146.58	4
莆田市湄洲岛妈祖文化旅游区	福建	74.19	145.01	5
喀什地区喀什古城景区	新疆	72.29	141.28	6
河南省平顶山市尧山—中原大佛景区	河南	71.38	139.52	7
河北省保定市清西陵景区	河北	71.35	139.45	8

续表

景区名称	所属省份	男性占比（%）	TGI 指数	排名
株洲市炎帝陵景区	湖南	71.22	139.20	9
吴忠市青铜峡黄河大峡谷旅游区	宁夏	70.86	138.49	10
河南省永城市芒砀山旅游景区	河南	69.49	135.82	11
唐山市清东陵景区	河北	69.43	135.70	12
威海市刘公岛景区	山东	69.32	135.48	13
赣州市三百山景区	江西	68.67	134.22	14
烟台市南山景区	山东	68.18	133.26	15
延安市黄帝陵景区	陕西	68.15	133.20	16
宁波市溪口—滕头旅游景区	浙江	67.48	131.88	17
忻州市雁门关景区	山西	67.38	131.70	18
郴州市东江湖旅游区	湖南	66.67	130.29	19
井冈山市井冈山风景旅游区	江西	66.41	129.80	20
周口市太昊伏羲陵文化旅游区	河南	66.21	129.40	21
东营市黄河口生态旅游区	山东	65.77	128.55	22
济宁市微山湖旅游区	山东	65.27	127.56	23
衡阳市衡山旅游区	湖南	64.71	126.46	24
荆门市明显陵文化旅游景区	湖北	64.47	125.99	25
安徽省马鞍山市长江采石矶文化生态旅游区	安徽	64.41	125.88	26
镇江市句容茅山景区	江苏	64.33	125.73	27
河北省邯郸市广府古城景区	河北	63.77	124.63	28
江苏省常州市中国春秋淹城旅游区	江苏	63.28	123.67	29
广安市邓小平故里旅游区	四川	63.23	123.58	30
安徽省宣城市绩溪龙川景区	安徽	63.18	123.49	31
常州市环球恐龙城休闲旅游区	江苏	62.77	122.67	32
巴音郭楞蒙古自治州博斯腾湖景区	新疆	62.58	122.31	33
河北保定野三坡景区	河北	62.34	121.84	34
嘉峪关市嘉峪关文物景区	甘肃	62.28	121.72	35
平凉市崆峒山风景名胜区	甘肃	61.98	121.13	36
河南省信阳市鸡公山景区	河南	61.74	120.67	37
北京市明十三陵景区	北京	61.59	120.37	38

景区名称	所属省份	男性占比（%）	TGI 指数	排名
青岛市奥帆海洋文化旅游区	山东	61.54	120.27	39
宜昌市三峡大坝—屈原故里文化旅游区	湖北	61.50	120.19	40
日喀则市扎什伦布寺景区	西藏	61.44	120.09	41
三明市泰宁风景旅游区	福建	61.36	119.93	42
武陵山大裂谷景区	重庆	61.14	119.49	43
安徽省六安市万佛湖景区	安徽	61.10	119.41	44
惠州市罗浮山景区	广东	60.98	119.19	45
长沙市花明楼景区	湖南	60.94	119.10	46
恩施州腾龙洞景区	湖北	60.82	118.86	47
大理市崇圣寺三塔文化旅游区	云南	60.59	118.42	48
临汾市洪洞大槐树寻根祭祖园旅游景区	山西	60.58	118.39	49
常州市天目湖景区	江苏	60.47	118.19	50

数据显示：排名前 50 的景区中，女性消费需求占比均超过 50%，最高达 69.35%，TGI 指数全部高于 100，可见这些景区很受女性群体青睐；其中，排名第一的景区是位于新疆维吾尔自治区吐鲁番市的葡萄沟风景区，这里树木繁茂，空气湿润，气候凉爽宜人，与炽热的火焰山形成了鲜明的反差，很好地满足了女性游客"求静"的心理需求，备受女性游客青睐。女性群体消费偏好排名前 50 的全国 AAAAA 级景区见表 1−5。

表 1−5　　　　　　　　　全国 AAAAA 级景区女性消费偏好

景区名称	所属省份	女性占比（%）	TGI 指数	排名
吐鲁番市葡萄沟风景区	新疆	69.35	142.01	1
桂林市漓江风景区	广西	59.76	122.38	2
百色市百色起义纪念园景区	广西	59.72	122.30	3
天坛公园	北京	58.41	119.61	4
厦门市鼓浪屿风景名胜区	福建	57.58	117.90	5
北京市奥林匹克公园	北京	57.08	116.89	6
焦作市云台山—神农山·青天河景区	河南	56.63	115.96	7

续表

景区名称	所属省份	女性占比（%）	TGI 指数	排名
景德镇市昌江区古窑民俗博览区	江西	56.28	115.25	8
雅安市碧峰峡旅游景区	四川	56.11	114.89	9
延安市延安革命纪念地景区	陕西	55.93	114.52	10
济南市天下第一泉景区	山东	55.73	114.12	11
广州市长隆旅游度假区	广东	55.72	114.10	12
海南槟榔谷黎苗文化旅游区	海南	55.66	113.98	13
苏州园林（拙政园、虎丘山、留园）	江苏	55.49	113.63	14
绍兴市鲁迅故里·沈园景区	浙江	55.42	113.48	15
沈阳市沈阳植物园	辽宁	55.32	113.28	16
佛山市长鹿旅游休博园	广东	55.30	113.24	17
厦门市厦门园林植物园景区	福建	55.24	113.12	18
故宫博物院	北京	55.06	112.75	19
北京市海淀区圆明园景区	北京	54.95	112.52	20
承德避暑山庄及周围寺庙景区	河北	54.92	112.47	21
迪庆州普达措国家公园	云南	54.92	112.47	22
安徽省黄山市皖南古村落—西递宏村	安徽	54.92	112.46	23
林芝市雅鲁藏布大峡谷景区	西藏	54.82	112.25	24
长春市伪满皇宫博物馆	吉林	54.70	112.01	25
鄂尔多斯市响沙湾旅游景区	内蒙古	54.62	111.86	26
大同市云冈石窟景区	山西	54.59	111.78	27
海南省三亚市蜈支洲岛旅游区	海南	54.55	111.71	28
甘肃省张掖市七彩丹霞景区	甘肃	54.40	111.39	29
杭州市杭州西湖风景区	浙江	54.33	111.26	30
长沙市岳麓山—橘子洲旅游区	湖南	54.25	111.08	31
本溪市本溪水洞景区	辽宁	54.22	111.04	32
四面山景区	重庆	54.09	110.77	33
上海东方明珠广播电视塔	上海	54.05	110.67	34
龙缸景区	重庆	53.95	110.47	35

续表

景区名称	所属省份	女性占比（%）	TGI 指数	排名
中央电视台无锡影视基地三国水浒景区	江苏	53.92	110.43	36
三亚市天涯海角游览区	海南	53.83	110.23	37
广东省江门市开平碉楼文化旅游区	广东	53.76	110.09	38
无锡市鼋头渚景区	江苏	53.66	109.88	39
桃花源旅游景区	重庆	53.63	109.83	40
洛阳市龙门石窟景区	河南	53.17	108.89	41
分界洲岛旅游区	海南	53.07	108.67	42
西双版纳州中国科学院西双版纳热带植物园	云南	53.04	108.61	43
三亚市南山大小洞天旅游区	海南	53.01	108.56	44
忻州市五台山风景名胜区	山西	52.92	108.36	45
福建土楼（永定·南靖）旅游景区	福建	52.87	108.27	46
阿拉善盟胡杨林旅游区	内蒙古	52.71	107.94	47
江苏省无锡市惠山古镇景区	江苏	52.54	107.59	48
河南开封清明上河园	河南	52.53	107.56	49
克拉玛依市世界魔鬼城景区	新疆	52.35	107.20	50

二、年龄分布

（一）总体情况

图1-2呈现了2023年AAAAA级景区的消费群体年龄分布。其中，30～39岁群体的消费需求年总值为107 453 319人次，年均值为347 745人次，年龄占比为31.30%，消费需求量排名第一，TGI指数为94.73，略低于100的整体水平，表明30～39岁群体对AAAAA级景区的关注程度略低于整体水平。20～29岁群体的消费需求年总值为88 872 604人次，年均值为287 614人次，年龄占比为25.89%，消费需求量排名第二，TGI指数为111.79，略高于100的整体水平，表明20～29岁群体对AAAAA级景区的关注程度略高于整体水平。

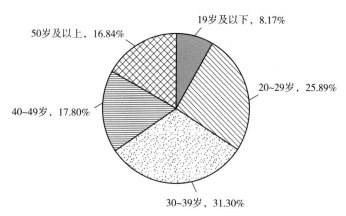

图 1-2 AAAAA 级景区消费群体年龄分布

此外，40~49 岁、50 岁及以上、19 岁及以下群体的消费需求年均值分别为 197 804 人次、187 109 人次、90 740 人次，年龄占比分别为 17.80%、16.84%、8.17%，TGI 指数为 86.57、123.29、87.91，表明 40~49 岁群体对 AAAAA 级景区的关注程度略低于整体水平，50 岁及以上群体对 AAAAA 级景区的关注程度高于整体水平，19 岁及以下群体对 AAAAA 级景区的关注程度低于整体水平。

（二）消费偏好

数据显示：排名前 50 的景区中，19 岁及以下消费需求占比均超过 11%，最高达 25.00%，TGI 指数全部高于 100，可见这些景区受到该年龄段群体青睐；其中，排名第一的景区是位于重庆市的四面山景区。19 岁及以下群体消费偏好排名前 50 的全国 AAAAA 级景区数据见表 1-6。

表 1-6　　　2023 年全国 AAAAA 级景区 19 岁及以下群体消费偏好

景区名称	所属省份	19 岁及以下占比（%）	TGI 指数	排名
四面山景区	重庆	25.00	265.07	1
龙缸景区	重庆	24.21	257.62	2
萍乡市芦溪县萍乡武功山景区	江西	20.71	220.04	3
上海市中国共产党一大·二大·四大纪念馆景区	上海	17.73	188.18	4
海南呀诺达雨林文化旅游区	海南	17.50	186.21	5

景区名称	所属省份	19 岁及以下占比（％）	TGI 指数	排名
常德市桃花源旅游区	湖南	17.42	184.41	6
延安市延安革命纪念地景区	陕西	17.08	181.14	7
龙岩市古田旅游区	福建	17.05	181.12	8
长春市净月潭景区	吉林	16.02	170.06	9
安徽省黄山市皖南古村落—西递宏村	安徽	15.87	168.63	10
承德避暑山庄及周围寺庙景区	河北	15.31	162.64	11
湘西吉首市矮寨·十八洞·德夯大峡谷景区	湖南	14.55	154.68	12
嘉兴市南湖旅游区	浙江	14.48	153.78	13
延边朝鲜族自治州长白山景区	吉林	14.37	152.62	14
长春市世界雕塑公园景区	吉林	14.18	150.85	15
甘孜州稻城亚丁旅游景区	四川	13.90	147.73	16
北京（通州）大运河文化旅游景区	北京	13.77	146.13	17
泰安市泰山景区	山东	13.72	145.71	18
百色市百色起义纪念园景区	广西	13.62	144.72	19
河南洛阳白云山景区	河南	13.60	144.36	20
北京市海淀区圆明园景区	北京	13.44	142.76	21
广东省江门市开平碉楼文化旅游区	广东	13.44	142.64	22
阿坝州四姑娘山景区	四川	13.37	142.12	23
晋中市绵山风景区	山西	13.37	142.06	24
唐山市南湖·开滦旅游景区	河北	13.27	141.25	25
福州市三坊七巷景区	福建	12.99	138.02	26
南阳市西峡伏牛山老界岭·恐龙遗址园旅游区	河南	12.89	137.03	27
连云港市连岛景区	江苏	12.86	136.60	28
邵阳市崀山景区	湖南	12.64	134.16	29
长春市伪满皇宫博物馆	吉林	12.60	133.74	30
景德镇市昌江区古窑民俗博览区	江西	12.56	133.68	31
河南省新乡市八里沟景区	河南	12.44	132.13	32
桃花源旅游景区	重庆	12.29	130.73	33
武汉市黄鹤楼公园	湖北	12.24	130.03	34

景区名称	所属省份	19 岁及以下占比（％）	TGI 指数	排名
中央电视台无锡影视基地三国水浒景区	江苏	12.20	129.29	35
小三峡—小小三峡旅游区	重庆	12.15	129.29	36
万盛黑山谷—龙鳞石海风景区	重庆	12.10	128.55	37
黄山市黄山风景区	安徽	12.01	127.61	38
岳阳市岳阳楼—君山岛景区	湖南	11.96	126.96	39
西安市秦始黄帝陵博物院景区	陕西	11.95	126.93	40
三亚市天涯海角游览区	海南	11.90	126.33	41
安徽省芜湖市方特旅游区	安徽	11.89	126.31	42
江苏省徐州市云龙湖景区	江苏	11.86	125.94	43
宝鸡市太白山旅游景区	陕西	11.85	125.8	44
南昌市东湖区滕王阁旅游区	江西	11.83	125.71	45
平凉市崆峒山风景名胜区	甘肃	11.80	125.29	46
武汉市中国武汉—东湖生态旅游风景区	湖北	11.80	125.38	47
大连市金石滩景区	辽宁	11.78	125.04	48
衡阳市衡山旅游景区	湖南	11.76	125.19	49
渭南市华山风景区	陕西	11.74	124.77	50

表 1-7 列出了 2023 年 20～29 岁群体消费偏好排名前 50 的全国 AAAAA 级景区，数据显示：所排名景区中，20～29 岁消费需求占比均超过 31％，最高达 61.11％，TGI 指数全部高于 100，可见这些景区受到该年龄段群体青睐；其中，排名第一的景区是位于郴州市的东江湖旅游区。

表 1-7　　2023 年全国 AAAAA 级景区 20～29 岁群体消费偏好

景区名称	所属省份	20～29 岁占比（％）	TGI 指数	排名
郴州市东江湖旅游区	湖南	61.11	264.31	1
萍乡市芦溪县萍乡武功山景区	江西	49.51	213.85	2
海东市互助土族故土园旅游区	青海	46.43	200.81	3
青岛市奥帆海洋文化旅游区	山东	46.15	199.62	4

景区名称	所属省份	20～29 岁占比（%）	TGI 指数	排名
连云港市连岛景区	江苏	42.68	184.27	5
广安市邓小平故里旅游区	四川	42.61	184.30	6
阿坝州四姑娘山景区	四川	42.19	182.25	7
丽江市玉龙雪山景区	云南	42.17	182.09	8
梅州市雁南飞茶田景区	广东	41.38	175.94	9
阿依河景区	重庆	39.81	171.63	10
西安市大明宫旅游景区	陕西	39.68	171.39	11
西双版纳州中国科学院西双版纳热带植物园	云南	39.07	168.65	12
北海市涠洲岛南湾鳄鱼山景区	广西	38.81	167.59	13
渭南市华山风景区	陕西	38.78	167.58	14
巴音郭楞蒙古自治州巴音布鲁克景区	新疆	37.87	163.55	15
烟台市南山景区	山东	36.36	157.28	16
黄山市黄山风景区	安徽	36.00	155.49	17
青岛市崂山景区	山东	35.86	154.80	18
大同市云冈石窟景区	山西	35.60	153.80	19
河南省新乡市八里沟景区	河南	35.57	153.60	20
秦皇岛市山海关景区	河北	35.19	152.05	21
宝鸡市太白山旅游景区	陕西	35.16	151.71	22
晋中市绵山风景区	山西	34.76	150.15	23
无锡市鼋头渚景区	江苏	34.59	149.49	24
商洛市金丝峡景区	陕西	34.28	148.09	25
镇江市句容茅山景区	江苏	34.23	147.93	26
江苏省徐州市云龙湖景区	江苏	34.01	146.82	27
甘孜州稻城亚丁旅游景区	四川	34.00	146.84	28
黔南州荔波樟江景区	贵州	33.73	145.79	29
广东省广州市白云山风景区	广东	33.34	143.98	30

续表

景区名称	所属省份	20～29 岁占比（%）	TGI 指数	排名
西宁市塔尔寺景区	青海	33.33	144.17	31
河南洛阳白云山景区	河南	33.22	143.38	32
巴中市光雾山旅游景区	四川	32.85	141.68	33
临汾市云丘山景区	山西	32.79	141.66	34
十堰市武当山风景区	湖北	32.66	141.07	35
滁州市琅琊山景区	安徽	32.62	140.93	36
阿勒泰地区可可托海景区	新疆	32.51	140.61	37
忻州市五台山风景名胜区	山西	32.45	140.21	38
南昌市东湖区滕王阁旅游区	江西	32.44	140.12	39
平凉市崆峒山风景名胜区	甘肃	32.43	140.02	40
苏州园林（拙政园、虎丘山、留园）	江苏	32.39	139.90	41
长春市净月潭景区	吉林	32.34	139.55	42
宜昌市三峡大坝—屈原故里文化旅游区	湖北	32.28	139.50	43
延边朝鲜族自治州长白山景区	吉林	32.26	139.26	44
苏州市金鸡湖景区	江苏	32.08	138.57	45
贵州省遵义市赤水丹霞旅游区	贵州	32.07	138.72	46
安顺市龙宫景区	贵州	31.94	137.82	47
武汉市木兰文化生态旅游区	湖北	31.88	137.63	48
金佛山景区	重庆	31.88	137.53	49
龙缸景区	重庆	31.84	137.72	50

表 1-8 列出了 2023 年 30～39 岁群体消费偏好排名前 50 的全国 AAAAA 级景区，数据显示：所排名景区中，30～39 岁消费需求占比均超过 35%，最高达 52.40%，TGI 指数全部高于 100，可见这些景区受到该年龄段群体青睐；其中，排名第一的景区是位于广东省广州市的长隆旅游度假区。该度假区是中国拥有主题公园数量多、规格高的综合性主题旅游度假区，能够带给游客前所未有的多层次新体验，受到 30～39 岁游客群体偏爱。

表 1 –8　　　　2023 年全国 AAAAA 级景区 30～39 岁群体消费偏好

景区名称	所属省份	30～39 岁占比（%）	TGI 指数	排名
广州市长隆旅游度假区	广东	52.40	158.70	1
佛山市长鹿旅游休博园	广东	48.14	145.75	2
上海科技馆	上海	47.93	145.01	3
吐鲁番市葡萄沟风景区	新疆	46.56	140.96	4
上海野生动物园	上海	45.97	139.22	5
烟台市南山景区	山东	45.45	137.77	6
上海东方明珠广播电视塔	上海	43.65	132.07	7
阿坝州汶川特别旅游区	四川	43.14	130.75	8
安徽省芜湖市方特旅游区	安徽	42.53	128.65	9
威海市刘公岛景区	山东	42.05	127.44	10
威海市威海华夏城景区	山东	42.03	127.38	11
周口市太昊伏羲陵文化旅游区	河南	41.90	126.90	12
天坛公园	北京	40.53	122.68	13
丽水市缙云仙都景区	浙江	40.26	121.83	14
故宫博物院	北京	40.17	121.53	15
苏州市吴中太湖旅游区	江苏	40.14	121.68	16
临沂市萤火虫水洞·地下大峡谷旅游区	山东	39.70	120.02	17
鄂尔多斯市成吉思汗陵旅游区	内蒙古	39.39	119.40	18
盘山风景名胜区	天津	39.37	119.14	19
鄂尔多斯市响沙湾旅游景区	内蒙古	39.19	118.69	20
中央电视台无锡影视基地三国水浒景区	江苏	38.86	117.31	21
东营市黄河口生态旅游区	山东	38.72	116.97	22
池州市九华山风景区	安徽	38.63	116.98	23
杭州市杭州西湖风景区	浙江	38.47	116.45	24
忻州市五台山风景名胜区	山西	38.33	116.07	25
江苏省常州市中国春秋淹城旅游区	江苏	38.05	115.16	26
常州市天目湖景区	江苏	37.82	114.55	27

景区名称	所属省份	30～39 岁占比（%）	TGI 指数	排名
舟山市普陀山风景区	浙江	37.35	113.06	28
河南开封清明上河园	河南	37.25	112.78	29
西安市城墙·碑林历史文化景区	陕西	37.24	112.67	30
喀什地区喀什古城景区	新疆	37.06	112.33	31
杭州市西溪湿地旅游区	浙江	36.93	111.71	32
阜阳市颖上八里河景区	安徽	36.70	111.09	33
北京市海淀区圆明园景区	北京	36.70	111.05	34
广东省清远市连州地下河旅游景区	广东	36.67	111.14	35
中卫市沙坡头旅游景区	宁夏	36.62	110.72	36
无锡市灵山景区	江苏	36.46	110.52	37
三亚市天涯海角游览区	海南	36.34	109.88	38
六安市天堂寨旅游景区	安徽	36.27	109.86	39
常州市环球恐龙城休闲旅游区	江苏	36.17	109.63	40
恭王府景区	北京	36.09	109.27	41
驻马店市嵖岈山旅游景区	河南	35.94	108.89	42
临汾市云丘山景区	山西	35.82	108.45	43
金华市横店影视城景区	浙江	35.78	108.33	44
登封市嵩山少林景区	河南	35.73	108.19	45
海东市互助土族故土园旅游区	青海	35.71	108.25	46
雅安市碧峰峡旅游景区	四川	35.71	108.08	47
宝鸡市法门文化景区	陕西	35.70	108.04	48
桂林市乐满地度假世界	广西	35.62	107.95	49
南京市夫子庙—秦淮风光带景区	江苏	35.58	107.73	50

　　表 1－9 列出了 2023 年 40～49 岁群体消费偏好排名前 50 的全国 AAAAA 级景区，数据显示：所排名景区中，40～49 岁消费需求占比均超过 20%，最高达 31.47%，TGI 指数大多数高于 100，可见这些景区受到该年龄段群体青睐；其中，排名第一的景区是位于辽宁省鞍山市的千山景区。

表 1－9　　　2023 年全国 AAAAA 级景区 40～49 岁群体消费偏好

景区名称	所属省份	40～49 岁占比（%）	TGI 指数	排名
鞍山市千山景区	辽宁	31.47	153.08	1
丽水市缙云仙都景区	浙江	31.01	150.75	2
台州市神仙居景区	浙江	30.21	147.00	3
绵阳市羌城旅游区	四川	28.72	139.88	4
河南省平顶山市尧山—中原大佛景区	河南	27.09	130.87	5
九江市永修县庐山西海景区	江西	26.66	129.67	6
喀什地区喀什古城景区	新疆	26.21	127.64	7
阿坝州汶川特别旅游区	四川	25.49	124.14	8
河南省信阳市鸡公山景区	河南	25.40	123.44	9
长沙市花明楼景区	湖南	25.17	122.46	10
周恩来故里旅游景区	江苏	25.12	122.27	11
潍坊市青州古城景区	山东	24.76	120.36	12
南充市朱德故里景区	四川	23.76	115.36	13
江苏省宿迁市洪泽湖湿地景区	江苏	23.63	115.06	14
北京市明十三陵景区	北京	23.47	114.18	15
井冈山市井冈山风景旅游区	江西	23.41	114.01	16
苏州市同里古镇景区	江苏	23.18	112.69	17
宝鸡市法门文化景区	陕西	23.05	112.09	18
宁波市溪口—滕头旅游景区	浙江	22.88	111.43	19
上饶市玉山县三清山风景区	江西	22.86	111.35	20
北京八达岭－慕田峪长城旅游区	北京	22.79	110.87	21
桂林市独秀峰·靖江王城景区	广西	22.70	110.55	22
河北省保定市清西陵景区	河北	22.61	109.96	23
莆田市湄洲岛妈祖文化旅游区	福建	22.58	109.97	24
本溪市本溪水洞景区	辽宁	22.53	109.61	25
黄河壶口瀑布旅游区（陕西省延安市·山西省临汾市）	山西	22.37	108.83	26
林芝市巴松措景区	西藏	22.28	108.42	27

续表

景区名称	所属省份	40～49 岁占比（%）	TGI 指数	排名
伊犁哈萨克自治州那拉提旅游风景区	新疆	22.17	107.86	28
唐山市清东陵景区	河北	22.16	107.76	29
湘潭市韶山旅游区	湖南	22.15	107.48	30
安徽省宣城市绩溪龙川景区	安徽	22.14	107.82	31
株洲市炎帝陵景区	湖南	22.05	107.14	32
安徽省六安市万佛湖景区	安徽	21.96	106.83	33
晋城市皇城相府生态文化旅游区	山西	21.85	106.29	34
江苏省泰州市溱湖旅游景区	江苏	21.81	106.04	35
张家界市武陵源—天门山旅游区	湖南	21.78	105.47	36
江苏省无锡市惠山古镇景区	江苏	21.73	105.68	37
延安市黄帝陵景区	陕西	21.73	105.68	38
舟山市普陀山风景区	浙江	21.45	104.34	39
昆明市石林风景区	云南	21.40	104.11	40
贵州省铜仁市梵净山旅游区	贵州	21.24	103.32	41
恩施州腾龙洞景区	湖北	21.12	102.81	42
敦煌天水麦积山景区	甘肃	21.10	102.63	43
南充市阆中古城旅游景区	四川	20.98	102.00	44
中央电视台无锡影视基地三国水浒景区	江苏	20.84	101.06	45
西宁市塔尔寺景区	青海	20.83	101.46	46
腾冲市和顺古镇景区	云南	20.82	101.30	47
合肥市三河古镇旅游景区	安徽	20.75	100.92	48
博尔塔拉蒙古自治州赛里木湖景区	新疆	20.73	100.84	49
阿拉善盟胡杨林旅游区	内蒙古	20.73	100.67	50

表 1-10 列出了 2023 年 50 岁及以上群体消费偏好排名前 50 的全国 AAAAA 级景区。数据显示：所排名景区中，50 岁及以上消费需求占比均超过 25%，最高达 43.24%，TGI 指数全部高于 100。其中，排名第一的景区是位于山西省长治市的太行山大峡谷八泉峡景区。

表 1－10　　　2023 年全国 AAAAA 级景区 50 岁及以上群体消费偏好

景区名称	所属省份	50 岁及以上占比（%）	TGI 指数	排名
长治市太行山大峡谷八泉峡景区	山西	43.24	314.8	1
贵州省黔东南州镇远古城旅游景区	贵州	43.09	313.22	2
厦门市鼓浪屿风景名胜区	福建	42.42	308.84	3
三明市泰宁风景旅游区	福建	39.77	289.53	4
腾冲市和顺古镇景区	云南	39.75	289.16	5
黄山市古徽州文化旅游区	安徽	38.74	281.77	6
南平市武夷山风景名胜区	福建	38.69	281.64	7
台州市神仙居景区	浙江	38.40	279.33	8
桂林市独秀峰·靖江王城景区	广西	38.04	276.90	9
上饶市玉山县三清山风景区	江西	37.41	272.36	10
黄河壶口瀑布旅游区（陕西省延安市·山西省临汾市）	山西	37.08	269.65	11
三亚市南山文化旅游区	海南	36.30	264.10	12
贺州市黄姚古镇景区	广西	35.98	261.65	13
阿拉善盟胡杨林旅游区	内蒙古	35.75	259.59	14
安徽省六安市万佛湖景区	安徽	35.68	259.50	15
九江市永修县庐山西海景区	江西	35.55	258.51	16
衡阳市衡山旅游区	湖南	35.29	256.93	17
呼伦贝尔市呼伦贝尔大草原·莫尔格勒河景区	内蒙古	35.02	254.48	18
宁德市太姥山旅游区	福建	33.33	242.66	19
河南省平顶山市尧山—中原大佛景区	河南	33.20	239.67	20
长沙市花明楼景区	湖南	33.05	240.40	21
绵阳市羌城旅游区	四川	32.98	240.08	22
文山州普者黑旅游景区	云南	32.69	237.82	23
河南省信阳市鸡公山景区	河南	31.03	225.45	24
博尔塔拉蒙古自治州赛里木湖景区	新疆	30.82	224.08	25
北京八达岭－慕田峪长城旅游区	北京	30.20	219.63	26
安徽省宣城市绩溪龙川景区	安徽	30.10	219.12	27
福建土楼（永定·南靖）旅游景区	福建	29.97	217.87	28
恩施州恩施大峡谷景区	湖北	29.67	215.73	29

续表

景区名称	所属省份	50 岁及以上占比（％）	TGI 指数	排名
三亚市南山大小洞天旅游区	海南	29.15	211.12	30
桂林市两江四湖·象山景区	广西	28.93	210.57	31
伊犁哈萨克自治州那拉提旅游风景区	新疆	28.84	209.72	32
林芝市巴松措景区	西藏	28.31	205.95	33
贵州省毕节市织金洞景区	贵州	28.09	204.12	34
百色市百色起义纪念园景区	广西	27.57	200.41	35
成都市安仁古镇景区	四川	27.35	198.79	36
宁波市溪口—滕头旅游景区	浙江	27.33	198.96	37
昆明市昆明世博园景区	云南	27.21	197.18	38
小三峡—小小三峡旅游区	重庆	27.10	197.25	39
贵州省贵阳市花溪青岩古镇景区	贵州	27.07	196.94	40
苏州市同里古镇景区	江苏	26.98	196.06	41
分界洲岛旅游区	海南	26.97	196.26	42
周恩来故里旅游景区	江苏	26.94	196.00	43
井冈山市井冈山风景旅游区	江西	26.46	192.64	44
崇左市德天跨国瀑布景区	广西	26.45	192.37	45
海南槟榔谷黎苗文化旅游区	海南	25.93	188.43	46
河北省承德市金山岭长城景区	河北	25.72	187.05	47
昆明市石林风景区	云南	25.56	185.87	48
海南省三亚市蜈支洲岛旅游区	海南	25.38	184.61	49
苏州市周庄古镇景区	江苏	25.31	184.04	50

第三节　AAAAA 级景区消费需求空间结构

一、整体消费需求空间结构

2023 年全国 AAAAA 级景区全年总体消费需求达到 343 332 870 人次，平均消费需求为 10 098 026 人次，16 个省份需求超过平均水平，占全国客源市场的71.31%。排名前五的客源地分别是广东省、江苏省、北京市、浙江省、山东省，消费需求年总值累计占全国总量的29.08%（见表1-11）。

表1-11　　　　2023年全国 AAAAA 级景区消费需求空间分布

省份	年总值（人次）	占比（%）	排名
广东	21 589 750	6.29	1
江苏	21 199 930	6.17	2
北京	20 656 080	6.02	3
浙江	18 549 300	5.40	4
山东	17 848 865	5.20	5
河南	16 266 590	4.74	6
四川	16 076 060	4.68	7
上海	15 830 415	4.61	8
河北	14 478 090	4.22	9
湖北	13 546 975	3.95	10
安徽	12 999 840	3.79	11
陕西	12 210 345	3.56	12
湖南	11 885 130	3.46	13
辽宁	11 051 105	3.22	14
福建	10 345 925	3.01	15
山西	10 298 475	3.01	16
重庆	9 709 730	2.83	17
江西	9 492 555	2.76	18
天津	8 463 985	2.47	19
广西	8 280 390	2.41	20
云南	7 835 455	2.28	21
黑龙江	7 281 020	2.12	22
贵州	7 083 920	2.06	23
吉林	7 013 110	2.04	24
内蒙古	6 599 200	1.92	25
甘肃	6 431 665	1.87	26
新疆	5 524 275	1.61	27

省份	年总值（人次）	占比（%）	排名
海南	4 638 055	1.35	28
宁夏	3 103 595	0.90	29
青海	2 726 185	0.79	30
香港	1 747 985	0.51	31
西藏	1 719 150	0.50	32
台湾	484 720	0.14	33
澳门	365 000	0.11	34
总计	343 332 870	100.00	

二、省域消费需求空间结构

（一）京、津、冀AAAAA级景区消费需求空间分布

表1-12列出了2023年京、津、冀AAAAA级景区的消费需求空间分布。

表1-12 　　　2023年京、津、冀AAAAA级景区消费需求空间分布

省份	北京		天津		河北	
	年总值（人次）	占比（%）	年总值（人次）	占比（%）	年总值（人次）	占比（%）
安徽	634 735	3.00	26 645	2.64	367 190	2.92
澳门	30 660	0.15	0	0.00	2 555	0.02
北京	3 193 750	15.09	117 895	11.67	1 039 885	8.28
福建	574 510	2.71	19 345	1.91	302 585	2.41
甘肃	365 730	1.73	12 775	1.26	198 195	1.58
广东	1 217 275	5.75	51 465	5.09	600 060	4.77
广西	469 025	2.22	11 315	1.12	265 720	2.12
贵州	386 535	1.83	8 395	0.83	183 595	1.46
海南	281 415	1.33	3 285	0.33	139 795	1.11

省份	北京		天津		河北	
	年总值（人次）	占比（%）	年总值（人次）	占比（%）	年总值（人次）	占比（%）
河北	1 126 755	5.32	94 170	9.32	1 623 520	12.92
河南	823 075	3.89	37 595	3.72	529 615	4.21
黑龙江	455 155	2.15	23 725	2.35	294 190	2.34
湖北	637 290	3.01	25 550	2.53	379 600	3.02
湖南	612 470	2.89	23 360	2.31	326 675	2.60
吉林	443 840	2.10	19 710	1.95	304 410	2.42
江苏	1 135 150	5.36	48 910	4.84	561 005	4.46
江西	507 715	2.40	19 345	1.91	271 925	2.16
辽宁	652 255	3.08	50 370	4.98	556 990	4.43
内蒙古	474 500	2.24	20 440	2.02	335 800	2.67
宁夏	219 365	1.04	2 190	0.22	98 550	0.79
青海	171 915	0.81	1 460	0.14	67 890	0.54
山东	1 003 385	4.74	59 860	5.92	679 265	5.41
山西	573 415	2.71	31 025	3.07	456 250	3.63
陕西	573 780	2.71	24 455	2.42	355 145	2.83
上海	754 455	3.56	37 595	3.72	457 710	3.64
四川	736 205	3.48	31 025	3.07	389 820	3.10
台湾	44 530	0.21	0	0.00	9 125	0.07
天津	640 940	3.03	135 050	13.36	576 335	4.59
西藏	87 600	0.41	365	0.04	28 105	0.22
香港	147 460	0.70	1 460	0.14	37 960	0.30
新疆	319 740	1.51	6 935	0.69	164 980	1.31
云南	450 410	2.13	11 680	1.16	215 350	1.71
浙江	926 370	4.38	40 880	4.04	485 085	3.86
重庆	493 115	2.33	12 410	1.23	262 800	2.09
总计	21 164 525	100.00	1 010 685	100.00	12 567 680	100.00

北京市 AAAAA 级景区的消费需求年总值达到 21 164 525 人次，平均消费

需求为 622 486.03 人次，13 个省份需求超过平均水平，占全国客源市场的 48.17%。排名前五的客源地分别是北京市、广东省、江苏省、河北省、山东省，消费需求年总值累计占全国总量的 36.26%。

天津市 AAAAA 级景区的消费需求年总值达到 1 010 685 人次，平均消费需求为 29 726.03 人次，12 个省份需求超过平均水平，占全国客源市场的 42.76%。排名前五的客源地分别是天津市、北京市、河北省、山东省、广东省，消费需求年总值累计占全国总量的 45.35%。

河北省 AAAAA 级景区的消费需求年总值达到 12 567 680 人次，平均消费需求为 369 637.65 人次，13 个省份需求超过平均水平，占全国客源市场的 49.74%。排名前五的客源地分别是上海市、河北省、甘肃省、辽宁省、海南省，消费需求年总值累计占全国总量的 35.95%。

（二）晋、蒙、辽 AAAAA 级景区消费需求空间分布

2023 年晋、蒙、辽 AAAAA 级景区的消费需求空间分布如表 1 – 13 所示。山西省 AAAAA 级景区的全年消费需求达到 14 637 230 人次，平均消费需求为 430 506.76 人次，14 个省份需求超过平均水平，占全国客源市场的 69.67%。排名前五的客源地分别是山西省、北京市、河北省、山东省、河南省，消费需求年总值累计占全国总量的 35.92%。

表 1 – 13　　　2023 年晋、蒙、辽 AAAAA 级景区消费需求空间分布

省份	山西		内蒙古		辽宁	
	年总值（人次）	占比（%）	年总值（人次）	占比（%）	年总值（人次）	占比（%）
安徽	396 390	2.71	100 010	2.73	45 625	2.09
澳门	12 045	0.08	1 460	0.04	0	0.00
北京	996 085	6.81	232 505	6.34	178 120	8.17
福建	349 305	2.39	90 520	2.47	29 930	1.37
甘肃	262 435	1.79	67 890	1.85	12 775	0.59
广东	685 470	4.68	196 735	5.37	94 170	4.32
广西	260 975	1.78	73 365	2.00	19 345	0.89
贵州	201 845	1.38	56 575	1.54	11 680	0.54

续表

省份	山西		内蒙古		辽宁	
	年总值 （人次）	占比 （%）	年总值 （人次）	占比 （%）	年总值 （人次）	占比 （%）
海南	165 710	1.13	43 800	1.20	7 300	0.33
河北	924 910	6.32	174 470	4.76	117 165	5.37
河南	786 940	5.38	137 240	3.74	65 700	3.01
黑龙江	303 680	2.07	110 230	3.01	125 925	5.78
湖北	415 005	2.84	114 610	3.13	41 610	1.91
湖南	348 940	2.38	113 515	3.10	29 930	1.37
吉林	278 860	1.90	98 915	2.70	160 235	7.35
江苏	650 795	4.45	172 280	4.70	106 945	4.90
江西	295 285	2.02	77 015	2.10	19 345	0.89
辽宁	513 190	3.51	159 870	4.36	497 860	22.83
内蒙古	435 445	2.97	335 070	9.14	82 490	3.78
宁夏	162 790	1.11	46 355	1.26	2 555	0.12
青海	113 515	0.78	31 025	0.85	1 095	0.05
山东	811 760	5.55	183 595	5.01	109 500	5.02
山西	1 736 305	11.86	135 415	3.69	49 275	2.26
陕西	609 185	4.16	132 860	3.62	37 230	1.71
上海	517 570	3.54	147 095	4.01	81 395	3.73
四川	463 915	3.17	137 970	3.76	57 670	2.64
台湾	18 250	0.12	1 825	0.05	365	0.02
天津	484 720	3.31	98 915	2.70	66 430	3.05
西藏	57 670	0.39	10 950	0.30	0	0.00
香港	63 875	0.44	12 045	0.33	2 190	0.10
新疆	188 705	1.29	54 750	1.49	9 855	0.45
云南	255 135	1.74	70 080	1.91	13 870	0.64
浙江	579 255	3.96	158 410	4.32	81 760	3.75
重庆	291 270	1.99	88 695	2.42	21 170	0.97
总计	14 637 230	100.00	3 666 060	100.00	2 180 510	100.00

（三）吉、黑、沪 AAAAA 级景区消费需求空间分布

表 1–14 列出了 2023 年吉、黑、沪 AAAAA 级景区的消费需求空间分布。

表 1–14　　　　2023 年吉、黑、沪 AAAAA 级景区消费需求空间分布

省份	吉林		黑龙江		上海	
	年总值（人次）	占比（%）	年总值（人次）	占比（%）	年总值（人次）	占比（%）
安徽	197 465	2.80	126 655	3.08	225 205	3.84
澳门	11 315	0.16	730	0.02	4 745	0.08
北京	461 725	6.54	256 960	6.25	266 450	4.54
福建	179 580	2.54	110 595	2.69	181 770	3.10
甘肃	85 775	1.22	55 480	1.35	83 585	1.42
广东	463 915	6.57	200 750	4.89	307 330	5.24
广西	127 020	1.80	85 045	2.07	116 435	1.98
贵州	89 060	1.26	58 035	1.41	84 680	1.44
海南	75 920	1.08	58 400	1.42	65 335	1.11
河北	311 345	4.41	174 105	4.24	174 835	2.98
河南	262 435	3.72	148 190	3.61	214 255	3.65
黑龙江	348 940	4.95	433 255	10.55	109 500	1.87
湖北	198 195	2.81	128 480	3.13	182 500	3.11
湖南	177 390	2.51	118 625	2.89	163 155	2.78
吉林	699 340	9.91	189 435	4.61	101 835	1.74
江苏	383 615	5.44	188 705	4.59	488 005	8.32
江西	147 825	2.10	93 440	2.27	167 535	2.85
辽宁	410 990	5.82	201 480	4.90	142 715	2.43
内蒙古	169 725	2.41	118 260	2.88	93 440	1.59
宁夏	45 990	0.65	23 725	0.58	42 340	0.72
青海	40 515	0.57	13 140	0.32	31 390	0.53
山东	362 445	5.14	191 990	4.67	260 975	4.45
山西	160 600	2.28	104 755	2.55	137 970	2.35

续表

省份	吉林 年总值（人次）	吉林 占比（%）	黑龙江 年总值（人次）	黑龙江 占比（%）	上海 年总值（人次）	上海 占比（%）
陕西	183 230	2.60	116 800	2.84	151 475	2.58
上海	297 110	4.21	202 210	4.92	1 019 080	17.36
四川	221 190	3.13	146 730	3.57	186 515	3.18
台湾	9 855	0.14	1 460	0.04	16 790	0.29
天津	191 625	2.72	129 210	3.14	112 055	1.91
西藏	27 010	0.38	11 315	0.28	16 425	0.28
香港	39 055	0.55	7 665	0.19	44 165	0.75
新疆	77 380	1.10	53 655	1.31	84 315	1.44
云南	113 150	1.60	85 045	2.07	109 135	1.86
浙江	352 590	5.00	176 295	4.29	366 825	6.25
重庆	132 495	1.88	97 820	2.38	116 070	1.98
总计	7 055 815	100.00	4 108 440	100.00	5 868 835	100.00

吉林省 AAAAA 级景区的全年消费需求达到 7 055 815 人次，平均消费需求为 207 523.97 人次，12 个省份需求超过平均水平，占全国客源市场的 64.84%。排名前五的客源地分别是吉林省、广东省、北京市、辽宁省、江苏省，消费需求年总值累计占全国总量的 34.28%。

黑龙江省 AAAAA 级景区的全年消费需求达到 4 108 440 人次，平均消费需求为 120 836.47 人次，15 个省份需求超过平均水平，占全国客源市场的 70.44%。排名前五的客源地分别是黑龙江省、北京市、上海市、辽宁省、广东省，消费需求年总值累计占全国总量的 31.51%。

上海市 AAAAA 级景区的全年消费需求达到 5 868 835 人次，平均消费需求为 172 612.79 人次，12 个省份需求超过平均水平，占全国客源市场的 66.02%。排名前五的客源地分别是上海市、江苏省、浙江省、广东省、北京市，消费需求年总值累计占全国总量的 41.71%。

（四）苏、浙、皖 AAAAA 级景区消费需求空间分布

2023 年苏、浙、皖 AAAAA 级景区的消费需求空间分布如表 1－15 所示。

表 1-15　　　2023 年苏、浙、皖 AAAAA 级景区消费需求空间分布

省份	江苏		浙江		安徽	
	年总值（人次）	占比（%）	年总值（人次）	占比（%）	年总值（人次）	占比（%）
安徽	1 055 215	5.06	1 145 370	4.21	1 962 970	12.81
澳门	9 855	0.05	29 200	0.11	13 870	0.09
北京	1 108 140	5.32	1 323 125	4.86	807 380	5.27
福建	561 370	2.69	991 705	3.65	483 625	3.16
甘肃	285 430	1.37	408 435	1.50	181 405	1.18
广东	992 800	4.77	1 486 645	5.47	868 335	5.66
广西	382 155	1.83	544 215	2.00	241 630	1.58
贵州	278 860	1.34	420 845	1.55	192 720	1.26
海南	228 125	1.09	305 505	1.12	134 685	0.88
河北	713 940	3.43	889 870	3.27	540 930	3.53
河南	828 915	3.98	1 084 780	3.99	736 205	4.80
黑龙江	397 850	1.91	536 550	1.97	248 930	1.62
湖北	666 125	3.20	908 120	3.34	653 350	4.26
湖南	540 930	2.60	769 055	2.83	415 005	2.71
吉林	370 110	1.78	503 700	1.85	232 870	1.52
江苏	3 497 795	16.79	2 048 745	7.53	1 374 225	8.97
江西	501 145	2.40	794 240	2.92	505 525	3.30
辽宁	620 500	2.98	820 155	3.02	453 330	2.96
内蒙古	311 345	1.49	431 430	1.59	198 195	1.29
宁夏	113 880	0.55	199 655	0.73	83 950	0.55
青海	89 060	0.43	152 205	0.56	72 270	0.47
山东	1 111 790	5.34	1 382 620	5.08	788 765	5.15
山西	469 390	2.25	625 245	2.30	350 035	2.28
陕西	552 610	2.65	712 115	2.61	374 490	2.44
上海	1 493 215	7.17	1 799 450	6.62	846 070	5.52

续表

省份	江苏		浙江		安徽	
	年总值（人次）	占比（%）	年总值（人次）	占比（%）	年总值（人次）	占比（%）
四川	698 975	3.35	943 890	3.47	454 425	2.96
台湾	24 090	0.12	54 020	0.20	22 265	0.14
天津	525 965	2.52	613 200	2.25	318 645	2.08
西藏	22 995	0.11	74 095	0.27	48 180	0.31
香港	77 745	0.37	159 870	0.59	74 825	0.49
新疆	232 870	1.12	325 215	1.20	139 430	0.91
云南	336 895	1.62	501 510	1.84	217 175	1.42
浙江	1 277 865	6.13	3 621 530	13.31	1 021 635	6.67
重庆	455 885	2.19	596 045	2.19	269 370	1.76
总计	20 833 835	100.00	27 202 355	100.00	15 326 715	100.00

江苏省 AAAAA 级景区的全年消费需求达到 20 833 835 人次，平均消费需求为 612 760 人次，12 个省份需求超过平均水平，占全国客源市场的 67.51%。排名前五的客源地分别是江苏省、上海市、浙江省、山东省、北京市，消费需求年总值累计占全国总量的 40.75%。

浙江省 AAAAA 级景区的全年消费需求达到 27 202 355 人次，平均消费需求为 800 069 人次，13 个省份需求超过平均水平，占全国客源市场的 67.81%。排名前五的客源地分别是浙江省、江苏省、上海市、广东省、山东省，消费需求年总值累计占全国总量的 38.00%。

安徽省 AAAAA 级景区的全年消费需求达到 15 326 715 人次，平均消费需求为 450 786 人次，14 个省份需求超过平均水平，占全国客源市场的 75.01%。排名前五的客源地分别是安徽省、江苏省、浙江省、广东省、上海市，消费需求年总值累计占全国总量的 39.63%。

（五）闽、赣、鲁 AAAAA 级景区消费需求空间分布

表 1-16 列出了 2023 年闽、赣、鲁 AAAAA 级景区的消费需求空间分布。

表 1 – 16　　　2023 年闽、赣、鲁 AAAAA 级景区消费需求空间分布

省份	福建		江西		山东	
	年总值（人次）	占比（%）	年总值（人次）	占比（%）	年总值（人次）	占比（%）
安徽	116 070	3.21	365 730	4.11	684 010	3.79
澳门	2 190	0.06	14 965	0.17	17 155	0.10
北京	252 215	6.98	411 355	4.62	989 150	5.48
福建	706 275	19.54	377 775	4.24	465 740	2.58
甘肃	28 105	0.78	104 755	1.18	272 655	1.51
广东	265 355	7.34	748 250	8.41	917 975	5.09
广西	66 065	1.83	206 590	2.32	377 775	2.09
贵州	37 230	1.03	140 890	1.58	289 080	1.60
海南	26 645	0.74	95 630	1.07	197 100	1.09
河北	101 835	2.82	255 500	2.87	903 740	5.01
河南	120 450	3.33	382 520	4.30	908 485	5.04
黑龙江	45 260	1.25	128 480	1.44	412 815	2.29
湖北	115 705	3.20	515 380	5.79	585 460	3.24
湖南	108 405	3.00	524 870	5.90	525 600	2.91
吉林	40 880	1.13	118 260	1.33	369 380	2.05
江苏	191 260	5.29	516 840	5.81	1 128 215	6.25
江西	154 395	4.27	955 570	10.74	441 285	2.45
辽宁	97 090	2.69	186 515	2.10	609 915	3.38
内蒙古	39 785	1.10	103 660	1.16	339 815	1.88
宁夏	10 585	0.29	61 320	0.69	137 970	0.77
青海	6 570	0.18	52 195	0.59	105 120	0.58
山东	137 240	3.80	379 235	4.26	2 557 920	14.18
山西	65 700	1.82	168 630	1.89	540 200	2.99
陕西	79 570	2.20	205 495	2.31	506 620	2.81
上海	198 560	5.49	375 950	4.22	686 200	3.80

续表

省份	福建		江西		山东	
	年总值（人次）	占比（%）	年总值（人次）	占比（%）	年总值（人次）	占比（%）
四川	123 370	3.41	286 160	3.22	621 595	3.45
台湾	6 205	0.17	13 505	0.15	24 455	0.14
天津	63 145	1.75	147 095	1.65	528 520	2.93
西藏	2 555	0.07	34 675	0.39	50 370	0.28
香港	13 505	0.37	53 655	0.60	63 145	0.35
新疆	25 915	0.72	85 045	0.96	249 660	1.38
云南	50 370	1.39	131 765	1.48	339 815	1.88
浙江	247 470	6.85	565 385	6.35	799 715	4.43
重庆	68 620	1.90	187 245	2.10	395 295	2.19
总计	3 614 595	100.00	8 900 890	100.00	18 041 950	100.00

福建省 AAAAA 级景区的全年消费需求达到 3 614 595 人次，平均消费需求为 106 312 人次，13 个省份需求超过平均水平，占全国客源市场的 75.71%。排名前五的客源地分别是福建省、广东省、北京市、浙江省、上海市，消费需求年总值累计占全国总量的 46.20%。

江西省 AAAAA 级景区的全年消费需求达到 8 900 890 人次，平均消费需求为 261 791 人次，13 个省份需求超过平均水平，占全国客源市场的 71.96%。排名前五的客源地分别是江西省、广东省、浙江省、湖南省、江苏省，消费需求年总值累计占全国总量的 37.20%。

山东省 AAAAA 级景区的全年消费需求达到 18 041 950 人次，平均消费需求为 530 646 人次，13 个省份需求超过平均水平，占全国客源市场的 66.14%。排名前五的客源地分别是山东省、江苏省、北京市、广东省、河南省，消费需求年总值累计占全国总量的 36.04%。

（六）豫、鄂、湘 AAAAA 级景区消费需求空间分布

2023 年豫、鄂、湘 AAAAA 级景区的消费需求空间分布如表 1–17 所示。

表 1－17　　　2023 年豫、鄂、湘 AAAAA 级景区消费需求空间分布

省份	河南		湖北		湖南	
	年总值（人次）	占比（％）	年总值（人次）	占比（％）	年总值（人次）	占比（％）
安徽	719 050	4.28	787 670	3.56	439 825	3.34
澳门	13 140	0.08	31 755	0.14	18 250	0.14
北京	987 325	5.87	1 073 830	4.86	620 500	4.71
福建	388 360	2.31	659 555	2.98	389 090	2.95
甘肃	253 675	1.51	358 065	1.62	224 475	1.70
广东	862 495	5.13	1 498 325	6.78	915 785	6.95
广西	303 315	1.80	482 895	2.18	402 230	3.05
贵州	209 510	1.25	374 490	1.69	336 895	2.56
海南	162 425	0.97	254 040	1.15	184 690	1.40
河北	831 835	4.95	847 530	3.83	467 930	3.55
河南	2 649 535	15.77	1 150 845	5.20	572 685	4.35
黑龙江	278 860	1.66	436 905	1.98	255 135	1.94
湖北	684 375	4.07	2 433 820	11.01	613 565	4.66
湖南	426 685	2.54	896 805	4.06	1 451 240	11.02
吉林	262 070	1.56	413 545	1.87	236 155	1.79
江苏	955 205	5.68	1 175 300	5.31	625 610	4.75
江西	346 385	2.06	689 120	3.12	481 800	3.66
辽宁	472 310	2.81	651 160	2.95	376 315	2.86
内蒙古	266 815	1.59	371 570	1.68	229 950	1.74
宁夏	120 815	0.72	202 575	0.92	116 800	0.89
青海	91 615	0.55	149 285	0.68	93 805	0.71
山东	1 006 670	5.99	1 024 920	4.63	559 910	4.25
山西	627 435	3.73	597 140	2.70	362 080	2.75
陕西	636 195	3.79	741 680	3.35	406 975	3.09
上海	651 525	3.88	840 595	3.80	454 425	3.45

续表

省份	河南		湖北		湖南	
	年总值（人次）	占比（%）	年总值（人次）	占比（%）	年总值（人次）	占比（%）
四川	510 635	3.04	876 365	3.96	487 640	3.70
台湾	20 075	0.12	31 025	0.14	12 410	0.09
天津	420 480	2.50	455 885	2.06	259 880	1.97
西藏	52 195	0.31	87 600	0.40	46 355	0.35
香港	62 780	0.37	104 390	0.47	66 795	0.51
新疆	202 210	1.20	289 810	1.31	201 480	1.53
云南	308 425	1.83	423 765	1.92	309 155	2.35
浙江	700 800	4.17	1 022 000	4.62	583 635	4.43
重庆	320 835	1.91	679 630	3.07	370 475	2.81
总计	16 806 060	100.00	22 113 890	100.00	13 173 945	100.00

河南省 AAAAA 级景区的全年消费需求达到 16 806 060 人次，平均消费需求为 494 296 人次，13 个省份需求超过平均水平，占全国客源市场的 70.35%。排名前五的客源地分别是河南省、山东省、北京市、江苏省、广东省，消费需求年总值累计占全国总量的 38.45%。

湖北省 AAAAA 级景区的全年消费需求达到 22 113 890 人次，平均消费需求为 650 409 人次，17 个省份需求超过平均水平，占全国客源市场的 77.10%。排名前五的客源地分别是湖北省、广东省、江苏省、河南省、北京市，消费需求年总值累计占全国总量的 33.16%。

湖南省 AAAAA 级景区的全年消费需求达到 13 173 945 人次，平均消费需求为 387 469 人次，16 个省份需求超过平均水平，占全国客源市场的 71.91%。排名前五的客源地分别是湖南省、广东省、江苏省、北京市、湖北省，消费需求年总值累计占全国总量的 32.08%。

（七）粤、桂、渝 AAAAA 级景区消费需求空间分布

表 1-18 列出了 2023 年粤、桂、渝 AAAAA 级景区的消费需求空间分布。

表 1-18   2023 年粤、桂、渝 AAAAA 级景区消费需求空间分布

省份	广东		广西		重庆	
	年总值（人次）	占比（%）	年总值（人次）	占比（%）	年总值（人次）	占比（%）
安徽	260 975	2.69	155 490	2.58	165 710	2.68
澳门	27 010	0.28	5 110	0.08	2 920	0.05
北京	492 020	5.06	337 625	5.59	323 755	5.24
福建	304 410	3.13	157 680	2.61	165 710	2.68
甘肃	113 880	1.17	77 015	1.28	89 060	1.44
广东	2 051 300	21.11	548 960	9.10	362 080	5.86
广西	358 430	3.69	777 450	12.88	133 955	2.17
贵州	179 945	1.85	173 740	2.88	189 800	3.07
海南	190 165	1.96	112 055	1.86	67 525	1.09
河北	278 130	2.86	175 565	2.91	189 070	3.06
河南	339 085	3.49	208 780	3.46	210 605	3.41
黑龙江	154 030	1.58	97 455	1.61	88 330	1.43
湖北	359 160	3.69	227 395	3.77	280 320	4.54
湖南	473 770	4.87	273 385	4.53	235 425	3.81
吉林	137 605	1.42	86 505	1.43	80 665	1.30
江苏	419 020	4.31	270 830	4.49	279 225	4.52
江西	302 950	3.12	153 300	2.54	135 050	2.19
辽宁	240 535	2.47	159 505	2.64	156 585	2.53
内蒙古	111 690	1.15	75 920	1.26	83 950	1.36
宁夏	41 610	0.43	38 690	0.64	35 770	0.58
青海	33 945	0.35	32 850	0.54	28 835	0.47
山东	350 400	3.61	206 590	3.42	229 585	3.71
山西	189 435	1.95	122 275	2.03	128 115	2.07
陕西	232 870	2.40	176 295	2.92	182 865	2.96
上海	423 765	4.36	245 645	4.07	251 120	4.06

续表

省份	广东		广西		重庆	
	年总值（人次）	占比（%）	年总值（人次）	占比（%）	年总值（人次）	占比（%）
四川	406 610	4.18	294 920	4.89	452 235	7.32
台湾	10 220	0.10	5 110	0.09	7 300	0.12
天津	173 010	1.78	119 355	1.98	124 100	2.01
西藏	6 935	0.07	17 885	0.30	18 250	0.29
香港	121 180	1.25	31 390	0.52	18 250	0.29
新疆	91 250	0.94	59 860	0.99	73 000	1.18
云南	193 085	1.99	178 485	2.96	127 385	2.06
浙江	404 055	4.16	249 295	4.13	263 530	4.26
重庆	246 375	2.53	182 135	3.02	1 000 465	16.19
总计	9 718 855	100.00	6 034 545	100.00	6 180 545	100.00

广东省 AAAAA 级景区的全年消费需求达到 9 718 855 人次，平均消费需求为 285 849 人次，13 个省份需求超过平均水平，占全国客源市场的 68.78%。排名前五的客源地分别是广东省、北京市、湖南省、上海市和江苏省，消费需求年总值累计占全国总量的 39.72%。

广西壮族自治区 AAAAA 级景区的全年消费需求达到 6 034 545 人次，平均消费需求为 177 487 人次，13 个省份需求超过平均水平，占全国客源市场的 66.31%。排名前五的客源地分别是广西壮族自治区、广东省、北京市、四川省和湖南省，消费需求年总值累计占全国总量的 36.99%。

重庆市 AAAAA 级景区的全年消费需求达到 6 180 545 人次，平均消费需求为 181 781 人次，14 个省份需求超过平均水平，占全国客源市场的 72.00%。排名前五的客源地分别是重庆市、四川省、广东省、北京市和湖北省，消费需求年总值累计占全国总量的 39.14%。

（八）川、贵、滇 AAAAA 级景区消费需求空间分布

2023 年川、贵、滇 AAAAA 级景区的消费需求空间分布如表 1-19 所示。

表 1－19　　2023 年川、贵、滇 AAAAA 级景区消费需求空间分布

省份	四川		贵州		云南	
	年总值（人次）	占比（%）	年总值（人次）	占比（%）	年总值（人次）	占比（%）
安徽	816 870	2.90	308 790	2.65	267 545	2.84
澳门	52 925	0.19	12 410	0.11	13 870	0.15
北京	1 308 160	4.65	635 100	5.44	495 305	5.26
福建	752 265	2.68	343 830	2.95	279 590	2.97
甘肃	596 045	2.12	173 375	1.49	136 510	1.45
广东	1 823 540	6.48	761 755	6.53	661 380	7.03
广西	631 815	2.25	394 930	3.38	302 220	3.21
贵州	593 490	2.11	1 396 855	11.96	233 965	2.49
海南	336 165	1.20	161 330	1.38	122 640	1.30
河北	938 415	3.34	358 430	3.07	305 505	3.25
河南	1 082 955	3.85	389 090	3.33	330 690	3.52
黑龙江	526 695	1.87	208 780	1.79	169 725	1.80
湖北	900 820	3.20	387 995	3.32	305 140	3.24
湖南	834 025	2.97	505 525	4.33	312 805	3.32
吉林	489 465	1.74	192 355	1.65	153 665	1.63
江苏	1 411 820	5.02	523 045	4.48	454 790	4.83
江西	634 005	2.25	281 780	2.41	223 745	2.38
辽宁	786 210	2.80	342 005	2.93	269 735	2.87
内蒙古	455 885	1.62	181 770	1.56	144 540	1.54
宁夏	274 115	0.97	88 695	0.76	65 335	0.70
青海	265 355	0.94	73 730	0.63	62 780	0.67
山东	1 227 495	4.36	443 110	3.79	383 615	4.08
山西	660 650	2.35	253 310	2.17	230 315	2.45
陕西	1 034 045	3.68	320 105	2.74	276 305	2.94
上海	1 027 475	3.65	449 680	3.85	409 165	4.35

续表

省份	四川		贵州		云南	
	年总值（人次）	占比（%）	年总值（人次）	占比（%）	年总值（人次）	占比（%）
四川	4 085 445	14.53	629 990	5.40	485 815	5.16
台湾	72 635	0.26	13 505	0.12	14 965	0.16
天津	555 895	1.98	242 360	2.08	208 050	2.21
西藏	197 830	0.70	39 785	0.34	47 085	0.50
香港	195 275	0.69	59 130	0.51	56 575	0.60
新疆	393 835	1.40	140 525	1.20	109 865	1.17
云南	670 505	2.38	370 475	3.17	1 143 545	12.15
浙江	1 307 065	4.65	513 190	4.40	432 160	4.59
重庆	1 185 885	4.22	477 055	4.09	300 395	3.19
总计	28 125 075	100.00	11 673 795	100.00	9 409 335	100.00

四川省 AAAAA 级景区的全年消费需求达到 28 125 075 人次，平均消费需求为 827 208 人次，13 个省份需求超过平均水平，占全国客源市场的 64.59%。排名前五的客源地分别是四川省、广东省、江苏省、北京市和浙江省，消费需求年总值累计占全国总量的 35.33%。

贵州省 AAAAA 级景区的全年消费需求达到 11 673 795 人次，平均消费需求为 343 347 人次，16 个省份需求超过平均水平，占全国客源市场的 73.50%。排名前五的客源地分别是贵州省、广东省、北京市、四川省和江苏省，消费需求年总值累计占全国总量的 33.81%。

云南省 AAAAA 级景区的全年消费需求达到 9 409 335 人次，平均消费需求为 276 745 人次，15 个省份需求超过平均水平，占全国客源市场的 70.17%。排名前五的客源地分别是云南省、广东省、北京市、四川省和江苏省，消费需求年总值累计占全国总量的 34.44%。

（九）陕、甘、新 AAAAA 级景区消费需求空间分布

表 1-20 列出了 2023 年陕、甘、新 AAAAA 级景区消费需求空间分布。

表 1－20　　　2023 年陕、甘、新 AAAAA 级景区消费需求空间分布

省份	陕西		甘肃		新疆	
	年总值 （人次）	占比 （％）	年总值 （人次）	占比 （％）	年总值 （人次）	占比 （％）
安徽	546 040	3.12	229 220	2.87	343 830	3.06
澳门	13 870	0.08	4 380	0.05	7 300	0.07
北京	831 470	4.75	402 230	5.03	619 405	5.52
福建	486 180	2.78	228 490	2.86	319 740	2.85
甘肃	451 140	2.58	814 680	10.19	254 040	2.26
广东	910 310	5.21	422 670	5.29	664 665	5.92
广西	392 010	2.24	180 310	2.26	266 450	2.37
贵州	306 965	1.76	148 920	1.86	193 085	1.72
海南	222 650	1.27	98 550	1.23	128 845	1.15
河北	629 260	3.60	275 940	3.45	395 660	3.52
河南	858 480	4.91	309 155	3.87	428 510	3.82
黑龙江	350 035	2.00	158 775	1.99	225 205	2.01
湖北	580 715	3.32	265 355	3.32	379 600	3.38
湖南	518 665	2.97	233 235	2.92	354 415	3.16
吉林	335 435	1.92	147 825	1.85	211 700	1.89
江苏	851 180	4.87	360 255	4.50	567 940	5.06
江西	428 510	2.45	192 355	2.41	271 195	2.41
辽宁	506 620	2.90	232 505	2.91	339 450	3.02
内蒙古	371 935	2.13	170 455	2.13	220 095	1.96
宁夏	268 275	1.53	154 760	1.93	102 200	0.91
青海	176 295	1.01	185 420	2.32	117 530	1.05
山东	824 900	4.72	327 405	4.09	478 515	4.26
山西	563 925	3.22	229 585	2.87	272 290	2.42
陕西	2 235 990	12.78	354 050	4.43	367 920	3.28
上海	643 130	3.68	329 230	4.12	531 075	4.73
四川	739 125	4.23	333 610	4.17	475 960	4.24

续表

省份	陕西		甘肃		新疆	
	年总值（人次）	占比（%）	年总值（人次）	占比（%）	年总值（人次）	占比（%）
台湾	19 710	0.11	8 030	0.10	9 125	0.08
天津	420 845	2.41	200 385	2.51	283 970	2.53
西藏	74 460	0.42	40 150	0.50	57 305	0.51
香港	85 775	0.49	36 135	0.45	46 355	0.41
新疆	287 620	1.64	185 055	2.31	1 190 630	10.60
云南	366 095	2.09	170 090	2.13	250 390	2.23
浙江	722 335	4.13	340 910	4.26	544 945	4.85
重庆	468 660	2.68	225 205	2.82	308 425	2.75
总计	17 488 610	100.00	7 995 325	100.00	11 227 765	100.00

陕西省 AAAAA 级景区的全年消费需求达到 17 488 610 人次，平均消费需求为 514 371 人次，14 个省份需求超过平均水平，占全国客源市场的 65.50%。排名前五的客源地分别是陕西省、广东省、河南省、江苏省和北京市，消费需求年总值累计占全国总量的 32.52%。

甘肃省 AAAAA 级景区的全年消费需求达到 7 995 325 人次，平均消费需求为 235 157 人次，12 个省份需求超过平均水平，占全国客源市场的 56.73%。排名前五的客源地分别是甘肃省、广东省、北京市、江苏省和陕西省，消费需求年总值累计占全国总量的 29.44%。

新疆维吾尔自治区 AAAAA 级景区的全年消费需求达到 11 227 765 人次，平均消费需求为 330 228 人次，15 个省份需求超过平均水平，占全国客源市场的 68.42%。排名前五的客源地分别是新疆维吾尔自治区、广东省、北京市、江苏省和浙江省，消费需求年总值累计占全国总量的 31.95%。

（十）琼、宁、青、藏 AAAAA 级景区消费需求空间分布

2023 年琼、宁、青、藏 AAAAA 级景区的消费需求空间分布如表 1 – 21 所示。

表1-21　　2023年琼、宁、青、藏AAAAA级景区消费需求空间分布

省份	海南		宁夏		青海		西藏	
	年总值（人次）	占比（%）	年总值（人次）	占比（%）	年总值（人次）	占比（%）	年总值（人次）	占比（%）
安徽	157 680	2.95	37 595	2.42	82 855	2.88	231 410	3.11
澳门	1 095	0.02	0	0.00	3 650	0.13	6 570	0.09
北京	295 285	5.53	111 690	7.19	132 130	4.60	355 510	4.78
福建	140 890	2.64	27 740	1.79	73 365	2.55	204 400	2.75
甘肃	78 110	1.46	78 840	5.08	128 115	4.46	179 215	2.41
广东	309 885	5.81	85 775	5.52	162 790	5.67	451 505	6.07
广西	136 875	2.56	15 330	0.99	62 050	2.16	193 450	2.60
贵州	97 090	1.82	12 410	0.80	52 195	1.82	144 540	1.94
海南	643 495	12.05	4 015	0.26	36 500	1.27	84 315	1.13
河北	201 115	3.77	60 225	3.88	96 725	3.37	299 665	4.03
河南	191 990	3.60	66 065	4.25	112 420	3.91	299 300	4.02
黑龙江	113 880	2.13	14 600	0.94	58 035	2.02	170 090	2.29
湖北	182 865	3.43	49 275	3.17	92 345	3.21	237 250	3.19
湖南	204 765	3.84	36 865	2.37	83 220	2.90	246 375	3.31
吉林	113 515	2.13	11 680	0.75	53 290	1.85	155 855	2.09
江苏	257 690	4.83	75 920	4.89	133 225	4.64	346 385	4.66
江西	125 925	2.36	22 995	1.48	67 890	2.36	183 960	2.47
辽宁	173 740	3.25	34 675	2.23	72 270	2.52	264 260	3.55
内蒙古	100 375	1.88	67 160	4.32	58 400	2.03	199 290	2.68
宁夏	44 530	0.83	185 055	11.92	46 355	1.61	66 795	0.90
青海	35 405	0.66	20 075	1.29	281 415	9.80	128 480	1.73
山东	229 220	4.29	71 540	4.61	112 055	3.90	352 590	4.74
山西	132 130	2.48	44 895	2.89	73 730	2.57	206 955	2.78
陕西	166 805	3.12	106 215	6.84	124 465	4.33	232 505	3.12
上海	227 760	4.27	65 335	4.21	96 725	3.37	270 100	3.63
四川	232 140	4.35	73 000	4.70	133 590	4.65	359 525	4.83
台湾	1 825	0.03	0	0.00	4 745	0.17	7 300	0.10
天津	126 290	2.37	25 915	1.67	59 860	2.08	155 855	2.09

省份	海南		宁夏		青海		西藏	
	年总值（人次）	占比（%）	年总值（人次）	占比（%）	年总值（人次）	占比（%）	年总值（人次）	占比（%）
西藏	13 870	0.26	2 555	0.17	31 755	1.10	512 825	6.89
香港	13 140	0.25	1 095	0.07	18 980	0.66	32 120	0.43
新疆	86 870	1.63	24 090	1.55	55 115	1.92	114 610	1.54
云南	112 785	2.11	17 155	1.10	66 430	2.31	226 300	3.04
浙江	235 060	4.40	70 080	4.51	128 480	4.47	330 690	4.44
重庆	154 030	2.89	33 215	2.14	77 745	2.71	190 895	2.57
总计	5 338 125	100.00	1 553 075	100.00	2 872 915	100.00	7 440 890	100.00

海南省 AAAAA 级景区的全年消费需求达到 5 338 125 人次，平均消费需求为 157 004 人次，15 个省份需求超过平均水平，占全国客源市场的 69.49%。排名前五的客源地分别是海南省、广东省、北京市、江苏省和浙江省，消费需求年总值累计占全国总量的 32.62%。

宁夏回族自治区 AAAAA 级景区的全年消费需求达到 1 553 075 人次，平均消费需求为 45 679 人次，14 个省份需求超过平均水平，占全国客源市场的 75.09%。排名前五的客源地分别是宁夏回族自治区、北京市、陕西省、广东省和甘肃省，消费需求年总值累计占全国总量的 36.55%。

青海省 AAAAA 级景区的全年消费需求达到 2 872 915 人次，平均消费需求为 84 498 人次，13 个省份需求超过平均水平，占全国客源市场的 60.37%。排名前五的客源地分别是青海省、广东省、四川省、江苏省和北京市，消费需求年总值累计占全国总量的 29.35%。

西藏自治区 AAAAA 级景区的全年消费需求达到 7 440 890 人次，平均消费需求为 218 850 人次，16 个省份需求超过平均水平，占全国客源市场的 67.41%。排名前五的客源地分别是西藏自治区、广东省、四川省、北京市和山东省，消费需求年总值累计占全国总量的 27.31%。

第二章

国家一级博物馆消费需求研究[*]

2021 年 5 月，由中央宣传部、文化和旅游部等九部门联合印发的《关于推进博物馆改革发展的指导意见》明确提出，要统筹不同地域、层级、属性、类型博物馆发展，实施中国特色世界一流博物馆创建计划，重点培育10～15家代表中国特色中国风格中国气派、引领行业发展的世界一流博物馆，这为建设世界博物馆强国的发展提供了基本遵循、指明了方向路径。2021 年 11 月，国务院办公厅发布《"十四五"文物保护和科技创新规划》再次强调，要盘活基层博物馆资源，支持博物馆特色化发展，规范和扶持非国有博物馆发展，健全优化博物馆体系，完善服务保障措施，创建中国特色世界一流博物馆，在文化资源丰厚地区建设"博物馆之城"。

党的十七届六中全会提出建设社会主义文化强国以来，党的十九届五中全会进一步提出了到2035 年建成文化强国的远景目标，并对"十四五"时期推进社会主义文化强国建设进行了战略部署。党的二十大报告提出，要坚持以文塑旅，以旅彰文，推进文化和旅游深度融合发展。博物馆旅游是文化和旅游融合发展的典型旅游形式。博物馆作为文化建设重要阵地，承担着传承和传播优秀文化、满足观众精神文化需求的重要社会责任。在相关政策扶持的条件下，如何利用国家一级博物馆知名度高、区域文化聚集的特点推动博物馆旅游高质量创新发展，成为旅游研究者亟待研究和解决的新问题、新课题。从游客视角出发，认知高品质旅游需求，匹配优质博物馆旅游供给，科学规划博物馆发展，已是当务之急。

在此背景下，本团队借助大数据分析技术，以百度指数为工具，以国家一

---

* 本研究选取百度指数"用户关注度"衡量国家一级博物馆消费需求，本章数据来源于百度指数官方平台。

级博物馆旅游消费需求为分析对象，基于网络热度对新时代背景下国家一级博物馆的公众消费需求状况进行全面、深入研究。

2023 年 3 月 1 日，依据《博物馆条例》《博物馆管理办法》有关规定，国家文物局发布了关于公布 2021 年度全国博物馆名录的通知，本书以《204 家国家一级博物馆名录》为基础，在百度指数官方网站检索名单所包含的国家一级博物馆，剔除错误、重复及明显异常等数据，保留被百度指数收录的 141 家国家一级博物馆作为分析对象。

在 141 家国家一级博物馆中，从地理位分布来看，华北地区 23 处（北京市 12 处、天津市 4 处、山西省 5 处、河北省 2 处），东北地区 12 处（黑龙江省 5 处、吉林省 2 处、辽宁省 5 处），华东地区 51 处（上海市 6 处、江苏省 9 处、浙江省 11 处、安徽省 6 处、福建省 4 处、江西省 6 处、山东省 9 处），华中地区 19 处（河南省 6 处、湖北省 8 处、湖南省 5 处），华南地区 8 处（广东省 5 处、广西壮族自治区 3 处），西南地区 9 处（重庆市 1 处、四川省 5 处、贵州省 2 处、云南省 1 处），西北地区 16 处（陕西省 9 处、甘肃省 3 处、西藏自治区 1 处、新疆维吾尔自治区 1 处、宁夏回族自治区 2 处），内蒙古自治区 3 处。

第一节　国家一级博物馆旅游消费需求排名

一、全年消费需求排名

国家一级博物馆的全年消费需求总值达 145 764 940 人次，全年需求平均值达 1 033 794 人次。其中，高于平均值的有 44 家，占国家一级博物馆数量的 31.21%，消费需求占比约达到 72.55%。2023 年国家一级博物馆旅游的全年消费需求排名前 50 的数据见表 2 - 1。

表 2 - 1　　　　2023 年国家一级博物馆全年消费需求排名

博物馆名称	所属省份	日均值（人次）	年总值（人次）	排名
中国科学技术馆	北京	23 861	8 709 265	1
南京博物院	江苏	17 545	6 403 925	2

续表

博物馆名称	所属省份	日均值（人次）	年总值（人次）	排名
文化和旅游部恭王府博物馆	北京	16 255	5 933 075	3
陕西历史博物馆（陕西省文物交流中心）	陕西	13 983	5 103 795	4
苏州博物馆（苏州民俗博物馆）	江苏	11 960	4 365 400	5
湖南博物院	湖南	10 689	3 901 485	6
湖北省博物馆	湖北	9 571	3 493 415	7
四川广汉三星堆博物馆	四川	9 458	3 452 170	8
上海博物馆	上海	9 410	3 434 650	9
侵华日军南京大屠杀遇难同胞纪念馆	江苏	8 759	3 197 035	10
中国国家博物馆	北京	8 400	3 066 000	11
河南博物院	河南	7 972	2 909 780	12
广东省博物馆（广州鲁迅纪念馆）	广东	7 818	2 853 570	13
上海科技馆	上海	7 299	2 664 135	14
北京自然博物馆	北京	6 041	2 204 965	15
山东博物馆（山东省文物鉴定中心）	山东	5 930	2 164 450	16
北京天文馆	北京	5 678	2 072 470	17
山西博物院	山西	5 386	1 965 890	18
洛阳博物馆	河南	5 369	1 959 685	19
中国地质博物馆	北京	5 291	1 931 215	20
中国共产党第一次全国代表大会纪念馆	上海	5 262	1 920 630	21
广东民间工艺博物馆	广东	4 879	1 780 835	22
西安博物院	陕西	4 869	1 777 185	23
首都博物馆	北京	4 778	1 743 970	24
浙江省博物馆（浙江革命历史纪念馆）	浙江	4 747	1 732 655	25
四川博物院	四川	4 371	1 595 415	26
中国人民抗日战争纪念馆	北京	4 219	1 539 935	27
辽宁省博物馆	辽宁	4 209	1 536 285	28
四川省建川博物馆	四川	4 106	1 498 690	29
天津博物馆	天津	4 034	1 472 410	30
甘肃省博物馆	甘肃	4 000	1 460 000	31

续表

博物馆名称	所属省份	日均值（人次）	年总值（人次）	排名
云南省博物馆	云南	3 865	1 410 725	32
韶山毛泽东同志纪念馆	湖南	3 861	1 409 265	33
新疆维吾尔自治区博物馆	新疆	3 636	1 327 140	34
延安革命纪念馆	陕西	3 549	1 295 385	35
广州博物馆	广东	3 548	1 295 020	36
武汉博物馆	湖北	3 474	1 268 010	37
西安碑林博物馆	陕西	3 257	1 188 805	38
杭州博物馆/杭州博物院	浙江	3 244	1 184 060	39
郑州博物馆	河南	3 240	1 182 600	40
孙中山故居纪念馆	广东	3 104	1 132 960	41
中国航空博物馆	北京	3 102	1 132 230	42
秦始皇帝陵博物院（秦始皇兵马俑博物馆）	陕西	2 874	1 049 010	43
青岛啤酒博物馆	山东	2 836	1 035 140	44
周恩来邓颖超纪念馆	天津	2 672	975 280	45
北京中国电影博物馆	北京	2 661	971 265	46
宁夏回族自治区博物馆	宁夏	2 636	962 140	47
荆州博物馆	湖北	2 618	955 570	48
徐州博物馆（徐州市文物考古研究所）	江苏	2 585	943 525	49
西藏博物馆	西藏	2 552	931 480	50
合计		305 463	111 493 995	

单个博物馆的需求从近 871 万 ~ 0.04 万人次从高到低分布。以 100 万人次为分界，消费需求年总值不足 100 万人次的博物馆有 97 家，其博物馆数量占比为 68.79%，需求占比为 27.45%；消费需求年总值在 100 万人次以上的博物馆为 44 家，其数量占比为 31.21%，需求占比为 72.55%；其中，100 万 ~ 200 万人次的博物馆有 27 家，其数量占比为 19.15%，需求占比为 27.32%；200 万 ~ 300 万人次的博物馆有 6 家，其数量占比为 4.26%，需求占比为 6.2%；300 万人次以上的博物馆有 11 家，其数量占比为 7.8%，需求占比为 30.03%。

具体而言，全年消费需求量最高的为中国科技技术馆，消费需求年总值高达 8 709 265 人次，占需求总量的比例高达 7.81%，排名第 2 的为南京博物院，年消费需求量超过 600 万人次，排名第 3 的是文化和旅游部恭王府博物馆，年需求量超过 500 万人次。排名前 10 的博物馆的消费需求年总值合计 47 994 215 人次，占全部国家一级博物馆全年消费需求总量的 32.93%。总之，国家一级博物馆旅游全年消费需求总量呈现出明显的头部聚集效应。

二、春节消费需求排名

141 个国家一级博物馆的春节假期消费需求总量为 2 501 436 人次，国家一级博物馆的春节假期消费需求平均值为 17 741 人次。其中，有 41 家博物馆的春节假期消费需求高于平均值，数量占比为 29.08%，需求量占比为 75.76%。2023 年国家一级博物馆春节假期消费需求排名前 50 的博物馆数据见表 2－2。

表 2－2　　　　　　2023 年国家一级博物馆春节消费需求排名

博物馆名称	所属省份	日均值（人次）	年总值（人次）	排名
中国科学技术馆	北京	23 445	164 115	1
陕西历史博物馆（陕西省文物交流中心）	陕西	15 693	109 851	2
南京博物院	江苏	15 536	108 752	3
文化和旅游部恭王府博物馆	北京	14 227	99 589	4
苏州博物馆（苏州民俗博物馆）	江苏	12 985	90 895	5
四川广汉三星堆博物馆	四川	11 624	81 368	6
湖南博物院	湖南	10 748	75 236	7
上海科技馆	上海	10 420	72 940	8
上海博物馆	上海	9 378	65 646	9
湖北省博物馆	湖北	8 493	59 451	10
广东省博物馆（广州鲁迅纪念馆）	广东	8 104	56 728	11
侵华日军南京大屠杀遇难同胞纪念馆	江苏	8 052	56 364	12
河南博物院	河南	7 554	52 878	13
中国国家博物馆	北京	7 439	52 073	14
北京自然博物馆	北京	6 464	45 248	15
北京天文馆	北京	5 827	40 789	16

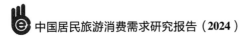

续表

博物馆名称	所属省份	日均值（人次）	年总值（人次）	排名
山东博物馆（山东省文物鉴定中心）	山东	5 660	39 620	17
广东民间工艺博物馆	广东	5 635	39 445	18
洛阳博物馆	河南	5 489	38 423	19
山西博物院	山西	5 057	35 399	20
西安博物院	陕西	4 818	33 726	21
首都博物馆	北京	4 557	31 899	22
浙江省博物馆（浙江革命历史纪念馆）	浙江	4 253	29 771	23
中国地质博物馆	北京	4 130	28 910	24
四川省建川博物馆	四川	4 003	28 021	25
天津博物馆	天津	3 971	27 797	26
辽宁省博物馆	辽宁	3 875	27 125	27
四川博物院	四川	3 766	26 362	28
中国共产党第一次全国代表大会纪念馆	上海	3 604	25 228	29
云南省博物馆	云南	3 480	24 360	30
广州博物馆	广东	3 351	23 457	31
秦始皇帝陵博物院（秦始皇兵马俑博物馆）	陕西	3 278	22 946	32
韶山毛泽东同志纪念馆	湖南	3 195	22 365	33
西安碑林博物馆	陕西	3 170	22 190	34
孙中山故居纪念馆	广东	3 044	21 308	35
武汉博物馆	湖北	2 886	20 202	36
郑州博物馆	河南	2 809	19 663	37
北京中国电影博物馆	北京	2 795	19 565	38
杭州博物馆/杭州博物院（筹）	浙江	2 743	19 201	39
甘肃省博物馆	甘肃	2 604	18 228	40
中国人民抗日战争纪念馆	北京	2 547	17 829	41
荆州博物馆	湖北	2 365	16 555	42
新疆维吾尔自治区博物馆	新疆	2 328	16 296	43
延安革命纪念馆	陕西	2 317	16 219	44
徐州博物馆（徐州市文物考古研究所）	江苏	2 216	15 512	45
天津自然博物馆（北疆博物院）	天津	2 184	15 288	46
福建博物院	福建	2 130	14 910	47

续表

博物馆名称	所属省份	日均值（人次）	年总值（人次）	排名
开封市博物馆	河南	2 119	14 833	48
中国航空博物馆	北京	2 071	14 497	49
青岛啤酒博物馆	山东	2 025	14 175	50
合计		290 464	2 033 248	

春节假期消费需求 1 万 ~ 5 万人次的博物馆有 47 家，需求占比为 40.51%；消费需求总值超过 5 万人次的博物馆有 14 家，需求占比为 45.81%。具体而言，排名第 1 位的为中国科学技术馆，消费需求年总值达到 164 115 人次，排名第 2 位的为陕西历史博物馆，消费需求年总值为 109 851 人次，排名第 3 位的为南京博物院，消费需求年总值为 108 752 人次，排名前 3 名的博物馆的春节假期消费需求总量占排名前 50 的博物馆的 18.82%。排名前九的博物馆的消费需求年总值合计为 868 392 人次，占国家一级博物馆春节假期消费需求总量的 34.72%。

三、十一假期消费需求排名

2023 年 141 个国家一级博物馆中，十一假期消费需求前 50 的博物馆排名如表 2 - 3 所示。国家一级博物馆的十一假期消费需求总量为 2 927 824 人次，国家一级博物馆的十一假期消费需求平均值为 58 557 人次，远高于春节假期。其中，15 家博物馆的十一假期消费需求高于平均值，其数量占比为 30%，需求占比为 55.67%。

表 2 - 3　　　　2023 年国家一级博物馆十一假期消费需求排名

博物馆名称	所属省份	日均值（人次）	年总值（人次）	排名
中国科学技术馆	北京	31 968	255 744	1
南京博物院	江苏	19 628	157 024	2
文化和旅游部恭王府博物馆	北京	17 892	143 136	3
湖北省博物馆	湖北	17 255	138 040	4
陕西历史博物馆（陕西省文物交流中心）	陕西	13 587	108 696	5
河南博物院	河南	13 220	105 760	6

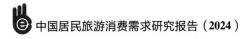

续表

博物馆名称	所属省份	日均值（人次）	年总值（人次）	排名
湖南博物院	湖南	12 707	101 656	7
苏州博物馆（苏州民俗博物馆）	江苏	11 993	95 944	8
四川广汉三星堆博物馆	四川	11 555	92 440	9
侵华日军南京大屠杀遇难同胞纪念馆	江苏	9 849	78 792	10
广东省博物馆（广州鲁迅纪念馆）	广东	9 639	77 112	11
上海博物馆	上海	9 176	73 408	12
洛阳博物馆	河南	8 683	69 464	13
山东博物馆（山东省文物鉴定中心）	山东	8 598	68 784	14
山西博物院	山西	7 998	63 984	15
中国国家博物馆	北京	7 156	57 248	16
中国地质博物馆	北京	6 687	53 496	17
广东民间工艺博物馆	广东	6 458	51 664	18
上海科技馆	上海	6 319	50 552	19
辽宁省博物馆	辽宁	5 958	47 664	20
中国共产党第一次全国代表大会纪念馆	上海	5 859	46 872	21
浙江省博物馆（浙江革命历史纪念馆）	浙江	5 533	44 264	22
天津博物馆	天津	5 318	42 544	23
云南省博物馆	云南	5 179	41 432	24
四川省建川博物馆	四川	5 041	40 328	25
北京天文馆	北京	4 963	39 704	26
甘肃省博物馆	甘肃	4 931	39 448	27
西安博物院	陕西	4 916	39 328	28
郑州博物馆	河南	4 751	38 008	29
武汉博物馆	湖北	4 536	36 288	30
青州市博物馆	山东	4 528	36 224	31
四川博物院	四川	4 511	36 088	32
广州博物馆	广东	4 348	34 784	33
新疆维吾尔自治区博物馆	新疆	4 272	34 176	34

博物馆名称	所属省份	日均值（人次）	年总值（人次）	排名
延安革命纪念馆	陕西	4 233	33 864	35
中国人民抗日战争纪念馆	北京	4 229	33 832	36
北京自然博物馆	北京	4 198	33 584	37
韶山毛泽东同志纪念馆	湖南	4 135	33 080	38
齐文化博物院	山东	4 116	32 928	39
首都博物馆	北京	4 067	32 536	40
孙中山故居纪念馆	广东	3 997	31 976	41
杭州博物馆/杭州博物院（筹）	浙江	3 969	31 752	42
徐州博物馆（徐州市文物考古研究所）	江苏	3 822	30 576	43
荆州博物馆	湖北	3 708	29 664	44
大同市博物馆	山西	3 618	28 944	45
景德镇中国陶瓷博物馆	江西	3 600	28 800	46
沈阳"九·一八"历史博物馆	辽宁	3 425	27 400	47
宁夏回族自治区博物馆	宁夏	3 334	26 672	48
上海鲁迅纪念馆	上海	3 266	26 128	49
中国航空博物馆	北京	3 249	25 992	50
合计		365 978	2 927 824	

从表 2-3 中可以看到，2023 年排名前 50 的国家一级博物馆中，十一假期消费需求年总值 10 万人次以上的博物馆有 7 个，其数量占比为 14%，需求量占比为 53.49%；年总值 5 万~10 万人次的博物馆有 12 家，其数量占比为 24%，需求量占比为 28.45%；年总值 5 万人次以下的博物馆有 31 家，其数量占比为 62%，需求量占比为 37.05%。可见，排名前 50 的国家一级博物馆 2023 年十一假期的消费需求呈现集中分布于需求量年总值高于 10 万人次以上的博物馆。

具体而言，排名前 3 位的国家一级博物馆的消费需求年总值合计 555 904 人次，占排名前 50 的博物馆十一假期消费需求总量的 18.99%。排名第 4 至第 7 位的，消费需求年总值均超过 10 万人次。以上表明，十一假期消费需求旺盛。排名前 7 的博物馆的消费需求年总值占排名前 50 的博物馆十一假期消费需求总量的 34.5%，头部聚集效应较为明显。

第二节　国家一级博物馆消费群体分析

一、性别分析

（一）总体情况

图 2 - 1 统计了 2023 年所有国家一级博物馆消费群体中男性与女性的消费需求特征（年均值、性别占比、TGI）。所有国家一级博物馆的男性消费需求年均值为 470 990 人次，性别占比 45.56%，TGI 为 79.6，略低于 100 的整体水平。相比之下，女性消费需求年均值为 562 804 人次，性别占比 54.44%，TGI 指数为 127.3，略高于 100。整体而言，女性对国家一级博物馆的消费需求略高于男性。

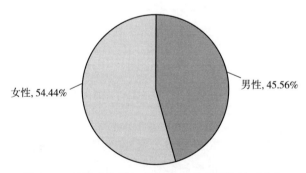

图 2 - 1　2023 年国家一级博物馆消费群体性别分布

（二）消费偏好

表 2 - 4 列出了 2023 年男性群体消费偏好排名前 50 的国家一级博物馆。数据显示：所排名博物馆中，男性消费需求占比均超过了 47.2%，最高达 59.64%，TGI 指数全部高于 80。排名第一的景区是位于湖北的武昌起义纪念馆，该博物馆所承载的历史能够很好地满足男性群体对政治军事，历史文化的兴趣需求。

表 2 - 4 2023 年国家一级博物馆男性消费偏好

博物馆名称	所属省份	占比（％）	TGI 指数	排名
辛亥革命武昌起义纪念馆（辛亥革命研究所）	湖北	59.64	104.21	1
陈云纪念馆（青浦革命历史纪念馆）	上海	59.03	103.14	2
内蒙古博物院	内蒙古	58.33	101.92	3
平凉市博物馆	甘肃	57.32	100.15	4
文化和旅游部恭王府博物馆	北京	57.26	100.05	5
刘少奇同志纪念馆	湖南	57.09	99.74	6
蚌埠市博物馆	安徽	56.17	98.15	7
随州市博物馆	湖北	56.04	97.92	8
青岛一战遗址展览馆	山东	55.00	96.10	9
南昌八一起义纪念馆	江西	54.72	95.61	10
宁夏回族自治区博物馆	宁夏	54.09	94.51	11
福建中国闽台缘博物馆	福建	53.82	94.03	12
八大山人纪念馆	江西	53.28	93.10	13
安徽博物院	安徽	53.03	92.66	14
武汉市中山舰博物馆	湖北	52.48	91.70	15
鄂豫皖苏区首府革命博物馆	河南	52.22	91.24	16
鄂尔多斯市博物院	内蒙古	52.00	90.86	17
山东博物馆（山东省文物鉴定中心）	山东	51.88	90.65	18
平顶山博物馆	河南	51.21	89.47	19
山西博物院	山西	50.91	88.96	20
西柏坡纪念馆	河北	50.80	88.76	21
中国航空博物馆	北京	50.79	88.75	22
汶川地震博物馆	四川	50.69	88.58	23
孙中山故居纪念馆	广东	50.26	87.82	24
天水市博物馆（天水市伏羲文化博物馆）	甘肃	50.25	87.80	25
中国共产党第一次全国代表大会纪念馆	上海	50.14	87.61	26
赤峰博物馆	内蒙古	49.74	86.91	27
新疆维吾尔自治区博物馆	新疆	49.70	86.83	28

博物馆名称	所属省份	占比（%）	TGI指数	排名
临汾市博物馆	山西	49.47	86.44	29
宿州市博物馆	安徽	49.32	86.18	30
山西中国煤炭博物馆	山西	49.29	86.13	31
淮北市博物馆	安徽	49.12	85.83	32
宝鸡青铜器博物院	陕西	49.12	85.82	32
西安大唐西市博物馆	陕西	48.60	84.92	34
旅顺博物馆	辽宁	48.52	84.78	35
四川省建川博物馆	四川	48.32	84.42	36
吉林省博物院	吉林	48.28	84.35	37
宁波中国港口博物馆	浙江	48.10	84.04	38
赣州市博物馆	江西	48.05	83.96	39
上海科技馆	上海	47.95	83.79	40
宁波市天一阁博物院（宁波市保国寺古建筑博物馆）	浙江	47.86	83.62	41
汉景帝阳陵博物院	陕西	47.86	83.62	41
浙江省博物馆（浙江革命历史纪念馆）	浙江	47.75	83.44	43
平津战役纪念馆	天津	47.69	83.33	44
邓小平故居陈列馆	四川	47.69	83.32	44
无锡博物院	江苏	47.56	83.09	46
上海博物馆	上海	47.54	83.06	47
福建博物院	福建	47.29	82.62	48
陕西历史博物馆（陕西省文物交流中心）	陕西	47.29	82.63	48
徐州博物馆（徐州市文物考古研究所）	江苏	47.20	82.47	50

表2-5列出了2023年女性群体消费偏好排名前50的国家一级博物馆。数据显示，所排名博物馆中，女性消费需求占比均超过56%，最高达76.92%，TGI指数全部高于130，可见，这些博物馆很受女性群体青睐。排名第一的黑龙江省博物馆是全国首批集历史文物、自然标本、艺术品于一体的省级综合类公益性博物馆。该博物馆能很好地满足女性群体对历史文化等的兴趣需求。

表 2－5　　　　　　　　　2023 年国家一级博物馆女性消费偏好

博物馆名称	所属省份	占比（%）	TGI 指数	排名
黑龙江省博物馆	黑龙江	76.92	179.87	1
西安半坡博物院	陕西	70.59	165.05	2
杭州中国丝绸博物馆	浙江	67.26	157.26	3
长沙简牍博物馆	湖南	64.54	150.91	4
邯郸市博物馆	河北	63.53	148.54	5
广西壮族自治区博物馆	广西	63.48	148.43	6
中国科学技术馆	北京	63.23	147.85	7
福建省泉州海外交通史博物馆	福建	62.11	145.24	8
沈阳“九·一八”历史博物馆	辽宁	61.81	144.52	9
广西民族博物馆	广西	61.76	144.42	10
北京自然博物馆	北京	61.60	144.04	11
山西地质博物馆	山西	61.22	143.14	12
大连自然博物馆	辽宁	61.09	142.85	13
中国地质博物馆	北京	60.97	142.55	14
大庆市博物馆	黑龙江	60.45	141.35	15
景德镇中国陶瓷博物馆	江西	60.42	141.27	16
南通博物苑	江苏	60.27	140.92	17
北京天文馆	北京	60.21	140.78	18
韶山毛泽东同志纪念馆	湖南	60.00	140.29	19
安徽中国徽州文化博物馆	安徽	59.92	140.11	20
杭州工艺美术博物馆（杭州刀剪剑博物馆、杭州扇业博物馆、杭州伞业博物馆）	浙江	59.71	139.61	21
雨花台烈士纪念馆	江苏	59.58	139.30	22
自贡市盐业历史博物馆	四川	59.18	138.37	23
杭州中国茶叶博物馆	浙江	59.11	138.22	24
吉林省自然博物馆	吉林	59.04	138.06	25
天津自然博物馆（北疆博物院）	天津	58.87	137.65	26
温州博物馆	浙江	58.69	137.24	27
东北烈士纪念馆（东北抗联博物馆、中共黑龙江历史纪念馆、革命领袖视察黑龙江纪念馆、东北抗联精神陈列馆）	黑龙江	58.55	136.92	28

续表

博物馆名称	所属省份	占比（%）	TGI 指数	排名
镇江博物馆	江苏	58.51	136.81	29
大庆铁人王进喜纪念馆	黑龙江	58.40	136.56	30
中国人民抗日战争纪念馆	北京	58.08	135.81	31
淄博陶瓷琉璃博物馆	山东	58.06	135.77	32
苏州博物馆（苏州民俗博物馆）	江苏	58.05	135.72	33
云南省博物馆	云南	58.00	135.63	34
重庆红岩革命纪念馆（重庆红岩革命历史博物馆）	重庆	57.80	135.16	35
井冈山革命博物馆	江西	57.65	134.79	36
湖南博物院	湖南	57.51	134.47	37
上海鲁迅纪念馆	上海	57.43	134.29	38
辽宁省博物馆	辽宁	57.41	134.23	39
大同市博物馆	山西	57.34	134.07	40
宁夏回族自治区固原博物馆	宁夏	57.34	134.07	40
四川广汉三星堆博物馆	四川	57.11	133.53	42
武汉博物馆	湖北	56.97	133.21	43
济南市章丘区博物馆	山东	56.61	132.37	44
湖北省博物馆	湖北	56.61	132.37	44
贵州省博物馆	贵州	56.54	132.20	46
荆州博物馆	湖北	56.33	131.72	47
扬州博物馆	江苏	56.26	131.55	48
武汉革命博物馆	湖北	56.25	131.54	49
洛阳博物馆	河南	56.20	131.40	50

二、年龄分布

（一）总体情况

图 2－2 为 2023 年国家一级博物馆消费群体的年龄分布特征。141 个国家一级博物馆中只收集到 135 个馆的消费群体中各年龄段的消费需求特征（年均

值、年龄占比、TGI）。所有国家一级博物馆中，30～39岁群体的消费需求年
均值为326 119人次，消费需求排名第一，年龄占比为31.56%，TGI为98.1，
低于100的整体水平，这表明30～39岁群体对于国家一级博物馆的关注程度
低于整体水平；20～29岁群体的消费需求平均值为235 004人次，年龄占比为
22.74%，TGI为97.02，略低于100的整体水平，表明20～29岁群体对于国
家一级博物馆的关注程度略低于整体水平。此外，40～49岁、50岁及以上、
19岁及以下群体的消费需求年均值分别是204 370人次，161 534人次，
106 295人次，年龄占比分别为19.78%、15.63%、10.29%，TGI分别为
95.29，99.77，129.14，表明40～49岁，50岁及以上群体对国家一级博物馆
的关注程度低于整体水平，19岁及以下群体对于国家一级博物馆的关注程度
高于整体水平。

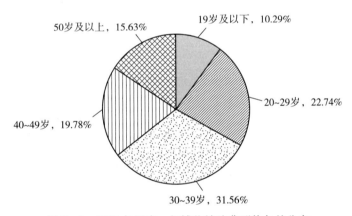

图2-2　2023年国家一级博物馆消费群体年龄分布

（二）消费偏好

表2-6列出了2023年19岁及以下群体消费偏好排名前50的国家一级博
物馆。数据显示，所排名博物馆中，19岁以及下消费需求占比均超过了10%，
最高达34.26%，TGI指数全部高于100，可见，这些博物馆受到该年龄段群
体的青睐。最受该年龄段群体青睐的博物馆是邓小平故居陈列馆，该馆用于纪
念邓小平同志，他所倡导的"改革开放"及"一国两制"政策理念，改变了
20世纪后期的中国，也影响了世界。该博物馆很好地承载着中国少年对政治
军事、历史文化的兴趣需求。

表 2-6　　　　2023 年国家一级博物馆 19 岁以下群体消费偏好

博物馆名称	所属省份	占比（%）	TGI 指数	排名
邓小平故居陈列馆	四川	34.26	430.31	1
武汉革命博物馆	湖北	29.94	376.04	2
济南市章丘区博物馆	山东	25.57	321.23	3
东北烈士纪念馆（东北抗联博物馆、中共黑龙江历史纪念馆、革命领袖视察黑龙江纪念馆、东北抗联精神陈列馆）	黑龙江	20.12	252.66	4
中央苏区（闽西）历史博物馆	福建	20.00	251.21	5
沈阳"九·一八"历史博物馆	辽宁	19.70	247.44	6
井冈山革命博物馆	江西	19.67	247.01	7
辛亥革命武昌起义纪念馆（辛亥革命研究所）	湖北	17.62	221.30	8
韶山毛泽东同志纪念馆	湖南	17.14	215.32	9
延安革命纪念馆	陕西	16.97	213.19	10
烟台市博物馆	山东	16.10	202.26	11
雨花台烈士纪念馆	江苏	16.02	201.24	12
周恩来邓颖超纪念馆	天津	15.76	197.96	13
侵华日军南京大屠杀遇难同胞纪念馆	江苏	15.58	195.65	14
重庆红岩革命纪念馆（重庆红岩革命历史博物馆）	重庆	14.98	188.17	15
蚌埠市博物馆	安徽	14.81	186.08	16
赣州市博物馆	江西	14.81	185.96	16
平津战役纪念馆	天津	14.78	185.65	18
大庆铁人王进喜纪念馆	黑龙江	14.08	176.79	19
淮北市博物馆	安徽	14.04	176.28	20
青岛一战遗址展览馆	山东	14.00	175.84	21
吉林省博物院	吉林	13.98	175.65	22
中国共产党第一次全国代表大会纪念馆	上海	13.80	173.39	23
刘少奇同志纪念馆	湖南	13.77	172.89	24
杭州中国丝绸博物馆	浙江	13.62	171.05	25
中国人民抗日战争纪念馆	北京	13.24	166.30	26
南通博物苑	江苏	13.16	165.29	27
南湖革命纪念馆（红船精神研究院）	浙江	13.13	164.85	28

续表

博物馆名称	所属省份	占比（%）	TGI 指数	排名
南昌八一起义纪念馆	江西	13.07	164.11	29
西柏坡纪念馆	河北	12.97	162.88	30
广西民族博物馆	广西	12.87	161.62	31
上海市龙华烈士纪念馆	上海	12.85	161.38	32
福建中国闽台缘博物馆	福建	12.85	161.42	32
邯郸市博物馆	河北	12.84	161.24	34
上海鲁迅纪念馆	上海	12.62	158.50	35
平顶山博物馆	河南	11.81	148.29	36
汶川地震博物馆	四川	11.81	148.28	36
中国国家博物馆	北京	11.76	147.75	38
安徽中国徽州文化博物馆	安徽	11.51	144.54	39
河南博物院	河南	11.44	143.63	40
旅顺博物馆	辽宁	11.34	142.45	41
西藏博物馆	西藏	11.27	141.55	42
天津博物馆	天津	11.21	140.80	43
吉林省自然博物馆	吉林	11.17	140.30	44
宿州市博物馆	安徽	11.15	140.03	45
广西壮族自治区博物馆	广西	10.94	137.39	46
长沙简牍博物馆	湖南	10.90	136.96	47
甘肃省博物馆	甘肃	10.87	136.57	48
云南省博物馆	云南	10.79	135.48	49
大连博物馆	辽宁	10.60	133.10	50
郑州博物馆	河南	10.60	133.18	50
开封市博物馆	河南	10.60	133.13	50

　　表 2-7 列出了 2023 年 20～29 岁群体消费偏好排名前 50 的国家一级博物馆。数据显示，所排名博物馆中，20～29 岁消费需求占比均超过 25%，最高达 42.95%，TGI 指数全部超过 120，可见，这些博物馆非常受该年龄段群体青睐，其中最受青睐的是宁波中国港口博物馆。

表 2-7　　　　2023 年国家一级博物馆 20~29 岁群体消费偏好

博物馆名称	所属省份	占比（%）	TGI 指数	排名
宁波中国港口博物馆	浙江	42.95	183.32	1
黑龙江省民族博物馆	黑龙江	41.56	177.37	2
杭州中国丝绸博物馆	浙江	35.89	153.17	3
宁夏回族自治区固原博物馆	宁夏	34.99	149.33	4
瑞金中央革命根据地纪念馆	江西	33.33	142.26	5
侵华日军南京大屠杀遇难同胞纪念馆	江苏	32.43	138.43	6
赣州市博物馆	江西	31.43	134.13	7
天水市博物馆（天水市伏羲文化博物馆）	甘肃	31.31	133.64	8
宝鸡青铜器博物院	陕西	31.30	133.56	9
鄂尔多斯市博物院	内蒙古	31.14	132.91	10
贵州省博物馆	贵州	31.14	132.92	10
中央苏区（闽西）历史博物馆	福建	30.91	131.92	12
广西壮族自治区博物馆	广西	30.84	131.60	13
鄂豫皖苏区首府革命博物馆	河南	30.03	128.15	14
南湖革命纪念馆（红船精神研究院）	浙江	29.91	127.65	15
淮北市博物馆	安徽	29.82	127.29	16
甘肃省博物馆	甘肃	29.81	127.23	17
新疆维吾尔自治区博物馆	新疆	29.73	126.90	18
蚌埠市博物馆	安徽	29.63	126.46	19
西安大唐西市博物馆	陕西	29.24	124.80	20
南京博物院	江苏	28.80	122.92	21
西藏博物馆	西藏	28.26	120.63	22
井冈山革命博物馆	江西	28.21	120.41	23
福建省泉州海外交通史博物馆	福建	28.19	120.33	24
安徽博物院	安徽	28.16	120.20	25
苏州博物馆（苏州民俗博物馆）	江苏	27.93	119.20	26
湖北省博物馆	湖北	27.49	117.30	27
武汉革命博物馆	湖北	27.48	117.27	28

续表

博物馆名称	所属省份	占比（%）	TGI 指数	排名
四川博物院	四川	27.43	117.06	29
周恩来邓颖超纪念馆	天津	27.24	116.27	30
旅顺博物馆	辽宁	27.24	116.26	30
河南博物院	河南	27.16	115.93	32
杭州中国茶叶博物馆	浙江	27.07	115.53	33
云南省博物馆	云南	27.06	115.48	34
湖南博物院	湖南	27.05	115.45	35
邓小平故居陈列馆	四川	26.85	114.60	36
平凉市博物馆	甘肃	26.83	114.50	37
宁夏回族自治区博物馆	宁夏	26.76	114.23	38
广东省博物馆（广州鲁迅纪念馆）	广东	26.49	113.06	39
中国国家博物馆	北京	26.36	112.49	40
桂林博物馆	广西	25.89	110.51	41
重庆红岩革命纪念馆（重庆红岩革命历史博物馆）	重庆	25.84	110.29	42
延安革命纪念馆	陕西	25.83	110.26	43
广西民族博物馆	广西	25.80	110.12	44
景德镇中国陶瓷博物馆	江西	25.58	109.19	45
秦始皇帝陵博物院（秦始皇兵马俑博物馆）	陕西	25.46	108.66	46
徐州博物馆（徐州市文物考古研究所）	江苏	25.10	107.12	47
青岛啤酒博物馆	山东	25.09	107.08	48
内蒙古博物院	内蒙古	25.00	106.70	49
杭州工艺美术博物馆（杭州刀剪剑博物馆、杭州扇业博物馆、杭州伞业博物馆）	浙江	25.00	106.70	49

　　表 2－8 列出了 2023 年 30～39 岁群体消费偏好排名前 50 的国家一级博物馆。数据显示，所排名博物馆中，30～39 岁消费需求占比均超过了 32%，最高达 52.94%，TGI 指数全部高于 100，可见，这些博物馆受到该年龄段群体青睐，其中最受青睐的博物馆是西安半坡博物馆。该博物馆凭借其所具备的历史文化遗产保护、文化传承等多方面价值吸引了大量 30～39 岁群体。

表2-8　　　　2023年国家一级博物馆30～39岁群体消费偏好

博物馆名称	所属省份	占比（%）	TGI指数	排名
西安半坡博物馆	陕西	52.94	164.63	1
中国科学技术馆	北京	52.40	162.95	2
内蒙古博物院	内蒙古	50.00	155.48	3
北京天文馆	北京	48.21	149.92	4
安徽省地质博物馆	安徽	46.83	145.61	5
北京自然博物馆	北京	46.35	144.13	6
山西地质博物馆	山西	45.11	140.27	7
上海科技馆	上海	44.98	139.88	8
天津自然博物馆（北疆博物院）	天津	43.59	135.55	9
邯郸市博物馆	河北	42.94	133.54	10
宿州市博物馆	安徽	42.57	132.37	11
中国航空博物馆	北京	42.13	131.00	12
中国人民抗日战争纪念馆	北京	40.78	126.81	13
中国地质博物馆	北京	40.20	125.01	14
周口店北京人遗址博物馆	北京	40.11	124.72	15
吉林省自然博物馆	吉林	39.72	123.50	16
温州博物馆	浙江	38.96	121.14	17
福建省泉州海外交通史博物馆	福建	38.77	120.55	18
黑龙江省博物馆	黑龙江	38.46	119.60	19
无锡博物院	江苏	37.27	115.90	20
大连自然博物馆	辽宁	36.86	114.62	21
大庆市博物馆	黑龙江	36.80	114.42	22
武汉市中山舰博物馆	湖北	36.59	113.77	23
宜昌博物馆	湖北	36.14	112.39	24
齐文化博物院	山东	36.12	112.33	25
临沂市博物馆	山东	35.98	111.88	26
平顶山博物馆	河南	35.70	111.03	27
首都博物馆	北京	35.53	110.50	28

续表

博物馆名称	所属省份	占比（%）	TGI 指数	排名
舟山博物馆	浙江	35.06	109.04	29
烟台市博物馆	山东	34.99	108.81	30
鄂尔多斯市博物院	内蒙古	34.86	108.39	31
赤峰博物馆	内蒙古	34.77	108.11	32
杭州工艺美术博物馆（杭州刀剪剑博物馆、杭州扇业博物馆、杭州伞业博物馆）	浙江	34.71	107.93	33
山西博物院	山西	34.67	107.81	34
淄博陶瓷琉璃博物馆	山东	34.10	106.04	35
四川省建川博物馆	四川	33.91	105.45	36
随州市博物馆	湖北	33.48	104.11	37
青州市博物馆	山东	33.46	104.05	38
汶川地震博物馆	四川	33.33	103.65	39
天水市博物馆（天水市伏羲文化博物馆）	甘肃	33.33	103.65	39
广东省博物馆（广州鲁迅纪念馆）	广东	33.16	103.12	41
秦始皇帝陵博物院（秦始皇兵马俑博物馆）	陕西	33.12	103.00	42
宁夏回族自治区博物馆	宁夏	33.07	102.84	43
鄂豫皖苏区首府革命博物馆	河南	32.90	102.30	44
蚌埠市博物馆	安徽	32.72	101.73	45
安徽中国徽州文化博物馆	安徽	32.54	101.19	46
浙江省博物馆（浙江革命历史纪念馆）	浙江	32.45	100.92	47
陕西历史博物馆（陕西省文物交流中心）	陕西	32.38	100.69	48
徐州博物馆（徐州市文物考古研究所）	江苏	32.33	100.52	49
荆州博物馆	湖北	32.22	100.18	50

　　表 2 - 9 列出了 2023 年 40～49 岁群体消费偏好排名前 50 的国家一级博物馆。数据显示，所排名博物馆中，40～49 岁消费需求占比均超过了 21%，最高达 31.43%，TGI 指数全部高于 100，可见，这些博物馆受到该年龄段群体青睐，其中最受青睐的博物馆是韶山毛泽东同志纪念馆。

表 2 – 9   **2023 年国家一级博物馆 40～49 岁群体消费偏好**

博物馆名称	所属省份	占比（%）	TGI 指数	排名
韶山毛泽东同志纪念馆	湖南	31.43	151.49	1
黑龙江省博物馆	黑龙江	30.77	148.31	2
陈云纪念馆（青浦革命历史纪念馆）	上海	29.12	140.35	3
青州市博物馆	山东	27.01	130.19	4
汉景帝阳陵博物院	陕西	26.62	128.33	5
首都博物馆	北京	24.89	119.97	6
中国航空博物馆	北京	24.54	118.29	7
中国人民抗日战争纪念馆	北京	24.45	117.85	8
宁波市天一阁博物院（宁波市保国寺古建筑博物馆）	浙江	24.44	117.80	9
北京自然博物馆	北京	24.35	117.39	10
随州市博物馆	湖北	24.31	117.17	11
青岛一战遗址展览馆	山东	24.00	115.68	12
北京天文馆	北京	23.80	114.71	13
齐文化博物院	山东	23.72	114.32	14
荆州博物馆	湖北	23.53	113.42	15
西安碑林博物馆	陕西	23.44	112.96	16
大庆市博物馆	黑龙江	23.15	111.60	17
自贡市盐业历史博物馆	四川	23.05	111.12	18
淄博陶瓷琉璃博物馆	山东	23.04	111.06	19
汶川地震博物馆	四川	22.92	110.46	20
大连博物馆	辽宁	22.75	109.66	21
孙中山故居纪念馆	广东	22.69	109.39	22
广东民间工艺博物馆	广东	22.50	108.45	23
扬州博物馆	江苏	22.49	108.39	24
中国印刷博物馆	北京	22.38	107.87	25
大同市博物馆	山西	22.31	107.51	26
四川省建川博物馆	四川	22.08	106.41	27
赤峰博物馆	内蒙古	22.01	106.07	28

续表

博物馆名称	所属省份	占比（%）	TGI 指数	排名
陕西历史博物馆（陕西省文物交流中心）	陕西	21.97	105.89	29
上海科技馆	上海	21.96	105.83	30
长沙简牍博物馆	湖南	21.90	105.57	31
杭州工艺美术博物馆（杭州刀剪剑博物馆、杭州扇业博物馆、杭州伞业博物馆）	浙江	21.84	105.29	32
临汾市博物馆	山西	21.83	105.20	33
大连自然博物馆	辽宁	21.63	104.24	34
无锡博物院	江苏	21.63	104.27	34
辽宁省博物馆	辽宁	21.59	104.08	36
青岛啤酒博物馆	山东	21.55	103.89	37
吉林省博物院	吉林	21.49	103.59	38
上海鲁迅纪念馆	上海	21.43	103.32	39
中国科学技术馆	北京	21.40	103.16	40
邯郸市博物馆	河北	21.40	103.13	40
镇江博物馆	江苏	21.40	103.14	40
天津博物馆	天津	21.38	103.03	43
武汉市中山舰博物馆	湖北	21.31	102.69	44
中国地质博物馆	北京	21.29	102.62	45
上海博物馆	上海	21.26	102.48	46
武汉博物馆	湖北	21.24	102.40	47
旅顺博物馆	辽宁	21.23	102.34	48
八大山人纪念馆	江西	21.17	102.03	49
中国共产党第一次全国代表大会纪念馆	上海	21.16	102.02	50

表 2 - 10 列出了 2023 年 50 岁及以上群体消费偏好排名前 50 的国家一级博物馆。数据显示，所排名博物馆中，50 岁及以上消费需求占比均超过了16%，最高达 41.37%，TGI 指数全部高于 100，可见，这些博物馆受到该年龄段群体青睐，其中最受青睐的博物馆是文化和旅游部恭王府博物馆。

表 2－10 **2023 年国家一级博物馆 50 岁及以上群体消费偏好**

博物馆名称	所属省份	占比（%）	TGI 指数	排名
文化和旅游部恭王府博物馆	北京	41.37	264.17	1
宁波市天一阁博物院（宁波市保国寺古建筑博物馆）	浙江	35.13	224.29	2
八大山人纪念馆	江西	33.58	214.40	3
陈云纪念馆（青浦革命历史纪念馆）	上海	32.54	207.76	4
广东民间工艺博物馆	广东	28.28	180.55	5
自贡市盐业历史博物馆	四川	27.31	174.40	6
南昌八一起义纪念馆	江西	26.71	170.58	7
孙中山故居纪念馆	广东	26.65	170.17	8
扬州博物馆	江苏	26.40	168.57	9
景德镇中国陶瓷博物馆	江西	24.26	154.93	10
辛亥革命武昌起义纪念馆（辛亥革命研究所）	湖北	24.17	154.31	11
北京中国电影博物馆	北京	23.42	149.53	12
青岛一战遗址展览馆	山东	23.00	146.86	13
西安碑林博物馆	陕西	22.87	146.06	14
韶山毛泽东同志纪念馆	湖南	22.86	145.95	15
西藏博物馆	西藏	21.42	136.76	16
青州市博物馆	山东	21.26	135.76	17
广西民族博物馆	广西	21.19	135.30	18
福建中国闽台缘博物馆	福建	20.88	133.35	19
云南省博物馆	云南	20.82	132.95	20
上海博物馆	上海	20.71	132.21	21
镇江博物馆	江苏	20.61	131.58	22
山西中国煤炭博物馆	山西	20.59	131.49	23
大同市博物馆	山西	20.49	130.84	24
随州市博物馆	湖北	20.23	129.19	25
武汉市中山舰博物馆	湖北	20.08	128.20	26
中国印刷博物馆	北京	20.03	127.91	27
宜昌博物馆	湖北	19.97	127.49	28
桂林博物馆	广西	19.88	126.93	29
淄博陶瓷琉璃博物馆	山东	19.82	126.53	30

续表

博物馆名称	所属省份	占比（%）	TGI 指数	排名
福建博物院	福建	19.74	126.06	31
瑞金中央革命根据地纪念馆	江西	19.70	125.77	32
临汾市博物馆	山西	19.31	123.31	33
四川省建川博物馆	四川	18.84	120.31	34
四川广汉三星堆博物馆	四川	18.62	118.93	35
武汉博物馆	湖北	18.15	115.88	36
汉景帝阳陵博物院	陕西	18.07	115.36	37
开封市博物馆	河南	17.96	114.68	38
首都博物馆	北京	17.59	112.30	39
贵州省博物馆	贵州	17.58	112.25	40
中国共产党第一次全国代表大会纪念馆	上海	17.48	111.62	41
上海鲁迅纪念馆	上海	17.29	110.38	42
杭州中国茶叶博物馆	浙江	17.20	109.85	43
赤峰博物馆	内蒙古	17.19	109.75	44
吉林省博物院	吉林	16.61	106.04	45
天津博物馆	天津	16.46	105.10	46
荆州博物馆	湖北	16.41	104.81	47
洛阳博物馆	河南	16.27	103.87	48
陕西历史博物馆（陕西省文物交流中心）	陕西	16.04	102.4	49
苏州博物馆（苏州民俗博物馆）	江苏	16.01	102.22	50

第三节　国家一级博物馆消费需求空间结构

一、整体消费需求空间结构

2023 年 141 家国家一级博物馆全年总体消费需求达 141 607 590 人次，平均消费需求为 4 164 929 人次，有 14 个省份需求超过平均水平，占全国客源市场的 71.49%。排名前五的客源地分别是北京市、江苏省、广东省、上海市和浙江省，消费需求年总值累计占全国总量的 34.48%（见表 2 - 11）。

表 2–11 　　　　　　　　2023 年国家一级博物馆消费需求空间分布

省份	年总值（人次）	占比（%）	排名
北京	13 341 480	9.15	1
江苏	11 606 635	7.96	2
广东	9 274 285	6.36	3
上海	8 012 845	5.50	4
浙江	7 634 340	5.24	5
山东	7 556 230	5.18	6
河南	7 029 170	4.82	7
湖北	6 154 630	4.22	8
四川	5 987 095	4.11	9
河北	5 893 655	4.04	10
陕西	5 635 600	3.87	11
辽宁	5 436 675	3.73	12
安徽	5 018 385	3.44	13
湖南	4 903 775	3.36	14
山西	4 228 160	2.90	15
天津	4 226 700	2.90	16
福建	3 863 890	2.65	17
江西	3 611 675	2.48	18
重庆	2 923 650	2.01	19
广西	2 909 780	2.00	20
黑龙江	2 776 920	1.91	21
吉林	2 540 400	1.74	22
甘肃	2 413 380	1.66	23
云南	2 404 985	1.65	24
内蒙古	2 394 035	1.64	25
贵州	1 855 295	1.27	26
新疆	1 708 930	1.17	27
海南	1 216 910	0.83	28
宁夏	1 186 250	0.81	29

续表

省份	年总值（人次）	占比（%）	排名
青海	713 210	0.49	30
香港	538 740	0.37	31
西藏	404 785	0.28	32
台湾	208 050	0.14	33
澳门	154 395	0.11	34
合计	145 764 940	100.00	

二、省域消费需求空间结构

（一）京、津、冀国家一级博物馆消费需求空间分布

表 2-12 列出了 2023 年京、津、冀国家一级博物馆的消费需求空间分布。

表 2-12　　　　2003 年京、津、冀国家一级博物馆消费需求空间分布

省份	北京		天津		河北	
	年总值（人次）	占比（%）	年总值（人次）	占比（%）	年总值（人次）	占比（%）
北京	6 197 700	20.81	298 935	7.62	90 155	10.00
上海	999 005	3.35	139 065	3.54	29 930	3.32
广东	1 323 855	4.44	162 060	4.13	37 960	4.21
天津	956 300	3.21	1 065 435	27.15	35 770	3.97
河南	1 370 575	4.60	110 960	2.83	49 275	5.47
四川	847 165	2.84	112 420	2.86	25 915	2.88
重庆	509 175	1.71	48 910	1.25	10 220	1.13
江苏	1 322 395	4.44	166 075	4.23	39 055	4.33
湖北	924 910	3.11	75 920	1.93	19 710	2.19
浙江	1 192 090	4.00	134 685	3.43	29 930	3.32
福建	735 110	2.47	87 235	2.22	12 775	1.42
黑龙江	625 975	2.10	70 080	1.79	11 680	1.30
山东	1 623 885	5.45	181 405	4.62	52 925	5.87
陕西	697 150	2.34	81 030	2.06	22 995	2.55

省份	北京		天津		河北	
	年总值（人次）	占比（%）	年总值（人次）	占比（%）	年总值（人次）	占比（%）
河北	2 112 255	7.09	322 660	8.22	223 015	24.75
辽宁	1 155 225	3.88	154 395	3.93	42 705	4.74
吉林	633 275	2.13	59 860	1.53	9 855	1.09
云南	432 160	1.45	39 420	1.00	6 205	0.69
新疆	330 690	1.11	29 200	0.74	8 760	0.97
广西	466 470	1.57	48 545	1.24	10 950	1.22
山西	818 330	2.75	98 185	2.50	42 705	4.74
湖南	709 925	2.38	104 755	2.67	19 710	2.19
江西	625 610	2.10	57 670	1.47	14 965	1.66
安徽	831 470	2.79	93 440	2.38	16 790	1.86
内蒙古	640 210	2.15	62 050	1.58	13 140	1.46
甘肃	453 330	1.52	47 085	1.20	8 030	0.89
海南	237 250	0.80	22 265	0.57	3 650	0.41
贵州	348 575	1.17	24 090	0.61	8 030	0.89
宁夏	258 785	0.87	10 220	0.26	2 190	0.24
青海	159 505	0.54	8 395	0.21	1 460	0.16
西藏	59 495	0.20	2 190	0.06	730	0.08
香港	116 435	0.39	4 745	0.12	0	0
澳门	25 185	0.08	365	0.01	0	0
台湾	45 625	0.15	730	0.02	0	0
合计	29 785 095	100.00	3 924 480	100.00	901 185	100.00

　　北京市国家一级博物馆的消费需求年总值达到了 29 785 095 人次，平均消费需求为 876 032 人次，11 个省份需求超过平均水平，占全国客源市场的 64.39%。排名前五的客源地分别是北京市、河北省、山东省、河南省和广东省，消费需求年总值累计占全国总量的 42.4%。

　　天津市国家一级博物馆的消费需求年总值达到了 3 924 480 人次，平均消费需求为 115 426 人次，9 个省份需求超过平均水平，占全国客源市场的 66.88%。排名前五的客源地分别是天津市、河北省、北京市、山东省和江苏省，消费需求年总值累计占全国总量的 51.84%。

河北省国家一级博物馆的消费需求年总值达到了 901 185 人次，平均消费需求为 26 505 人次，11 个省份需求超过平均水平，占全国客源市场的74.73%。排名前四的客源地分别是河北省、北京市、山东省和河南省，辽宁省与山西省并列排在第五位。

（二）吉、黑、沪国家一级博物馆消费需求空间分布

2023 年吉、黑、沪国家一级博物馆的消费需求空间分布如表 2 - 13 所示。

表 2 - 13　　　　　2023 年吉、黑、沪国家一级博物馆消费需求空间分布

省份	吉林		黑龙江		上海	
	年总值（人次）	占比（%）	年总值（人次）	占比（%）	年总值（人次）	占比（%）
河北	18 250	3.04	44 895	3.31	294 555	2.82
北京	70 080	11.68	144 175	10.62	523 045	5.01
山东	19 710	3.28	47 450	3.50	404 420	3.88
河南	10 585	1.76	26 645	1.96	324 850	3.11
辽宁	45 990	7.66	84 680	6.24	295 285	2.83
山西	6 205	1.03	15 695	1.16	226 665	2.17
江苏	22 995	3.83	59 495	4.38	890 235	8.53
广东	23 725	3.95	70 445	5.19	433 620	4.16
天津	10 950	1.82	25 915	1.91	173 375	1.66
上海	22 995	3.83	51 465	3.79	2 376 880	22.78
浙江	18 615	3.10	42 705	3.15	647 875	6.21
四川	11 680	1.95	41 975	3.09	295 285	2.83
陕西	7 300	1.22	23 725	1.75	231 045	2.21
湖南	8 030	1.34	17 885	1.32	251 120	2.41
湖北	9 490	1.58	22 265	1.64	273 020	2.62
安徽	6 205	1.03	17 155	1.26	352 225	3.38
江西	5 475	0.91	13 140	0.97	256 595	2.46
内蒙古	9 855	1.64	22 265	1.64	159 505	1.53
福建	6 935	1.16	20 805	1.50	275 210	2.64

续表

省份	吉林		黑龙江		上海	
	年总值（人次）	占比（%）	年总值（人次）	占比（%）	年总值（人次）	占比（%）
黑龙江	35 405	5.90	412 085	30.36	200 020	1.92
广西	3 285	0.55	10 950	0.81	199 655	1.91
重庆	4 745	0.79	9 490	0.70	196 005	1.88
吉林	210 605	35.10	72 270	5.32	196 735	1.89
新疆	1 460	0.24	7 300	0.54	139 065	1.33
甘肃	3 285	0.55	31 755	2.34	139 795	1.34
贵州	1 460	0.24	4 380	0.32	154 395	1.48
云南	1 460	0.24	6 570	0.48	178 850	1.71
海南	1 825	0.3	5 840	0.43	115 705	1.11
宁夏	730	0.12	2 190	0.16	66 430	0.64
青海	365	0.06	1 095	0.08	58 765	0.56
西藏	0	0	0	0	20 805	0.20
香港	365	0.06	730	0.05	48 180	0.46
台湾	0	0	0	0	23 725	0.23
澳门	0	0	0	0	9 125	0.09
合计	600 060	100.00	1 357 435	100.00	10 432 065	100.00

吉林省国家一级博物馆的消费需求年总值达到了 600 060 人次，平均消费需求为 17 649 人次，10 个省份需求超过平均水平，占全国客源市场的 81.39%。排名前五的客源地分别是吉林省、北京市、辽宁省、黑龙江省和广东省，消费需求年总值累计占全国总量的 64.29%。

黑龙江省国家一级博物馆的消费需求年总值达到了 1 357 435 人次，平均消费需求为 39 925 人次，11 个省份需求超过平均水平，占全国客源市场的 78.95%。排名前五的客源地分别是黑龙江省、北京市、辽宁省、吉林省和广东省，消费需求年总值累计占全国总量的 57.73%。

上海市国家一级博物馆的消费需求年总值达到了 10 432 065 人次，平均消费需求为 306 825 人次，8 个省份需求超过平均水平，占全国客源市场的 57.07%。排名前五的客源地分别是上海市、江苏省、浙江省、北京市和广东省，占全国客源市场的 46.7%。

（三）苏、浙、皖国家一级博物馆消费需求空间分布

表2－14列出了2023年苏、浙、皖国家一级博物馆的消费需求空间分布。

表2－14　　　2023年苏、浙、皖国家一级博物馆消费需求空间分布

省份	江苏		浙江		安徽	
	年总值（人次）	占比（%）	年总值（人次）	占比（%）	年总值（人次）	占比（%）
上海	1 082 225	6.27	397 120	6.25	56 575	4.65
江苏	5 007 435	29.03	425 955	6.70	149 285	12.27
浙江	1 162 160	6.74	1 534 460	24.15	68 620	5.64
北京	961 775	5.58	393 470	6.19	100 010	8.22
广东	669 410	3.88	310 615	4.89	55 115	4.53
山东	825 995	4.79	256 960	4.04	47 815	3.93
安徽	1 115 805	6.47	249 295	3.92	404 055	33.21
河南	531 440	3.08	199 655	3.14	34 675	2.85
辽宁	399 675	2.32	161 695	2.54	31 390	2.58
四川	454 060	2.63	235 790	3.71	26 280	2.16
河北	423 765	2.46	168 265	2.65	22 995	1.89
福建	383 615	2.22	214 620	3.38	33 215	2.73
湖北	419 750	2.43	194 545	3.06	45 260	3.72
江西	358 430	2.08	178 850	2.81	28 835	2.37
湖南	335 070	1.94	167 900	2.64	20 440	1.68
陕西	328 135	1.90	177 390	2.79	18 615	1.53
山西	272 290	1.58	116 800	1.84	8 395	0.69
黑龙江	213 160	1.24	80 665	1.27	4 380	0.36
广西	233 235	1.35	135 415	2.13	6 570	0.54
吉林	204 035	1.18	76 650	1.21	6 570	0.54
重庆	236 885	1.37	115 340	1.82	9 125	0.75
云南	209 875	1.22	100 375	1.58	4 745	0.39
天津	309 520	1.79	106 945	1.68	14 235	1.17
内蒙古	179 580	1.04	60 955	0.96	2 555	0.21

省份	江苏		浙江		安徽	
	年总值（人次）	占比（%）	年总值（人次）	占比（%）	年总值（人次）	占比（%）
贵州	159 505	0.92	64 970	1.02	3 285	0.27
甘肃	164 615	0.95	67 525	1.06	5 840	0.48
新疆	136 145	0.79	53 655	0.84	1 825	0.15
海南	133 955	0.78	42 705	0.67	3 285	0.27
宁夏	96 725	0.56	24 455	0.38	730	0.06
青海	77 015	0.45	14 235	0.22	1 095	0.09
香港	71 905	0.42	14 965	0.24	365	0.03
台湾	41 975	0.24	5 110	0.08	365	0.03
西藏	26 280	0.15	4 015	0.06	0	0
澳门	21 900	0.13	2 190	0.03	0	0
合计	17 247 345	100.00	6 353 555	100.00	1 216 545	100.00

江苏省国家一级博物馆的消费需求年总值达到了 17 247 345 人次，平均到每个客源地的消费需求为 507 275 人次，其中 8 个超过平均水平，占全国客源市场的 65.84%。排名前五的客源地分别是江苏省、浙江省、安徽省、上海市和北京市，消费需求年总值累计占全国总量的 54.09%。

浙江省国家一级博物馆的消费需求年总值达到了 6 353 555 人次，平均消费需求为 186 869 人次，11 个省份需求超过平均水平，占全国客源市场的 69.45%。排名前五的客源地分别是浙江省、江苏省、上海市、北京市和广东省，消费需求年总值累计占全国总量的 48.19%。

安徽省国家一级博物馆的消费需求年总值达到了 1 216 545 人次，平均消费需求为 35 781 人次，8 个省份需求超过平均水平，占全国客源市场的 76.18%。排名前五的客源地分别是安徽省、江苏省、北京市、浙江省和上海市，占全国客源市场的 64%。

（四）闽、赣、鲁国家一级博物馆消费需求空间分布

2023 年闽、赣、鲁国家一级博物馆的消费需求空间分布如表 2－15 所示。

表 2 – 15　　　　2023 年闽、赣、鲁国家一级博物馆消费需求空间分布

省份	福建		江西		山东	
	年总值（人次）	占比（%）	年总值（人次）	占比（%）	年总值（人次）	占比（%）
安徽	25 185	2.27	110 595	3.94	129 575	2.54
江苏	69 350	6.24	154 395	5.50	297 840	5.84
北京	99 645	8.97	181 040	6.45	373 760	7.33
浙江	68 255	6.14	150 745	5.37	174 105	3.42
上海	67 890	6.11	138 700	4.94	212 795	4.18
广东	88 695	7.98	205 495	7.32	189 435	3.72
山东	31 025	2.79	126 655	4.51	1 671 700	32.80
湖北	32 485	2.92	127 020	4.52	113 515	2.23
河南	23 360	2.1	97 090	3.46	146 000	2.86
福建	304 045	27.37	113 880	4.06	103 295	2.03
辽宁	27 010	2.43	78 475	2.80	146 730	2.88
江西	59 130	5.32	509 905	18.16	77 380	1.52
四川	37 595	3.38	102 200	3.64	148 555	2.91
河北	20 440	1.84	88 330	3.15	201 480	3.95
湖南	32 120	2.89	121 180	4.32	98 550	1.93
陕西	22 265	2.00	67 160	2.39	111 325	2.18
天津	16 425	1.48	50 735	1.81	158 045	3.10
重庆	11 315	1.02	44 165	1.57	74 825	1.47
山西	10 220	0.92	52 195	1.86	108 405	2.13
广西	14 600	1.31	57 670	2.05	63 510	1.25
吉林	5 840	0.53	31 025	1.11	75 190	1.48
甘肃	5 475	0.49	20 805	0.74	51 100	1.00
云南	8 760	0.79	24 455	0.87	52 195	1.02
黑龙江	6 935	0.62	37 960	1.35	81 030	1.59
贵州	4 380	0.39	28 470	1.01	39 785	0.78
海南	5 475	0.49	17 520	0.62	32 485	0.64
内蒙古	2 555	0.23	31 025	1.11	61 320	1.20
新疆	2 555	0.23	22 265	0.79	40 150	0.79
青海	365	0.03	4 380	0.16	16 060	0.32
宁夏	1 825	0.16	5 840	0.21	21 535	0.42
香港	2 920	0.26	3 285	0.12	11 315	0.22

省份	福建		江西		山东	
	年总值（人次）	占比（%）	年总值（人次）	占比（%）	年总值（人次）	占比（%）
台湾	1 460	0.13	365	0.01	6 205	0.12
西藏	0	0	1 825	0.07	5 110	0.10
澳门	1 460	0.13	365	0.01	2 190	0.04
合计	1 111 060	100.00	2 807 215	100.00	5 096 495	100.00

福建省国家一级博物馆的消费需求年总值达到了 1 111 060 人次，平均消费需求为 32 678 人次，8 个省份需求超过平均水平，占全国客源市场的 71.52%。排名前五的客源地分别是福建省、北京市、广东省、江苏省和浙江省，消费需求年总值累计占全国总量的 56.7%。

江西省国家一级博物馆的消费需求年总值达到了 2 807 215 人次，平均消费需求为 82 565 人次，14 个省份需求超过平均水平，占全国客源市场的 79.34%。排名前五的客源地分别是江西省、广东省、北京市、江苏省和浙江省，消费需求年总值累计占全国总量的 42.8%。

山东省国家一级博物馆的消费需求年总值达到了 5 096 495 人次，平均消费需求为 149 897 人次，8 个省份需求超过平均水平，占全国客源市场的 64.34%。排名前五的客源地分别是山东省、北京市、江苏省、上海市和河北省，占全国客源市场的 54.11%。

（五）豫、鄂、湘国家一级博物馆消费需求空间分布

表 2 - 16 列出了 2023 年豫、鄂、湘国家一级博物馆的消费需求空间分布。

表 2 - 16　　　2023 年豫、鄂、湘国家一级博物馆消费需求空间分布

省份	河南		湖北		湖南	
	年总值（人次）	占比（%）	年总值（人次）	占比（%）	年总值（人次）	占比（%）
山东	310 980	4.05	220 460	2.93	217 540	3.33
北京	485 815	6.32	403 325	5.36	457 345	7.00
江苏	375 950	4.89	398 215	5.29	308 060	4.71
上海	270 465	3.52	285 065	3.79	224 475	3.44

续表

省份	河南		湖北		湖南	
	年总值（人次）	占比（%）	年总值（人次）	占比（%）	年总值（人次）	占比（%）
河北	272 290	3.54	167 170	2.22	172 645	2.64
广东	332 880	4.33	466 835	6.20	492 020	7.53
浙江	283 605	3.69	315 360	4.19	281 780	4.31
天津	154 760	2.01	120 450	1.60	120 085	1.84
四川	244 915	3.19	243 820	3.24	175 565	2.69
辽宁	233 235	3.04	156 585	2.08	159 870	2.45
河南	2 227 230	28.99	308 060	4.09	220 460	3.37
安徽	236 885	3.08	254 040	3.38	176 295	2.70
湖北	240 535	3.13	2 211 170	29.39	293 095	4.49
陕西	233 965	3.05	163 885	2.18	141 620	2.17
山西	192 355	2.50	114 975	1.53	125 195	1.92
福建	201 845	2.63	181 770	2.42	171 550	2.63
湖南	157 315	2.05	314 995	4.19	1 433 720	21.94
黑龙江	103 295	1.34	80 665	1.07	85 775	1.31
江西	140 890	1.83	229 585	3.05	248 200	3.80
吉林	93 075	1.21	70 810	0.94	81 030	1.24
重庆	154 030	2.01	187 610	2.49	118 990	1.82
广西	112 785	1.47	119 720	1.59	164 615	2.52
内蒙古	94 170	1.23	78 840	1.05	75 190	1.15
云南	87 965	1.15	82 125	1.09	99 280	1.52
甘肃	94 900	1.24	63 145	0.84	124 100	1.90
新疆	69 715	0.91	52 925	0.70	63 510	0.97
贵州	64 970	0.85	69 715	0.93	95 265	1.46
海南	76 650	1.00	60 225	0.80	66 430	1.02
宁夏	50 735	0.66	30 660	0.41	41 610	0.64
青海	43 435	0.57	20 805	0.28	31 025	0.47
香港	21 170	0.28	28 470	0.38	31 390	0.48
台湾	7 300	0.10	8 395	0.11	8 030	0.12
西藏	7 300	0.10	6 205	0.08	11 680	0.18
澳门	4 380	0.06	8 395	0.11	16 425	0.25
合计	7 681 790	100.00	7 524 475	100.00	6 533 865	100.00

河南省国家一级博物馆的消费需求年总值达到了 7 681 790 人次，平均消费需求为 225 935 人次，13 个省份需求超过平均水平，占全国客源市场的 74.84%。排名前五的客源地分别是河南省、北京市、江苏省、广东省和山东省，消费需求年总值累计占全国总量的 48.59%。

湖北省国家一级博物馆的消费需求年总值达到了 7 524 475 人次，平均消费需求为 221 308 人次，11 个省份需求超过平均水平，占全国客源市场的 72.17%。排名前五的客源地分别是湖北省、广东省、北京市、江苏省和浙江省，消费需求年总值累计占全国总量的 50.43%。

湖南省国家一级博物馆的消费需求年总值达到了 6 533 865 人次，平均消费需求为 192 173 人次，10 个省份需求超过平均水平，占全国客源市场的 63.92%。排名前五的客源地分别是湖南省、广东省、北京市、江苏省和湖北省，占全国客源市场的 45.67%。

（六）粤、桂、渝国家一级博物馆消费需求空间分布

2023 年粤、桂、渝国家一级博物馆的消费需求空间分布如表 2-17 所示。

表 2-17　　　2023 年粤、桂、渝国家一级博物馆消费需求空间分布

省份	广东		广西		重庆	
	年总值（人次）	占比（%）	年总值（人次）	占比（%）	年总值（人次）	占比（%）
湖南	225 935	3.20	46 355	3.73	5 475	1.98
广东	2 567 775	36.32	124 830	10.04	17 520	6.34
北京	293 460	4.15	98 915	7.95	21 535	7.79
江苏	248 200	3.51	65 700	5.28	14 235	5.15
湖北	182 865	2.59	42 705	3.43	8 030	2.91
浙江	225 935	3.20	38 690	3.11	10 585	3.83
江西	178 850	2.53	20 075	1.61	4 015	1.45
上海	265 720	3.76	51 465	4.14	6 570	2.38
河南	170 090	2.41	24 455	1.97	8 760	3.17
山东	187 610	2.65	34 675	2.79	9 125	3.30
安徽	154 030	2.18	20 075	1.61	5 110	1.85
四川	203 670	2.88	51 465	4.14	33 945	12.29

续表

省份	广东		广西		重庆	
	年总值（人次）	占比（%）	年总值（人次）	占比（%）	年总值（人次）	占比（%）
河北	155 490	2.20	25 185	2.02	5 840	2.11
福建	202 940	2.87	24 820	2.00	7 665	2.77
广西	224 475	3.18	405 515	32.60	4 745	1.72
辽宁	162 790	2.30	25 915	2.08	8 030	2.91
陕西	135 415	1.92	21 535	1.73	7 665	2.77
山西	117 165	1.66	13 140	1.06	3 650	1.32
甘肃	74 095	1.05	5 110	0.41	2 190	0.79
天津	117 530	1.66	16 790	1.35	2 555	0.92
重庆	132 130	1.87	16 790	1.35	71 175	25.76
云南	109 135	1.54	17 885	1.44	3 650	1.32
贵州	109 135	1.54	15 330	1.23	5 110	1.85
黑龙江	98 550	1.39	7 665	0.62	1 460	0.53
吉林	87 600	1.24	5 840	0.47	2 555	0.92
内蒙古	73 365	1.04	4 380	0.35	1 825	0.66
海南	106 945	1.51	10 585	0.85	730	0.26
新疆	67 890	0.96	2 920	0.23	1 825	0.66
宁夏	32 850	0.46	1 095	0.09	0	0
香港	76 285	1.08	1 825	0.15	0	0
青海	23 360	0.33	1 095	0.09	365	0.13
澳门	35 770	0.51	730	0.06	0	0
西藏	7 300	0.10	365	0.03	365	0.13
台湾	14 600	0.21	0	0	0	0
合计	7 068 955	100.00	1 243 920	100.00	276 305	100.00

广东省国家一级博物馆的消费需求年总值达到了 7 068 955 人次，平均消费需求为 207 910 人次，7 个省份需求超过平均水平，占全国客源市场的 57.31%。排名前五的客源地分别是广东省、北京市、上海市、江苏省和湖南省，消费需求年总值累计占全国总量的 50.94%。

广西壮族自治区国家一级博物馆的消费需求年总值达到了 1 243 920 人次，

平均消费需求为 36 586 人次，9 个省份需求超过平均水平，占全国客源市场的 74.41%。排名前五的客源地分别是广西壮族自治区、广东省、北京市、江苏省和上海市，消费需求年总值累计占全国总量的 60%。

重庆市国家一级博物馆的消费需求年总值达到了 276 305 人次，平均消费需求为 8 127 人次，8 个省份需求超过平均水平，占全国客源市场的 67.64%。排名前五的客源地分别是重庆市、四川省、北京市、广东省和江苏省，占全国客源市场的 57.33%。

（七）川、贵、滇国家一级博物馆消费需求空间分布

表 2 - 18 列出了 2023 年川、贵、滇国家一级博物馆的消费需求空间分布。

表 2 - 18　　　　2023 年川、贵、滇国家一级博物馆消费需求空间分布

省份	四川		贵州		云南	
	年总值（人次）	占比（%）	年总值（人次）	占比（%）	年总值（人次）	占比（%）
重庆	370 840	5.42	41 610	4.34	45 260	3.21
四川	1 572 420	22.96	59 130	6.17	61 320	4.35
北京	346 020	5.05	72 270	7.54	69 715	4.94
广东	354 415	5.18	67 160	7.00	62 780	4.45
江苏	300 760	4.39	46 355	4.83	50 005	3.54
浙江	252 580	3.69	36 500	3.81	48 545	3.44
山东	234 695	3.43	25 550	2.66	40 515	2.87
河南	205 130	3.00	16 790	1.75	36 865	2.61
湖北	194 180	2.84	28 470	2.97	39 420	2.79
辽宁	175 200	2.56	22 995	2.40	34 675	2.46
福建	166 075	2.43	22 630	2.36	35 040	2.48
陕西	213 525	3.12	19 345	2.02	34 675	2.46
上海	242 360	3.54	46 355	4.83	52 195	3.70
河北	190 895	2.79	17 520	1.83	33 945	2.41
湖南	177 390	2.59	37 230	3.88	43 070	3.05
安徽	167 535	2.45	16 790	1.75	30 295	2.15
贵州	133 590	1.95	238 710	24.90	36 865	2.61

省份	四川		贵州		云南	
	年总值（人次）	占比（%）	年总值（人次）	占比（%）	年总值（人次）	占比（%）
广西	146 000	2.13	31 755	3.31	39 785	2.82
江西	133 955	1.96	16 425	1.71	31 025	2.20
云南	149 285	2.18	27 375	2.85	422 670	29.96
山西	154 395	2.25	8 760	0.91	27 375	1.94
天津	136 510	1.99	14 235	1.48	27 375	1.94
吉林	102 200	1.49	8 760	0.91	16 790	1.19
甘肃	121 910	1.78	8 760	0.91	17 155	1.22
内蒙古	124 465	1.82	4 745	0.49	14 235	1.01
新疆	93 075	1.36	2 555	0.27	10 950	0.78
黑龙江	105 850	1.55	8 030	0.84	16 425	1.16
海南	73 730	1.08	6 935	0.72	16 060	1.14
青海	55 115	0.80	1 460	0.15	4 015	0.28
西藏	39 055	0.57	365	0.04	2 920	0.21
香港	35 770	0.52	1 095	0.11	2 920	0.21
宁夏	53 655	0.78	1 095	0.11	4 015	0.28
澳门	10 585	0.15	365	0.04	730	0.05
台湾	14 235	0.21	730	0.08	1 095	0.08
合计	6 847 400	100.00	958 855	100.00	1 410 725	100.00

　　四川省国家一级博物馆的消费需求年总值达到了 6 847 400 人次，平均消费需求为 201 394 人次，10 个省份需求超过平均水平，占全国客源市场的 59.77%。排名前五的客源地分别是四川省、重庆市、广东省、北京市和江苏省，消费需求年总值累计占全国总量的 43%。

　　贵州省国家一级博物馆的消费需求年总值达到了 958 855 人次，平均消费需求为 28 202 人次，11 个省份需求超过平均水平，占全国客源市场的 73.58%。排名前五的客源地分别是贵州省、北京市、广东省、四川省和江苏省，消费需求年总值累计占全国总量的 50.44%。

　　云南省国家一级博物馆的消费需求年总值达到了 1 410 725 人次，平均消费需求为 41 492 人次，9 个省份需求超过平均水平，占全国客源市场的 60.65%。排名前五的客源地分别是云南省、北京市、广东省、四川省和上海市，占全国客源市场的 47.4%。

（八）晋、辽国家一级博物馆消费需求空间分布

2023 年晋、辽国家一级博物馆的消费需求空间分布如表 2-19 所示。

表 2-19　　　　2023 年晋、辽国家一级博物馆消费需求空间分布

省份	山西		辽宁	
	年总值（人次）	占比（%）	年总值（人次）	占比（%）
云南	37 230	1.02	38 325	0.89
北京	281 415	7.71	319 375	7.39
广东	218 635	5.99	174 835	4.04
四川	102 930	2.82	142 350	3.29
上海	147 825	4.05	175 200	4.05
江苏	152 935	4.19	217 905	5.04
浙江	108 405	2.97	148 555	3.44
重庆	51 830	1.42	58 400	1.35
湖南	64 240	1.76	82 490	1.91
山东	125 925	3.45	182 135	4.21
广西	43 800	1.20	50 735	1.17
湖北	77 380	2.12	91 615	2.12
贵州	20 805	0.57	16 060	0.37
河南	112 785	3.09	114 975	2.66
福建	64 605	1.77	83 220	1.92
辽宁	106 580	2.92	1 207 055	27.91
陕西	119 355	3.27	95 995	2.22
河北	181 770	4.98	174 470	4.03
江西	47 815	1.31	63 510	1.47
安徽	68 985	1.89	93 075	2.15

续表

省份	山西		辽宁	
	年总值（人次）	占比（％）	年总值（人次）	占比（％）
天津	105 850	2.90	111 325	2.57
山西	1 107 410	30.32	94 535	2.19
甘肃	35 770	0.98	37 595	0.87
吉林	44 165	1.21	189 435	4.38
黑龙江	50 735	1.39	168 995	3.91
海南	22 265	0.61	21 535	0.50
内蒙古	88 330	2.42	103 660	2.40
新疆	21 900	0.60	33 945	0.78
青海	7 665	0.21	6 935	0.16
宁夏	21 170	0.58	11 680	0.27
香港	6 570	0.18	8 760	0.20
西藏	0	0	3 285	0.08
台湾	4 015	0.11	2 190	0.05
澳门	1 095	0.03	365	0.01
合计	3 652 190	100.00	4 324 520	100.00

山西省国家一级博物馆的消费需求年总值达到了 3 652 190 人次，平均消费需求为 107 417 人次，10 个省份需求超过平均水平，占全国客源市场的70%。排名前五的客源地分别是山西省、北京市、广东省、河北省和江苏省，消费需求年总值累计占全国总量的 53.18%。

辽宁省国家一级博物馆的消费需求年总值达到了 4 324 520 人次，平均消费需求为 127 192 人次，11 个省份需求超过平均水平，占全国客源市场的71.69%。排名前五的客源地分别是辽宁省、北京市、江苏省、吉林省和山东省，消费需求年总值累计占全国总量的 48.93%。

（九）陕、甘国家一级博物馆消费需求空间分布

表 2-20 列出了 2023 年陕、甘国家一级博物馆的消费需求空间分布。

表 2 - 20　　　　2023 年陕、甘国家一级博物馆消费需求空间分布

省份	陕西		甘肃	
	年总值（人次）	占比（%）	年总值（人次）	占比（%）
辽宁	351 130	3.03	38 325	2.30
北京	674 885	5.83	97 820	5.86
江苏	561 370	4.85	67 525	4.05
吉林	184 690	1.59	20 075	1.20
山东	478 880	4.13	50 005	3.00
上海	417 925	3.61	70 445	4.22
广东	539 105	4.65	81 395	4.88
河北	377 775	3.26	41 610	2.49
黑龙江	195 640	1.69	20 805	1.25
浙江	433 620	3.74	54 385	3.26
四川	529 250	4.57	62 780	3.76
河南	482 895	4.17	43 800	2.63
天津	245 645	2.12	33 215	1.99
内蒙古	220 825	1.91	25 550	1.53
陕西	2 370 675	20.47	81 030	4.86
山西	376 315	3.25	32 120	1.93
安徽	315 360	2.72	33 945	2.04
湖北	340 910	2.94	41 975	2.52
福建	274 480	2.37	35 040	2.10
湖南	296 745	2.56	35 405	2.12
江西	217 540	1.88	28 470	1.71
重庆	278 495	2.40	41 610	2.49
广西	193 815	1.67	25 550	1.53
云南	175 200	1.51	22 995	1.38
甘肃	288 350	2.49	443 475	26.59
新疆	158 775	1.37	25 550	1.53
海南	100 010	0.86	9 490	0.57
贵州	145 270	1.25	14 965	0.90
宁夏	156 220	1.35	33 580	2.01

续表

省份	陕西		甘肃	
	年总值（人次）	占比（%）	年总值（人次）	占比（%）
香港	40 880	0.35	3 285	0.20
青海	92 710	0.80	45 260	2.71
西藏	39 420	0.34	4 745	0.28
台湾	18 615	0.16	730	0.04
澳门	10 585	0.09	1 095	0.07
合计	11 584 005	100.00	1 668 050	100.00

陕西省国家一级博物馆的消费需求年总值达到了 11 584 005 人次，平均消费需求为 340 706 人次，13 个省份需求超过平均水平，占全国客源市场的 68.5%。排名前五的客源地分别是陕西省、北京市、江苏省、广东省和四川省，消费需求年总值累计占全国总量的 40.36%。

甘肃省国家一级博物馆的消费需求年总值达到了 1 668 050 人次，平均消费需求为 49 060 人次，9 个省份需求超过平均水平，占全国客源市场的 60.48%。排名前五的客源地分别是甘肃省、北京市、广东省、陕西省和上海市，消费需求年总值累计占全国总量的 46.41%。

第三章

AAAAA 级旅游景区和博物馆消费
需求影响因素及提升建议

2023 年全国 AAAAA 级旅游景区和国家一级博物馆旅游消费需求数据分析是探讨其影响因素及发展建议的基础。数据分析包括：AAAAA 级旅游景区和国家一级博物馆的全年、春节假期、十一假期消费需求排名，消费群体性别分布、年龄分布，电脑 PC 端和手机移动端双重视角，以及全国整体、省域两个维度的消费需求空间结构等。

上述数据具有地域尺度、时间尺度、多属性等特点，为进一步系统研究旅游需求提供数据支持。前两章的研究成果表明了我国公众对 AAAAA 级旅游景区与国家一级博物馆的认识、了解和喜爱程度，对挖掘旅游目的地景区的潜力、提高区域旅游发展水平、促进全国旅游的高质量发展都有着重要的作用，因此本书整理了相关资料及调查数据，综合考量各方面影响，针对我国 AAAAA 级旅游景区与国家一级博物馆的未来发展方向提出相关建议。

第一节　AAAAA 级旅游景区和博物馆
消费需求影响因素

一、政策支持力度

党的二十大报告对文化和旅游工作做出重要部署，提出"坚持以文塑旅，以旅彰文"，为我国新时代文旅融合高质量发展提供了重要遵循，指明了发展方向。为进一步推动文化和旅游工作开创新局面，以文化引领旅游发展，用旅游促进文化繁荣，国家公布 AAAAA 级旅游景区名录并强调要在文化资源丰厚地区建设"博物馆之城"，鼓励和支持景区及国家一级博物馆开放展览。

政府通过加大对旅游基础设施的投资力度、对旅游市场规范与监管力度、对旅游发展的战略规划与方向引领力度等，不断提升旅游服务质量和水平，为游客提供更加便捷、舒适、安全的旅游环境，进一步刺激游客消费需求。参照2023 年全年消费需求排名可以发现，北京、江苏、陕西等多个省份的旅游景区及博物馆深受游客欢迎，这与当地文化和旅游部实施的政府主导性战略密不可分。2023 年，北京市持续推进落实国务院办公厅于 2023 年 9 月 29 日印发《关于释放旅游消费潜力推动旅游业高质量发展的若干措施》，进一步优化文旅消费供给，释放文旅消费潜力，促进文旅消费升级，着力在北京市内培育和打造一批示范性强、综合效益好、影响力突出的文旅消费重点项目，加快培育新型文旅业态和文旅消费模式，激发文旅消费新活力，推动区域文化和旅游产业创新和跨越式高质量发展。2023 年，江苏省文化和旅游部门有针对性地出台了促进全省文旅市场加快全面复苏"江苏文旅十五条"，落实《关于释放旅游消费潜力推动旅游业高质量发展的若干措施》行动方案，组织 256 个重点文旅项目集中签约，总授信 695.88 亿元，推出"乡旅 E 贷"百亿资金助力计划、"苏旅贷"专项金融产品，丰富物力成本供给，强化金融赋能，扩大居民消费，优化市场环境。[①] 2023 年底陕西省人民政府办公厅印发《陕西省关于加快文旅产业发展的若干措施》，提出要深入学习贯彻习近平文化思想和习近平总书记历次来陕考察重要讲话重要指示，推动文化和旅游深度融合发展，丰富优质文旅产品供给，释放文旅消费潜力，加快文旅产业发展。

二、经济社会发展水平

经济是旅游业发展的基石，不仅为旅游业提供了必要的产业基础和供给保障，还通过影响人们的消费水平和购买能力，直接作用于旅游业的繁荣程度。GDP 作为衡量一个地区经济发展水平的重要指标，直接反映了该地区的经济总量和人民的生活消费水平。较高的 GDP 水平通常意味着居民可支配收入更

---

① 沙佳仪．"水韵江苏"迈出文旅高质量发展新步伐［DB/OL］．新华日报，https：//xh．xhby．net/pc/con/202401/22/content_1288790．html．

高，消费能力更强。经济发展水平高的地区往往能够投入更多的资源用于基础设施建设，提升旅游景区的接待能力和服务质量，提高游客的旅游体验和满意度。

经济发展水平与旅游景区消费需求间的正相关关系是经济、文化、技术等多方面因素共同作用的结果。参照 2023 年人均 GDP 与消费需求排名关系可以发现，北京（人均 GDP 20.34 万元）、上海（人均 GDP 19.02 万元）、江苏（人均 GDP 15.10 万元）名列前茅，其消费需求排名也位居前列，其中，在全国 AAAAA 级旅游景区消费需求排名中，分别排第 3、第 8、第 2 位，在国家一级博物馆旅游消费需求排名中，分别排第 1、第 4、第 2 位。浙江人均 GDP 位列第 5，景区和博物馆消费需求分别排第 4、第 5 位；湖北人均 GDP 排第 9 位，景区和博物馆消费需求分别排第 10、第 9 位，这两个省份的人均 GDP 排名与消费需求排名亦呈正相关关系。

三、交通条件

交通是旅游业发展的基础和先决条件，它不仅是连接旅游者和旅游目的地的桥梁，还直接决定了旅游活动的可行性和效率。交通便利的景区更容易吸引游客，交通不便或景区可进入性差可能会让游客望而却步。此外，交通运输质量也是影响旅游者旅游体验的重要因素。舒适、安全、准时的交通服务能够提升旅游者的整体满意度。

交通条件的改善将促进旅游资源的整合和优化配置，推动旅游产业的转型升级和高质量发展。由 2023 年全年消费需求分布可以发现，交通运输条件的改善对旅游景区的消费需求产生了积极的影响，这种影响在东部与中西部地区之间的差异尤为明显。东部地区的交通运输发展相对较快，线路长度、路网密度等指标均高于中西部地区，这使得东部地区的旅游景区具有更高的通达性和可进入性。这种优势体现在旅游者的出行时间、出行成本及出行便利性等上，这将激发他们的出游意愿和消费需求。因此，在全年消费需求分布中，东部地区的景区消费需求远高于中西部地区。具体而言，在全年消费需求名列前茅的省份中，江苏、上海、北京等省的交通运输条件为其提供良好助力，而西藏、青海、宁夏等位于西部的省份则排名靠后。以江苏省为例，2023 年，江苏全年完成交通基础设施建设投资 2 200 亿元，完成年度计划的 110%，为全省基础设施投资保持增长奠定了坚实基础。沪宁沿江高铁开通运营，全省高铁里程超过 2 500 公里，居全国前列。

京沪高速新沂至江都段改扩建，连宿高速沭阳至宿豫段建成通车，全省高速公路里程达 5 135 公里。建成普通国省道 261 公里，新改建农村公路 3 064 公里，规划发展村庄双车道四级及以上公路通达率达到 98.4%。10 座在建过江通道加速推进。新增三级以上干线航道里程 88 公里，建成桥梁 30 座，船闸 3 座。连云港港 40 万吨级矿石码头改扩建工程建成交工，连云港港 30 万吨级航道二期工程竣工。[①] 盐城南洋机场 T1 航站楼改造工程建成投运。由此可见，交通条件与旅游景区消费需求呈现较为显著的相关性，交通基础设施越完善，可达性越高，游客出游意愿越容易被激发，更有可能产生旅游消费行为。

四、节事活动与闲暇时间

节事活动的策划与执行不仅是促进地方经济、文化传承与创新的重要手段，也是提升游客体验、增强旅游吸引力的关键因素。2023 年是文旅消费主题年，文化和旅游部组织开展了一系列以"促进文旅消费，共享美好生活"为主题的活动。要求各地区要围绕五一、中秋、十一、元旦等传统节日、法定假日和暑期等旅游旺季，广泛动员文化和旅游企事业单位，积极联动金融机构、电商平台、新媒体平台等，贯穿全年举办内容丰富、形式多样、线下线上相结合的系列促消费活动。如上海于 2023 年 9 月 15 日开启了"金秋购物旅游季"消费活动，活动持续近一个月，活动期间上海各大商圈、品牌企业、电商平台积极参与，结合中秋、国庆等重要节假日，围绕"文旅 + 商业"深入联动，陆续推出了 400 余项精彩纷呈的营销活动。消费大数据监测显示，国庆节日期间（2023 年 9 月 28 日~10 月 5 日），上海市全市线下消费支付金额 449.2 亿元。其中，电子产品、百货、文体用品、便利店等，分别同比 2022 年同期增长 103.8%、57.3%、26.4% 和 17.8%。线上消费实物零售金额 313.9 亿元。[②]

全国 AAAAA 级旅游景区和国家一级博物馆作为高品质的旅游目的地，不仅拥有独特的自然风光和丰富的历史文化资源，还提供了完善的旅游设施和服务。在国庆黄金周期间，这些景区和博物馆更是成为人们出游的首选。2023

---

① 梅剑飞，田墨池.2023 年江苏交通网络加速完善［DB/OL］.新华报业网，http://js.news.cn/20240113/4ddd8914e0cf466e8e5b8f4f0b58bc03/c.htm.

② 谈瑞.上海：节日八天共实现线上线下消费总金额共 763.1 亿元［DB/OL］.新华财经网，https://www.cnfin.com/hg-lb/detail/20231007/3943322_1.html.

年，全国 AAAAA 级旅游景区整体消费需求年均值为 1 111 110 人次，消费需求日均值为 3 044 人次；十一假期整体消费需求均值为 28 962 人次，日均值为 3 620 人次。2023 年国家一级博物馆整体消费需求年均值 1 033 794 人次，日均值为 2 832 人次；十一假期整体消费需求均值 27 544 人次，日均值为 3 443 人次。综上所述，国庆期间日均消费需求高于全国平均水平的现象充分说明了国庆黄金周对旅游出行的强大拉动作用以及闲暇时间对人们出游意愿和旅游景区消费需求的重要影响。

五、网络发达程度

在当今社会，无论是旅游目的地的选择、旅游行程的规划，还是旅游产品的预订和消费，都离不开互联网的支持和帮助。互联网还通过社交媒体、旅游论坛等渠道，让游客能够分享自己的旅游经历和感受，促进形成了一种独特的旅游文化氛围。但是，2023 年旅游景区全年消费需求分布表以及相关信息显示：全国 AAAAA 级旅游景区和国家一级博物馆消费需求分布空间不均衡情况较为明显，这主要受到不同地区网络信息发展水平和游客互动差异的影响。东部地区的网络信息发展相较于中西部地区更加完善。东部地区拥有更多的互联网用户和更完善的网络基础设施，还聚集了大量的旅游信息和服务平台，为游客提供了丰富的旅游信息选择和便捷的预订服务。东部地区游客之间的网络互动更加频繁，他们通过各种社交媒体、旅游论坛和在线旅游平台分享旅游经验，交流旅游心得，促进了旅游信息的传播和扩散。相比之下，中西部地区的游客在网络互动方面则较为有限。

第二节　AAAAA 级旅游景区和博物馆消费需求提升建议

一、加强政策引导，提升旅游影响

通过政府层面的政策扶持和导向，可以显著提升 AAAAA 级旅游景区和国家一级博物馆的受关注程度，促进旅游消费需求的均衡增长和发展。这不仅有助于加快旅游经济的增长，还能够带动相关产业的发展和就业的增加，为地方经济注入新的活力。具体来说，可基于以下四个方面来实现。第一，制定旅游发展体系，根据国家和地方的发展规划，明确旅游业的发展目标和定位，建立健全旅游政策体系，包括财政、税收、金融、土地、环保等多方面的政策措施，并加强各部门之间的政策协调，确保旅游政策与其他相关政策相互衔接、相互补充，形成政策合力。第二，完善旅游市场政策，优化旅游市场环境，加强市场监管，建立健全旅游市场监管机制，推动旅游市场诚信体系建设。第三，加强政策宣传与推广，政府应充分利用传统媒体和新媒体平台，对AAAAA 级旅游景区和国家一级博物馆进行多渠道、全方位的宣传推广；同时支持旅游景区和博物馆加强品牌建设，打造具有地方特色和文化内涵的旅游品牌。第四，推动区域合作与联动发展，政府应推动不同地区之间的旅游合作与联动发展，通过资源共享、市场共拓等方式实现互利共赢，并加强与国际旅游组织的合作与交流，推动 AAAAA 级旅游景区和国家一级博物馆走向国际市场。

二、推动经济发展，实现区域联动

区域经济的繁荣能够为旅游景区的保护、建设与发展提供有力的支撑，同时也有利于推动和完善旅游基础设施建设，进而提升游客满意度并增强景区的吸引力。我国区域经济发展不平衡，东部地区经济发展水平远高于中西部地区，各地区之间发展差距较大。鉴于此，一方面，要促进产业协同发展，通过构建产业协作体系，推动区域内产业链上下游企业之间的紧密合作，形成产业集群效应，提升整体竞争力。同时根据各区域的资源禀赋和比较优势，引导产业合理布局，避免同质化竞争，实现错位发展，并鼓励企业加大研发投入，提升自主创新能力，推动传统产业转型升级，培育战略性新兴产业。另一方面，要积极推动区域市场一体化，通过推动区域内市场一体化建设，打破行政壁垒和地方保护主义，促进商品和要素的自由流动。同时推动区域间在产业、科技、文化等领域的交流合作，形成互利共赢的发展格局，并建立合理的利益分配机制，确保区域联动发展的成果惠及所有参与方，增强区域协同发展的内生动力。

三、完善交通体系，提高可进入性

交通运输条件是地区发展的重要支撑，也是提升旅游景区可进入性和吸引力的关键，对推动地区交通运输条件的改善和旅游业的繁荣发展有重大影响。具体而言，可以采取以下措施。第一，加快建立综合型交通体系，包括公路、铁路、航空、水运等多种交通方式的有机结合，形成立体化、多层次的交通网络。通过优化交通网络布局，可以提高游客的出行效率，缩短到达景区的时间，从而提升游客的满意度和景区的吸引力。第二，完善区域交通规划体系，针对各地区旅游资源分布不均衡的特点，同时充分考虑游客的出行需求，确保交通线路能够覆盖主要的旅游景区，并提供便捷的交通连接方式。同时，要加强地区基础设施建设力度和资金投入力度，确保交通设施的质量和水平能够满足游客的需求。第三，因地制宜布点旅游景点与设施，充分依托交通运输的线路状况，结合本地的景观、历史、民俗文化等特色，沿线布点旅游景点与设施，推动交通线路与旅游业态的有机融合，确保游客在出行过程中能够充分体验到当地的文化和风情。

四、开展节事营销，优化产品体系

节事营销通过利用消费者的节事消费心理，综合运用广告、公演、现场售卖等多种营销手段，进行产品、品牌推介活动，可以提高产品的销售力，提升品牌形象。开展节事营销并优化产品体系是提升旅游景区吸引力和实现可持续发展的重要途径。第一，利用旅游目的地的民俗、节庆等特色旅游要素进行产品设计，并通过节庆日和重大事件纪念日等关键节点，加大对旅游文化的宣传力度，提升旅游目的地的知名度和影响力。第二，除节庆日和重大历史事件纪念日举办活动外，还可常年开展主题报告会、理论研讨、知识竞赛、实景演出等群众参与面大的专题活动，且应注重游客的参与性和体验性，让游客四季都能找到适合自己的旅游活动，从而提升景区旅游品牌的感染力、关注度和知名度。第三，要注意调整旅游产品结构，不断推出新的旅游产品和服务，以满足游客日益多样化的需求，同时注重旅游产品的品质和特色，提升旅游景区的整体竞争力。

五、畅通信息渠道，提升互联网普及率

第一，要多元化展示景区特色。利用丰富的媒体形式如视频、虚拟现实（VR）等多种形式，生动展示景区的自然风光、人文景观和特色活动。同时深入挖掘景区的文化内涵和特色，塑造独特的旅游品牌形象，并通过故事化、情感化的宣传手法，增强游客对景区的认同感和向往感。第二，要多渠道营销策略。在多个互联网平台（如官方网站、社交媒体、旅游 App 等）上开设景区账号或页面，进行全方位宣传并根据不同平台的用户特征和偏好，制定有针对

性的营销策略。第三，要线上线下统一营销。通过线上宣传与线下体验相结合，利用知名景区的品牌效应，带动周边或其他相对冷门景区的人气提升。第四，针对边远地区要做好营销策略。针对东北、西北等消费需求较低的地区，可以通过旅游资讯网、App等渠道加强信息推送，同时提供定制化旅游产品和宣传内容，以提高吸引力。此外，可通过市场营销手段激发边远地区游客的出游意愿和消费潜力。

下篇

专项旅游消费需求报告

第四章

乡村旅游消费需求报告[*]

第一节　乡村旅游发展概述

一、概念界定

近几年随着乡村旅游快速发展，各种旅游产品层出不穷，乡村旅游的概念日益具体化。2010年，《农业部　国家旅游局关于开展全国休闲农业与乡村旅游示范县和全国休闲农业示范点创建活动的意见》将乡村旅游定义为"以农业生产、农民生活、农村风貌以及人文遗迹、民俗风情为旅游吸引物，以城市居民为主要客源市场，以满足旅游者乡村观光、度假、休闲等需求的旅游产业形态"。2017年9月29日，中华人民共和国国家标准《旅游业基础术语》（GB/T 16766—2017）对乡村旅游做出如下界定：以乡村自然景观、民俗和农事活动为吸引物的旅游。

二、政策背景

自党的十八大以来，党中央与国务院深刻认识到乡村旅游在"三农"战略及乡村振兴中的重要作用，连续多年在"中央一号文件"中明确其发展方向。习近平总书记多次强调，乡村旅游是脱贫攻坚与绿色发展的关键，要将自然资源优势转化为经济优势，践行"绿水青山就是金山银山"的理念。2022年，党的二十大报告再次强调："发展乡村特色产业，拓宽农民增收路径，统筹乡村基础设施与公共服务，构筑宜居宜业和谐乡村。"

响应党中央和国务院号召，各相关部门紧密合作，推动乡村旅游成为乡村

---

* 本研究选取百度指数"用户关注度"衡量乡村旅游消费需求，本章数据来源于百度指数官方平台。

振兴的新引擎。2014年，国家发改委等多部门联合发布《关于实施乡村旅游富民工程推进旅游扶贫工作的通知》，通过中央预算内投资支持旅游基础设施建设，并将相关项目纳入国家规划。2016年，《乡村旅游扶贫工程行动方案》出台，明确了从规划编制、基础设施建设、产品开发、宣传营销到人才培训的五项重点任务，全面推进乡村旅游扶贫工作。

随着乡村旅游的深入发展，提质升级成为新的关注点。2017年，《促进乡村旅游发展提质升级行动方案（2017年）》出台，设定了具体的发展目标，如投资5 500亿元、接待游客超25亿人次等，旨在构建高品质、多样化的乡村旅游体系。2018年，《关于促进乡村旅游可持续发展的指导意见》及后续行动方案进一步细化了发展路径，强调乡村旅游与多领域深度融合，培育新业态、新模式。

面对2020年新冠疫情的冲击，乡村旅游展现出较强的韧性。文化和旅游部及时发布指导文件，鼓励近郊游、乡村游发展，并采取措施助力市场复苏。在常态化疫情防控背景下，乡村旅游成为民众休闲首选，促进了当地经济的恢复与发展。

进入"十四五"时期，乡村旅游发展进入新阶段。《关于推动文化产业赋能乡村振兴的意见》提出，通过实施乡村旅游艺术提升行动、培育非遗旅游体验基地等措施，丰富乡村旅游文化内涵，提升游客体验。同时，利用金融工具支持乡村旅游高质量发展，如《文化和旅游部办公厅　中国银行关于金融支持乡村旅游高质量发展的通知》中提出的系列金融支持措施，为乡村旅游项目提供了更加坚实的资金保障。

这一系列政策与措施的出台，不仅为乡村旅游的发展提供了明确的方向和强大的动力，也有效促进了乡村经济的多元化发展，拓宽了农民增收渠道，为乡村振兴战略的深入实施奠定了坚实基础。通过科学规划、基础设施完善、产品创新、市场拓展及金融支持等多方面的努力，乡村旅游已成为推动乡村全面振兴的重要力量，实现了经济效益、社会效益与生态效益的和谐统一。

三、发展现状

随着城市化进程的加速与民众经济条件的改善，旅游需求正经历深刻变革，由传统观光向休闲、文化体验与度假相结合的多元化模式转变。休闲旅游与乡村旅游作为这一趋势的典范，日益受到青睐，成为民众逃离都市喧嚣、亲近自然、体验民俗的热门选择。这标志着旅游市场正步入一个追求个性化、体验化与高品质的新时代。我国乡村旅游目的地主要分布在大城市的近郊，乡村旅游的主体游客是城市居民，呈现出市民举家出游增加、外地游客专程出游增加的特点。[①]

文化和旅游部数据显示，2012～2019 年，乡村旅游接待数量从 8 亿人次激增至 30 亿人次，年均增长率超 20%，成为旅游业增长的重要驱动力。《全国乡村产业发展规划（2020—2025 年)》更是预测，到 2025 年，乡村休闲旅游业年接待游客将超过 40 亿人次，经营收入有望达到 1.2 万亿元，展现了广阔的发展前景。

乡村旅游在我国不仅是旅游产业的一个新兴领域，也是推动农村经济转型和产业升级的关键力量。文化和旅游部等相关部门对这一领域的发展给予了极大的关注。根据《中华人民共和国文化和旅游部对十三届全国人大五次会议第 4358 号建议的答复》中的初步统计，各地文化和旅游部门已经组织编制了超过 2 000 个乡村旅游规划，这些规划为乡村地区旅游资源的科学开发和项目建设提供了指导。自 2019 年起，文化和旅游部联合国家发展改革委启动了全国乡村旅游重点村镇名录的建设工作。至今已公布四批共 1 199 个重点村及两批 100 个重点镇（乡），有效促进了乡村旅游的规范化和规模化发展。

我国乡村旅游从 20 世纪 80 年代的农民自发开办"农家乐"的初步形态，逐渐发展演变为融乡村景区、特色民宿、文化体验等多种业态，涵盖观光、休闲、度假、康养等多种功能的复合形态，成为国内旅游的重要板块。[②] 乡村旅游经济的持续增长带来了一系列挑战，包括发展模式的单一性、旅游产品同质化竞争以及整体品质有待提升等问题，同时，也存在各主体之间的利益协调问题。为了有效应对这些问题，需要深入了解乡村旅游的发展现状和消费者需求特点。

第二节 乡村旅游消费需求年际变化趋势

一、消费需求数值年际变化

乡村旅游消费需求数值的年际变化如表 4 - 1 所示，各年份呈现不规则波动。最小整体日均值（215 人次）出现在 2011 年，最大整体日均值（442 人

---

① 周玲强，黄祖辉. 我国乡村旅游可持续发展问题与对策研究 [J]. 经济地理，2004（4）：5.
② 银元. 乡村旅游数字化发展：动力机制、逻辑维度与矛盾纾解 [J]. 西安财经大学学报，2023（1）：29 - 40.

次）出现在 2016 年，后者是前者的 2 倍左右，相应消费需求年总值为最小值 78 475 人次、最大值 161 330 人次。最小移动日均值（63 人次）出现在 2011 年，最大移动日均值（198 人次）出现在 2022 年，后者为前者的 3 倍左右，移动年总值为最小值 22 995 人次、最大值 72 270 人次。显然，13 年时间里，乡村旅游所受关注大幅增长，互联网大数据所展现的整体消费需求年总值累计突破 157 万人次，移动消费需求年总值突破 69 万人次。

表 4 – 1　　　　　　2011～2023 年乡村旅游消费需求日均值与年总值　　　单位：人次

年份	整体日均值	整体年总值	移动日均值	移动年总值
2011	215	78 475	63	22 995
2012	220	80 300	69	25 185
2013	220	80 300	77	28 105
2014	253	92 345	90	32 850
2015	400	146 000	138	50 370
2016	442	161 330	166	60 590
2017	393	143 445	165	60 225
2018	404	147 460	193	70 445
2019	362	132 130	188	68 620
2020	352	128 480	177	64 605
2021	369	134 685	195	71 175
2022	359	131 035	198	72 270
2023	324	118 260	176	64 240
合计	4 313	1 574 245	1 895	691 675

　　图 4 – 1 展示了乡村旅游消费需求规模的年际变化：2011～2014 年公众对于乡村旅游的关注及相应产生的需求变化幅度较小；2015 年整体与移动消费需求年总值均呈现显著增长。综合分析近几年影响变化的因素，2014～2015 年政策因素发挥的作用最大，可见 2014 年 11 月发展改革委联合七部门发布的《关于实施乡村旅游富民工程推进旅游扶贫工作的通知》具有突出的政策影响。该通知指出，安排中央预算内投资支持重点村旅游基础设施建设，将贫困村周边旅游扶贫项目列入"十三五"旅游基础设施和公共服务设施建设专项规划储备项目，2015 年下半年国家将旅游项目纳入专项建设基金支持领域，重点支持休闲度假旅游、乡村旅游等，因此在 2016 年达到乡村旅游消费需求

的顶峰，2017～2023 年乡村旅游消费需求略有回落但整体趋势变化稳定。2020 年新冠疫情暴发，对人们的日常出行造成了较大冲击，乡村旅游消费需求在 2019 年开始下降，在 2020 年出现相对低峰；但乡村旅游出行便捷，人员密度低，因此，下降幅度较小，且相较于其他旅游业，乡村旅游实现率先复苏。2021 年、2022 年、2023 年乡村旅游消费需求小幅度回升，但总体没有达到新冠疫情前的水平。

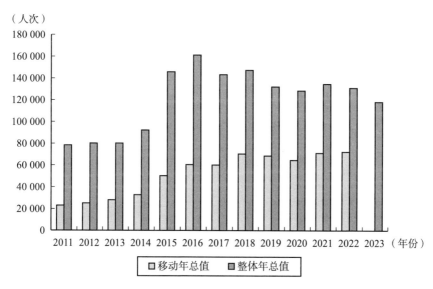

图 4－1　2011～2023 年乡村旅游消费需求年总值

二、消费需求增长年际变化

乡村旅游消费需求增长率的年际变化情况如图 4－2 所示。2012～2023 年整体与移动消费需求均存在正、负双向增长，移动消费需求变化率普遍高于整体变化率，可见移动端发展速度十分突出。

整体消费需求增长显示：2012～2014 年变化率小于 20%，2015 年在国家政策的支持下实现 58.10% 增长，消费需求年总值超 14 万人次；2016 年在前一年增长的基础上进一步增长 10.50%，消费需求年总值超 16 万人次；2017 年消费需求出现小幅度的负增长，2018 年消费需求略有回升；2019～2020 年受到新冠疫情的影响，连续两年出现负增长；2021 年消费需求略有回升，2022 年消费需求小幅度下降，2023 年消费需求大幅度下降。总体来说，2019～

2022 年乡村旅游消费需求变化不明显，2022～2023 年乡村旅游消费需求变化明显。

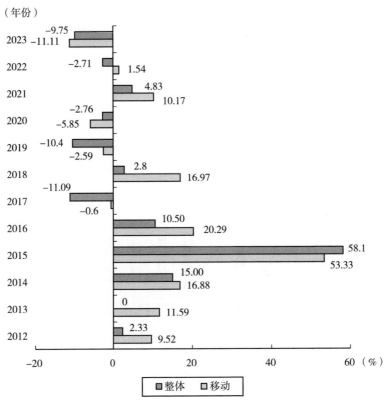

图 4-2　2012～2023 年乡村旅游消费需求增长率

移动消费需求增长显示：移动搜索引致的消费需求在 2011～2016 年均为正向增长，由于政策的推动作用，在 2014～2015 年涨幅最大，超过 50%；2017 年移动消费需求与 2016 年移动消费需求基本持平；2017～2018 年涨幅为 16.97%，是 2011 年移动年总值的 3 倍；2019～2020 年受到新冠疫情影响，移动端消费需求连续两年负增长；我国科学的防控政策以及乡村旅游的就近性，使 2020～2022 年乡村旅游移动消费需求出现正向波动，增幅超 10%；消费者的偏好发生变化，比如更倾向于城市旅游或海外旅游，使 2023 年乡村旅游移动消费需求出现负向波动，减幅超 11%。

三、移动端需求占比年际变化

乡村旅游移动搜索引致的消费需求占比年际变化如图 4-3 所示。

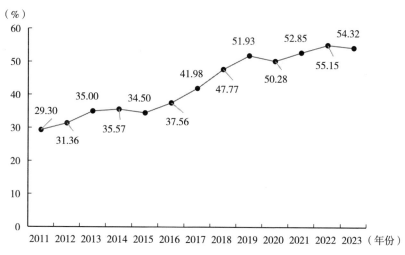

图4-3 2011~2023年乡村旅游移动消费需求占比

由图4-3可知，2011~2023年移动端需求占比总体呈现稳步增长趋势，其中2011~2015年乡村旅游移动消费需求占比仅呈现小幅度增长，总增幅约为5%；2015~2019年得益于互联网和通信设备的快速发展，移动端需求快速增长，实现约17%的增幅；2019~2020年乡村旅游受到新冠疫情的冲击，移动端需求略微下降，但总体上不影响乡村旅游移动端消费需求的上升趋势；2020~2023年，在国家做出的一系列努力与民众的配合下，新冠疫情得到有效控制，在一定程度上保障了人们近距离出游的安全性，因此，这四年中乡村旅游移动端需求仍稳步上升，增幅约4%。

第三节 2023年乡村旅游消费需求分析

一、消费群体分析

（一）性别分布

2023年乡村旅游消费群体性别分布如图4-4所示。男性占比为37.81%，TGI指数为73.90，表明男性对乡村旅游的关注程度低于平均水平；女性占比为62.19%，TGI指数为127.34，女性对乡村旅游的关注程度高于平均水平。这一偏差可能是由于女性在旅游决策中占据主导地位。乡村旅游目的地距离较近，且其山清水秀的原生态环境对女性有更大的吸引力，因此女性更加关注乡村旅游及其所能带来的美好体验和积极情感。

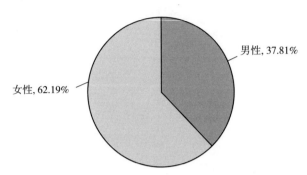

男性，37.81%

女性，62.19%

图4-4　2023年乡村旅游消费群体性别分布

（二）年龄分布

2023年乡村旅游消费群体年龄分布如图4-5所示。19岁及以下占比13.85%，TGI指数为146.80，尽管该年龄段人群占比低于另外两个年龄段，但其对乡村旅游的关注程度显著高于平均水平，足以证明中小学生消费需求的旺盛，家庭旅游、春游、体验生活通常是这类群体关注乡村旅游的理由。20~29岁占比为48.38%，TGI指数为208.53，该年龄段人群对乡村旅游的关注程度远高于平均水平，可见这个年龄段人群是乡村旅游的主要群体，其个人可支配收入和闲暇时间较为充足，具有一定经济基础，周末时间较为自由，距离近、消费低、能休闲放松的乡村旅游成为他们的首选。30~39岁占比为24.28%，TGI指数为73.34，表现出低于平均水平的关注程度，可能的原因是处于该年龄段的群体养育孩子，他们的关注点更多放在家庭上。40~49岁占比9.98%，TGI指数为48.41，50岁及以上占比为3.51%，TGI指数为25.49，这两个年龄段人群对乡村旅游的关注程度远低于平均水平。

通过观察各年龄段及其TGI指数，可以发现30岁以下的群体TGI指数高于平均水平，而30岁以上的群体TGI指数低于平均水平。30岁以上的三个年龄段群体尽管TGI指数低，但不能代表其不喜欢、不关注乡村旅游，这需要考虑一个重要因素，即乡村旅游的口碑传播效应十分显著，不论面对面还是通过社交媒体。这三个年龄段的群体可能非常依赖口口相传而较少依赖网上攻略，因此TGI指数低。而30岁以下的群体偏爱查找攻略，因而其百度指数数据较为突出。

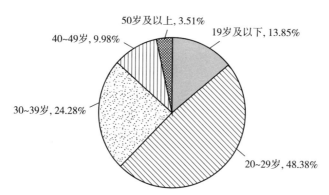

图 4 - 5　2023 年乡村旅游消费群体年龄分布

二、消费需求分析

（一）时间分布

2023 年乡村旅游消费需求量的月度分布如表 4 - 2 所示。日均值最小为 1 月的 243 人次，最大值为 3 月的 435 人次，相差幅度为 79.01%；相应月总值由 7 533 人次增长至 13 485 人次，变化幅度为 79.01%。

表 4 - 2　　　　　　　2023 年乡村旅游消费需求时间特征

月份	日均值（人次）	月总值（人次）	月总值占比（%）
1	243	7 533	12.36
2	345	9 660	15.85
3	435	13 485	22.12
4	399	11 970	19.64
5	366	11 346	18.61
6	333	9 990	16.39
7	257	7 967	13.07
8	282	8 742	14.34
9	299	8 970	14.72
10	322	9 982	16.38
11	317	9 510	15.60
12	294	9 114	14.95

　　各月消费需求日均值跨度显示，1月、7月、8月、9月、12月日均值位于 240～300 人次区间，2月、6月、10月、11月日均值位于 300～350 人次区间，4月、5月日均值位于 350～400 人次区间，3月日均值超过 400 人次。

　　各月消费需求总值跨度显示，1月、7月、8月、9月消费需求总值低于 9 000 人次，2月、6月、10月、11月、12月消费需求总值位于 9 000～10 000 人次区间，4月、5月消费需求总值位于 1 万～1.3 万人次区间，3月消费需求总值高于 1.3 万人次。

　　2023 年 1～12 月乡村旅游消费需求月总值合计 118 269 人次，由此可计算每月总值占比。结合图 4－6，不难发现，12 个月的月总值占比呈现上下波动，但占比最高的月份为 22.12%，最低占比为 12.36%，说明整体相差幅度在 10% 以内，月度差异不大。

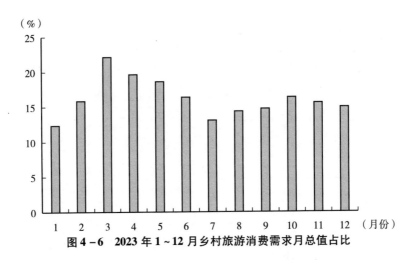

图 4－6　2023 年 1～12 月乡村旅游消费需求月总值占比

　　从季节分布来看（见图 4-7），春季（3～5月）消费需求总值合计 36 801 人次，在本年度占比为 31.12%，夏季（6～8月）消费需求总值为 26 699 人次，占比为 22.57%，秋季（9～11月）消费需求总值为 28 462 人次，占比为 24.07%，冬季（1～2月，12月）消费需求总值合计 26 307 人次，在本年度占比为 22.24%。显然，乡村旅游消费需求季节占比由高到低分别为春季、秋季、夏季、冬季，消费需求规模的最大季节差达到 10 494 人次；春、秋两季需求值都高于 2.8 万人次，合计 55.19%，占比超过 1/2；夏、冬季占比略小于 23%，春夏秋三季占比近八成，冬季表现最为平淡。

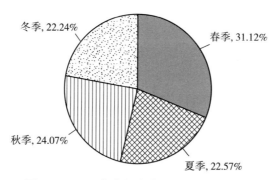

图 4 - 7 2023 年乡村旅游消费需求季节占比

2023 年乡村旅游消费需求的月度变化如图 4 - 8 所示。年内月度呈现"双峰"型特征分布：3 月为最高峰，需求值达到 13 485 人次，10 月为次高峰，需求值分别为 9 982 人次，峰值间的差距较大。乡村旅游的发展主要以自然风光为依托，而这两个月是我国气温适宜、乡村风光最好、游客可体验互动项目最多的时间段，因此这两个月的乡村旅游消费需求达到峰值。2023 年最低值出现在 1 月，为 7 533 人次，这是由于 1 月天气寒冷，乡村花草树木凋零，很大程度上影响了乡村旅游景观的可观赏性；并且 1 月有春节假日，全国各地人员流动大，出现返乡与家人团聚的高峰，因此对乡村旅游的关注度最小。2 月乡村旅游需求为 9 660 人次，与 1 月的旅游需求相比略有增长。到 3 月乡村旅游消费需求急剧攀升至 13 485 人次，达到全年峰值。4 月、5 月旅游需求较小

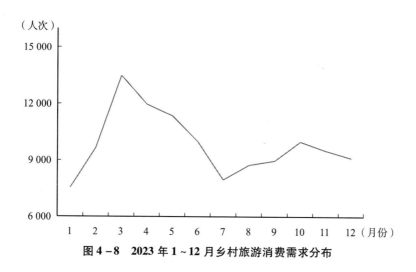

图 4 - 8 2023 年 1 ~ 12 月乡村旅游消费需求分布

程度地下降至 11 346 人次。6 月、7 月乡村旅游消费需求逐月下降至最低点
7 967 人次，这与夏天炎热的天气有关。8 月、9 月、10 月消费需求明显上升至
10 月峰值 9 982 人次。由于气温的下降，11 月、12 月旅游消费呈现下降趋势。

（二）空间分布

表 4 - 3 显示了 2023 年 34 个省份乡村旅游消费需求空间分布。其中，消
费需求年总值最高的是四川省，将近 4.3 万人次，各省份消费需求年总值空间
分布十分不均衡。

表 4 - 3　　　　　　　2023 年乡村旅游消费需求空间分布　　　　单位：人次

省份	日均值	年总值	省份	日均值	年总值
安徽	92	33 580	江西	73	26 645
澳门	2	730	辽宁	68	24 820
北京	98	35 770	内蒙古	54	19 710
重庆	89	32 485	宁夏	27	9 855
福建	69	25 185	青海	19	6 935
广东	114	41 610	上海	60	21 900
广西	75	27 375	四川	117	42 705
甘肃	70	25 550	山东	112	40 880
贵州	80	29 200	山西	72	26 280
河北	80	29 200	陕西	78	28 470
黑龙江	44	16 060	天津	39	14 235
河南	106	38 690	台湾	0	0
湖南	92	33 580	西藏	5	1 825
湖北	90	32 850	香港	2	730
海南	37	13 505	新疆	54	19 710
吉林	55	20 075	云南	97	35 405
江苏	105	38 325	浙江	114	41 610

各省份消费需求年总值跨度显示：四川的年总值高于 4.2 万人次，广东、
浙江、山东 3 个省份年总值位于 4 万 ~ 4.2 万人次区间，河南、江苏、北京、

云南 4 个省份年总值位于 3.5 万~4 万人次区间，安徽、湖南、湖北、重庆年总值位于 3 万~3.5 万人次区间，贵州、河北、陕西、广西、江西、山西、甘肃、福建年总值位于 2.5 万~3 万人次区间，辽宁、上海、吉林 3 个省份年总值位于 2 万~2.5 万人次区间，内蒙古、新疆、黑龙江年总值位于 1.5 万~2 万人次区间，天津、海南年总值高于 1 万人次但不足 1.5 万人次。

整体来看，2023 年乡村旅游消费需求主要集中在中东部经济发展水平较高、人口较多的省区，南方高于北方，东南部高于西北部。结合我国七大地理分区，第一梯队集中分布于华东地区（2 个省份），另两个省份则位于西南、华南地区；第二梯队的构成较为分散，除东北、华南地区的 5 大区域均有分布；第三梯队以华东地区省份为主，其次是华北、东北、华东地区；第四梯队有位于华北地区的 2 个省份，以及东北、华南、西北地区的各 1 个省份，华南、西南地区各 1 个省份；第五梯队包含港澳台三地，剩余 3 个省份位于西北地区、西南地区。

第四节　乡村旅游消费需求特征及影响因素

一、消费需求特征分析

（一）消费群体特征

女性对乡村旅游的关注程度显著高于男性。这一特征反映于 2023 年乡村旅游消费群体性别分布数据。相较于男性，女性更加注重查询网上攻略，对乡村旅游目的地的生态环境与住宿饮食等有着更高的要求，且女性在旅游决策中往往处于主导地位。

年轻群体对乡村旅游的关注程度较高，在 2023 年乡村旅游消费群体年龄分布数据中可以看出。30 岁以下两个年龄段群体对乡村旅游的关注程度显著高于平均水平，乡村旅游消费者占比超 62.23%。而 30 岁以上年龄段群体参与乡村旅游消费需求理论上应高于平均水平，但在数据上显示不明显，这可能是因为他们非常依赖于口口相传，因此他们的百度指数较低。

（二）时间分布特征

乡村旅游消费需求呈增长趋势。这一特征反映于 2011～2023 年乡村旅游消费需求日均值与年总值数据。乡村旅游消费需求自 2012 年起稳步上升，年总值相应从 7 万人次增长至 16 万人次，移动端消费总需求从 2 万人次增至 7 万人次。移动消费需求变化率普遍高于整体变化率，可见移动端发展速度十分突出。

乡村旅游消费需求的季节性明显。这一特征反映于 2023 年乡村旅游消费需求季节占比数据。乡村旅游的景观和产品受季节变化的影响较大，造成我国居民对乡村旅游的需求有很强的季节性，时间指向性明显。乡村旅游消费需求季节最高的是春季，最低的是冬季，消费需求规模的最大季节差达到 10 494 人次，春夏秋三季占比近八成，冬季表现最为平淡。

（三）空间分布特征

乡村旅游消费需求省份分布不均衡。这一特征反映于 2023 年乡村旅游消费需求省份构成数据。受自然环境影响，我国人口主要分布于中东部的平原地区，而西北地区、西南地区、东北地区由于气候与地形等原因，居住人口较少。受经济发展影响，我国沿海地区与中部大省因发达的经济吸引着许多人前来务工。因此，受自然环境和经济发展的影响，乡村旅游消费需求主要集中在中东部经济发展水平较高、人口较多的省区，南方高于北方，东南部高于西北部。

乡村旅游消费需求呈片状分布。我国东南部地区经济发达，人口较多，且居民有更多的可支配收入；我国中部地区，幅员辽阔，气候适宜，人口较多；其他地区受地形与气候的制约，人口较少，经济相对落后。因此，乡村旅游消费需求最高的地区主要集中于东南部，中部其次，再次是西北和东北部，最低的是西南部。

二、消费需求影响因素

（一）消费群体影响

1. 人口特征

旅游者的性别结构、年龄结构、职业等都对乡村旅游的消费需求有一定影响。乡村旅游消费需求的群体特征表明，女性对乡村旅游的关注程度高于男性，20～29 岁年龄段的乡村旅游消费者占比超 45%。一方面，乡村山清水秀的原生态环境对女性有更大的吸引力；另一方面，乡村旅游的群体正向年轻化的方向发展。此外，职业类型决定了人们的收入和带薪假日情况，进而影响了乡村旅游需求的产生。

2. 居民闲暇时间

乡村旅游消费需求与闲暇时间呈正相关。数据显示：20～29 岁这一年龄段人群是乡村旅游的主要群体，因为相较于其他年龄段，这一年龄段的闲暇时间较为充足。

3. 人均可支配收入

随着近年来中国经济的快速发展，居民人均可支配收入增加，我国居民对乡村旅游的需求呈增加趋势。经济发达的地区可支配收入相对来说更高，因此乡村旅游消费需求主要集中在中东部经济发展水平较高、人口较多的省区。

4. 消费动机

旅游者不同的动机会影响他们对乡村旅游的消费需求。一方面，旅游者出于春游、秋游等需要，使乡村旅游消费需求在 3 月、10 月达到高峰；另一方面，当代居民受区域、环境、交通、职业工种等多种原因的影响，工作压力较大，而乡村旅游可以帮助居民远离都市生活、逃离压力和放松身心，因此，近年来，乡村旅游的消费需求呈稳步上升趋势。

（二）时间分布影响因素

1. 政策引导与支持

自党的十八大以来，国家通过历年中央一号文件持续为乡村旅游发展铺设政策路径，展现了对该领域的坚定支持与积极引导。这种政策导向与乡村旅游年度消费增长之间形成了显著的正向关联，自 2012 年起，乡村旅游消费需求稳步攀升，成为推动乡村经济多元化与转型升级的重要驱动力。

2. 互联网技术演进

近十年来，互联网技术的迅猛发展为乡村旅游消费模式带来了深刻变革。尤其是社交媒体和短视频平台的兴起，极大地拓宽了乡村旅游信息的传播渠道，使消费者能够即时获取并分享旅游体验。这种技术的革新不仅提升了乡村旅游的知名度和吸引力，还促进了移动端需求的稳步增长，成为推动乡村旅游消费模式转变的关键因素。

3. 突发公共事件冲击

乡村旅游年度消费趋势并非全然乐观，突发公共卫生事件（如新冠疫情）的暴发，对其构成了显著的负面影响。这些事件限制了人们的出行自由，导致乡村旅游消费需求急剧下降。

（三）空间分布影响因素

1. 地形分布与气候特征

在乡村旅游的版图中，地形与气候扮演着不可或缺的角色。平原地区的优势在于其四通八达的交通网络，有效降低了游客的出行成本，从而吸引了更广泛的客源。同时，平坦的地形也为农业生产的繁荣提供了有利条件，多样化的农产品成为乡村旅游的一大亮点，尤其是四川、广东、浙江、山东等地，其夏季温暖湿润的气候更是促进了农作物的茁壮成长，进一步提升了乡村旅游的吸引力与消费潜力。

2. 人口密度

人口密度作为衡量地区经济活动的重要指标，与乡村旅游消费需求的强弱息息相关。在人口密度较高的区域，由于居民基数大，对乡村旅游产品与服务的需求自然更为旺盛。这一现象在多个省份得到了验证，这些省份不仅人口众多，而且其乡村旅游市场呈现出高度的活跃状态。

3. 经济发展与基础设施

基础设施的完善程度是制约乡村旅游发展的重要因素之一。我国东部沿海地区凭借较早的开放政策和较强的经济实力，基础设施建设已相对成熟，为乡村旅游的蓬勃发展奠定了坚实基础。中部地区虽稍逊于东部，但近年来也呈现出快速发展的态势，基础设施不断完善。相比之下，西部地区的基础设施建设相对落后，在一定程度上限制了其乡村旅游消费需求的释放。因此，从区域分布来看，我国东中部地区的乡村旅游消费需求明显高于西部地区。

4. 地方政策与文旅宣传

地方政府的政策导向与文旅宣传策略对激发乡村旅游消费需求具有推动作用。一方面，政府通过出台一系列扶持政策，为乡村旅游的发展提供了有力保障；另一方面，利用视频号、微博等新媒体平台以及地铁广告等传统媒介进行文旅宣传，有效拓宽了宣传渠道，提升了乡村旅游的知名度和影响力。四川、广东、浙江、山东、江苏等地便是这一策略的成功实践者，它们通过线上线下相结合的全方位宣传方式，成功吸引了大量潜在消费者，推动了乡村旅游消费需求的持续增长。

第五节　乡村旅游消费需求提升建议

一、政策支持

（一）加强政策引导

为了平衡乡村旅游消费需求的地域性差异，文化和旅游部应主导构建全面的政策框架。针对低需求地区，应实施一系列扶持政策，包括经济资助、人力资源支持及土地使用优惠，以促进其乡村旅游发展。同时，促进省际交流合作，鼓励先进地区对后进地区进行指导和帮扶，共享成功经验。

地方政府则需制定高质量发展策略，推动乡村旅游个性化发展。通过分析成功案例，识别并扶持潜力乡村，通过政府引导促进学习交流，利用补贴等政策提升知名度。为解决同质化竞争问题，地方政府应鼓励依托本土特色文化，深入挖掘与保护乡村文化遗产，发展独具地域特色的乡村旅游模式，以此作为核心竞争力，实现乡村旅游的可持续发展。

（二）确保政策落实

地方执政机构应强化对乡村旅游的监管，提升服务质量，增强游客忠诚度，助力乡村经济增长。需确保政策、宣传、人才、资金等多维度支持有效落地，实施差异化扶持策略，借鉴成功案例，确保乡镇层面的精准执行。基层党组织与村委会应成为乡村旅游发展的主力军，在上级规划指导下，积极参与项目策划、执行、引资与品牌建设。需激发村民积极性，完善组织架构，引导村民深入挖掘本地资源、产业、文化与地理优势，制定个性化乡村旅游规划，促进乡村旅游业的繁荣，带动乡村经济多元化发展，实现经济与社会效益的双赢。

（三）深化部门联动

文化和旅游部应携手国家发展改革委，推出高质量乡村旅游重点村镇项目，强化镇村联动，构建影响力广泛的乡村旅游品牌体系，实现品牌多层次发展。乡村振兴局与财政部需合作，整合农业资金助力乡村旅游基础设施，为脱贫地区提供小额信贷支持，促进经济自立。农业农村部与自然资源部等部门应协同安排，保障农民宅基地权益，规范管理，鼓励村集体与农民通过自主或合作经营参与乡村旅游，推动经济多元化。跨部门合作可以高效整合资源，深化乡村旅游与乡村振兴的融合，不仅能够提升乡村旅游品质，还能够促进农村经济全面发展，实现经济与社会效益的双重提升，为乡村振兴注入强劲动力。

二、产业升级

（一）产业融合发展

产业融合是乡村发展的关键路径。政策制定者、商业主体及地方社区应聚焦乡村旅游潜力，推动其与服务业深度融合。数字技术（特别是互联网与大数据）成为融合桥梁，通过在线平台宣传乡村旅游，展示特色农产品，激活农业经济。此举不仅拓宽农产品销售渠道，还催生深加工产业，紧密连接农业生产与市场服务。构建支持性政策框架、激励技术创新、保障产业链协同，是深化融合的关键。农产品加工成为农业与服务业的纽带，推动乡村经济向多元化、可持续方向发展。跨产业整合下，乡村旅游成为乡村产业发展的强劲引擎，促进资源优化配置，实现经济与社会效益的双重提升，为乡村振兴注入新活力。

（二）培养乡村人才

发展乡村旅游，人才是关键。市政府应实施人才引进战略，结合教育资源，构建文旅人才培养体系，强化农村人才培育与激励，吸引青年返乡创业。乡镇政府则需整合培训资源，采用多元化教学方法，如理论教学、案例分析、实地考察等，传授先进经验。同时，创新培训模式，利用在线教育平台，开展多层次、多渠道培训，提升乡村旅游从业人员的专业技能与市场洞察力，目标在于打造一支既懂市场又精业务的"新农人"队伍，他们将成为推动乡村旅游高质量发展的核心力量，促进乡村经济多元化与可持续发展，实现乡村振兴的美好愿景。

（三）加强基础设施建设

乡村旅游产业的稳固发展需以完备的基础设施为基石。为增进旅游目的地对游客的吸引力，必须实现以下关键目标：确保交通要道的无障碍通行，以便于游客的进出；提升旅游厕所的供应量及卫生水平，以满足游客的基本卫生需求；开发具有地方特色的住宿设施，如民宿和农家乐，以提供多样化的住宿体验；确保网络服务的广泛覆盖和稳定性，以满足现代游客的通信需求。

（四）全产业链发展

乡村旅游产业的全链条发展是其未来趋势。以旅游、休闲、全域发展为核心，乡村旅游应整合休闲养生、文化探索、商品直售、商业合作等多种业态，构建一个多元化的产业链。通过强化乡村旅游综合体、特色小镇、养生基地和旅游民宿等关键环节，乡村旅游将实现更全面、更深入的发展。

三、产品营销

（一）深挖乡村旅游文化内涵

深入探索乡村的丰富资源，如手工艺、传统民居、地道餐饮、民族服饰和传统节日等，将创意、艺术与现代技术相结合，打造出一系列独具乡村风情的创新产品和活动。通过重新认识、传承和创新乡村文化，挖掘并传播其多元价值，营造出一个治理有序、文化繁荣、和谐团结的乡村环境。这样的努力不仅有助于提升乡村旅游的品质和效率，还能促进其可持续发展。

（二）乡村旅游产品的差异化发展

乡村旅游业应以文化为魂，深耕地域特色与乡土风情。产品设计中，应巧妙融合传统文化与现代时尚，使手工艺品、包装设计、建筑风貌及餐饮住宿尽显乡村韵味，深化游客体验，满足其精神文化需求。各地需依托独特文化资源，优化旅游产品，通过沉浸式体验，展现地方文化的深度与广度。

同时，为了更好地迎合不同消费群体的需求，乡村旅游目的地应该关注女性和年轻游客的偏好。数据显示，女性和20～29岁的年轻群体是乡村旅游的

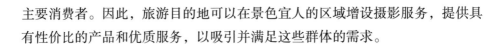

主要消费者。因此，旅游目的地可以在景色宜人的区域增设摄影服务，提供具有性价比的产品和优质服务，以吸引并满足这些群体的需求。

（三）加强乡村旅游的营销宣传

乡村旅游步入数字化时代，移动端需求激增，驱动行业转型。乡村旅游地需紧跟潮流，强化新媒体运营，如微信公众号、抖音等，利用社交渠道创新宣传，吸引潜在游客。精准定位城市居民为目标市场，洞悉其旅游偏好与需求，针对城市居民追求休闲、体验、教育与文化传承的心理，设计个性化乡村旅游产品，如农事体验、文化研学、民俗活动等，以满足其多元化需求。同时，利用大数据分析，优化营销策略，提供便捷支付、定制化服务等，提升游客体验，巩固市场地位。通过数字化转型与精准营销，乡村旅游将焕发新生机，迎来更加广阔的发展空间。

案例　　"醉美"七星村：乡村旅游与消费共荣的典范*

一、引言

"绿水青山就是金山银山"，春日的七星村鲜花朵朵，层林叠翠。走进村口，墙壁上由袁隆平院士题写的"醉美七星欢迎您"几个大字格外打眼。再往前，七星村逐渐露出了她的"真容"：群山环抱之中，一条条小溪潺潺流过，一座座农家庭院古色古香，村在景中，人在画中。七星村旅游宣传片里的第一句话便是："在这里，赴一场青山绿水的盛会。"

刚刚结束的"五一劳动节"假期，岳塘区昭山镇七星村"乡遇七星"民宿的老板何淑芳可忙坏了。"房间几乎每天都爆满啦！"在我们进行参观时，何淑芳一边擦汗一边激动地跟我们介绍。望着从大巴车上下来的又一大群游客，村委会书记宋建军脸上绽开了笑容。2023年5月11日，我们一行人第三次走进七星村，宋书记等村干部早已等候多时，连忙将我们迎接到会议室。谈起七星村的振兴和旅游发展，宋书记脸上露出了幸福的笑容，思绪仿佛被拉回到2016年以前……

---

* 该案例系作者实地调研后撰写，数据来自案例村庄提供的一手资料，并已获得该村授权。

二、绿水青山　消贫兴富

七星村是长株潭城市群中心"金三角"地带的一个的小村庄，群山环绕、风景秀丽，是一处气候宜人、生态一流的"风水宝地"。但由于山地多、路难走，早年被人们戏称为湘潭的"西伯利亚"。"那时候我们出行可苦呢！"陈佳欣回忆道，"记得2008年我上小学五年级时还没修路，村子里的山边和坝子边都是米宽的泥巴路。一到下雨天，路面泥泞地变成烂泥巴，一点都不好走，每次到学校裤子就已经脏兮兮的了！要是鞋子还有点进水，脚就会被泡得白皱皱的。那时候我们就只盼着村里能把路修好。"

"偏僻村落人烟少，农民地里辛勤劳。一年到头不停歇，摸摸口袋没有钱。"就是七星村的真实写照。2016年，七星村村民的月平均收入只有1 250元。那时，村民们基本都以家庭为单位从事农业生产，分散种植的农作物比较单一，只有水稻和油菜。由于缺乏种植技术指导和培训，大家都是看天吃饭，收成不好的时候，农户们只能勉强维持生计。就算收成比较好，农户们辛苦种出的稻谷和榨出的菜油，也很难卖出去赚钱。

三、消费驱动　路通民富

2016年7月，原马安村和立新村合并为新的七星村。7月15日，七星村村委会的第一次会议在村民们的期盼中举行，所有资料整整齐齐地摆放在办公室的桌子上，其中34户建档立案的贫困户名单尤为扎眼。望着这份资料，村委会成员愁眉不展，为今后的发展而担忧。村委书记宋建军率先打破了寂静，他说："我们这些年太落后了，贫困村民这么多，村集体没有一点积蓄。作为新一届的村委会，我们一定要改变村子贫困落后的状况，只要我们群策群力，一定能够做到！"宋书记的话掷地有声，为大家注入了信心，小会议室这才活跃起来，开始讨论七星村怎么才能改变贫穷，走向富裕。最终，七星村讨论通过了发展旅游来脱贫致富的方案，遵循绿色发展理念，以乡村旅游推动乡村振兴，从提质村落生态、保护民俗传统、完善旅游基础设施、引导产业发展等多方面着手开辟七星村的脱贫致富之路。

（一）要想经商得走四方，要想致富得先修路

"要想富，先修路"，对外的道路是打开山门的"金钥匙"。于是在村委会积极争取到上级政策的补贴资金后，七星村村民为了美好生活开始做有史

以来最齐心协力的一件事。宋书记跟我们介绍道："以前大家出门都只能走坝边、山边的小路。为了修路通车，村里只好占用部分村民家的耕地。当时我还担心有些人家的地用得比较多，会不会要高额补助？那时村里没有钱，如果有人'卡脖子'要钱就麻烦了。没想到开动员大会的时候，没有一户人家反对，因为大家是一个集体，都是一条心想走出山村。"会上大家也达成了一致意见，修路时哪家的地占得多，村委会就从机动田里调一点给过去。就这样，村里在修路的补助上没有过花一分钱。2016 年，乡间小道变成了宽敞的两车道车行路。随后村委会又对道路逐步进行了黑化、绿化、亮化，还对主道安装路灯 240 盏。七星村多年的"堵心路"宽了、畅了，乡亲们的出行条件得到极大的改善，也为发展乡村旅游解决游客出入问题创造了最基本的条件。

（二）改造民居环境，把"农村建设得更像农村"

为了进一步提高旅游吸引力，七星村开启了民居改造。村委会从昭山管委会申请到了 1 000 万元的资金，特意邀请了中国乡建院，按照"一户一方案"的方式，采用湘中传统民居建设风格，了解户主产业发展和生活需求，在原有的建筑结构上进行添砖加瓦、装修改造。民居改造并不像修路时大伙一条心，冒出了各种声音。为了解决这些问题，七星村按照以奖代投的方式，对于积极参与、支持民居改造的村民，给予 500 元/平方米的改造补贴，规定每户不超过 6 万元。同时，村委会还开会决定，如果大家不愿意先尝试，那就由村委会成员带头示范，于是村委会成员成了首批房屋改造的十户。其他村民看到改造后的房子既漂亮又实用，就有人跟着改造，但仍然有人想改却没法实现。比如村民罗志军，自己想改但实在是缺少自筹资金。了解到这一情况，宋建军书记就以个人名义为他担保贷款了 5 万元，最终成功对他的房屋进行了改造升级。随着宋书记等党员、干部的带头示范和集中下户做群众工作，七星村的改造工作得以全面铺开。整个民居改造工作历时 2 年，累计完成了 176 栋民居改造，改造后的民居房屋别具风格、美观新颖。

四、众志成城　产业致富

（一）耕地流转，铺垫集约生产致富基础

七星村从 1978 年分产到户，都是小门小户自己单干。如果不解决土地问

题，不具备规模效应，那一切都是空谈。当聊到"耕地流转"这个想法是怎么来的时候，宋书记说起了2016年刚过完国庆节的那个深夜。村子里各家已熄灯就寝，但村委会会议室的灯依然亮着，村党支部成员还在开展着激烈的讨论。谭副书记再次强调了之前谈过好几次的实际情况："说句难听的话，咱们村的人都单干惯了，要想发展产业是真的不容易啊！"宋书记接过话："仔细想想，我们之前做了大量调研工作，其他村庄这几年的经营方式，都是企业进到村子里，大家伙的收入就有提升。如果我们建立一个风险利益共担的机制，把平均分配到每个人头上的地当作股份入股承包流转出去，就既能解决土地问题，让村民有收入，又能解决管理问题，应该能行。"经过彻夜探讨，村委会最终同意了宋书记的意见，建立了合作社进行耕地流转，发展规模种植。

2016年12月，七星村正式开设土地股份制合作试点，成立了七星村农业合作社，将全村耕地收归用以集体流转，租金以每亩400斤谷子的产量折算为市场价650元一年，补贴给村民。截至2023年，全村耕地总流转出1 200亩，占总耕地面积80%以上，现在租金已经涨到每亩每年840元。每到年底，企业就会主动将租金交给村委会，再经村委发放给村民。在村集体的组织下，社员全部自愿将耕地入股合作社，并采取成本共摊、风险共担、收益共享的联合经营方式发展现代农业。就这样，在区镇村三级推动下，七星村做好了前期土地流转、维护建设施工环境等服务工作。基础工作已准备就绪，但企业、资金、人力又在哪里呢？这又让宋书记发愁起来。

（二）宣传引导，招商引资谋求发展之路

为了吸引企业和资金，宋书记决定践行"乡贤带乡亲，共富携手行"的理念。2016年12月，村委会召开了招商引资会议。"我们这个穷地方，谁愿意来发展咯？"村委会成员王辉率先发言，他的看法也和大部分村民的一样。"不好找，不代表没有，如果大家认可，我们就先从村里的大户找，如果实在找不到，也可以请上级帮忙联系。我相信，现在的大环境如此重视农业，一定会有企业肯作为、有作为。"宋书记信心满满地说。说干就干，村委干部开始多次登门拜访本村在外面发展的乡贤，听取他们的想法和建议，表示希望他们回乡发展，带动村民一起发家致富。

守得云开见日出，2017年3月，七星村茶亭组蒙古族村民邹志勇在区镇两级的引导和村"两委"帮助下，回村招了3个本地村民当服务员，开办了

"娘屋里柴火饭"农家乐。村委会又找到在长沙雨花区花卉良木特色产业园打工的村民谭立军，劝说他利用在多年工作中学到的种植经验回乡种植花木，一定会比单纯打工过得更好，也能为村里的发展出一份力。宋家组村民王岭枚也在雨花区的苗木种植基地打工，在村委会找上门的时候，就表达了自己十分看好这个行业，愿意回去与乡亲们一同发展。于是经过村委会对乡贤们的拜访，2019年6月5日，一场暖心而热烈的座谈会在七星村村部举行了。邹永胜、谭立军、王木炎、周卫东、罗佳平、刘国胜6名乡贤与区、镇、村干部会聚一堂，决定在七星村种植苗木，带领村民发展林业致富。

2016年，宋书记到岳塘花卉林业市场游览参观时，机缘巧合下结识了童军生。通过沟通了解到，童总之前在江西修水县做花卉种植20多年，因自家花棚被征拆，正在四处寻觅合适的"新家"。宋书记果断抛出橄榄枝，向童总介绍了七星村的基本情况，并邀请他来村里参观。看着七星村适合花卉生长的土地，想到周边长株潭三市旺盛的鲜花市场需求，童军生心里越发感觉这里会成为他的"第二故乡"。经过三年多的考察，2019年7月，童军生举家搬至湘潭，在七星村流转了20多亩地，前期投资200多万元，创办了高档花卉园艺产业项目湘采鲜花有限公司，种下了索邦、希诺红、黄天霸等多个深受市场欢迎的百合花优良品种。"湘采花园"的鲜花获得了市场的高度认可，供不应求，推动了七星村的产业发展。

七星村近年来成功引进多个项目，包括樱花观光乐园、农耕乐园、菌业种植基地及碧源春茶园，总投资超亿元。这些项目依托生态资源，采用多元化发展模式，如"茶旅融合"，为七星村带来了资金、技术、管理模式及先进理念，不仅促进了产业升级，还增强了村集体实力，成为招商引资助力乡村振兴的典范。

（三）旅游赋能，民宿餐饮创造经济效益

39岁的尹真是七星村发展最受益的老板之一。尹真家离村委会不远，17岁时便加入了外出打工大潮，从事厨师行业。但他每份工作干的时间都不长，又长期远离家乡，居无定所。于是，宋书记找到他问"你有这门炒菜的好手艺怎么不回来发展呢？"尹真觉得自己当时收入还不错，一直犹豫不决。宋书记便一次又一次上门，在一次次的劝说下，尹真心动了，也说出了自己的难处，做餐饮的话，家里的房子改造装修需要40万元。为了帮尹真解决困难，村委会统一决定由村委做担保为他贷款40万元。于是，尹真成立了碧海蓝天餐饮

店，并且边改造边营业。让大家都开心的是，尹真的房子还没改造完，就挣了十几万元，开业一年就已经还清了 40 万元的贷款。宋书记说道："尹老板总要感谢我，但我不要他谢我，只要他觉得自己的路走对了，我们的引导是正确的就好。"

随着七星村逐渐成为远近闻名的"网红村"，尹真的碧海蓝天农庄也越办越红火。村里打造的向日葵、樱花基地，每年都吸引了大批游客组团前来参观。于是尹真果断抓住契机，主动与旅行社对接，为农庄带来了大批客源，年营业额高达 200 多万元。在他的带动下，许多处于观望态度的村民也改变了自己的想法，想要抓住旅游这个"香饽饽"。大家参与发展旅游的积极性高涨，农家乐、农家菜庄、家庭民宿等如雨后春笋般涌现。"希望自己的经验，能帮助乡亲们一起赚钱，共同走上致富路。"在村里，尹真毫无保留地向村民们传授创业经验，帮助村民利用自家房屋改造成优质的农家乐。

（四）搭建平台，利益共享一起奔向富裕

"宋书记，我女儿在北京工作，我们要去帮她带孩子。村里的房子就空下来了，能帮我们变点钱不？"在 2020 年七星村年终总结大会结束后的闲聊中，村民谭志伟问道。宋书记几番思索，想到了一个特别的方法来解决这些"空心房"。通过合作社将村民的"空心房"流转租出去，由承租人进行装饰改造居住，还能够打造休闲度假的旅游合作项目。这个想法得到了政府的支持，于是政府投入将近 100 万元用于"盘活闲置农宅，盘活闲置宅基地"项目。项目刚下来，就有 37 户意向农户，现在已有 19 户签约外租。根据房屋本身面积大小、装饰程度，农户们每年可获租金 5 000~30 000 元不等。房屋外租这个想法不仅增加了村民们的收入来源，而且自己不住的时候也有人打理，更有意义的是，村民自家的房屋经过新房主的改造后，价值得到上升，更是为自己、为后代积累了一份财富。

近年来，凭借土地流转，七星村引进了许多农业产业项目。村里粗具规模的有樱花观光园、绿加源生态农业园、七星湘采花园、康庄菌业园、碧源春茶园，一共为 200 多位村民解决了就业问题。不仅如此，七星村还成立乡贤爱心帮扶协会，经常对困难户进行慰问和捐赠生活物资。七星村现有农家乐、民宿、KTV、商店、酒坊、蜂场等十数个商业户和产业户，村民人均年收入也从 2016 年的 1.5 万元增加到了 3.5 万元。

五、不忘初心　宜居宜游

（一）不忘环保初心，生态环境治理出成效

七星村在经济发展的同时，坚持生态保护，实施了"三治工程"以实现经济与环境的和谐发展。在治理污水方面，村内采用了"接触氧化生物膜法"处理生活污水，同时改造了三公里的河道，确保了污水处理和行洪功能。自2021年以来，七星村投资13万元建设排污渠，并清理了污垢，保障了污水处理站的运行。

在垃圾处理方面，七星村推行了垃圾分类减量试点，建立了"户集、村收、区运"的垃圾收集体系，实现了生活垃圾的日产日清，确保了村庄的清洁。村里还成立了卫生服务小分队，负责公共区域的垃圾处理和运输，同时聘请了工人专门负责7.6公里村道的保洁工作，保持了村庄的整洁卫生。

为了提升村容村貌，七星村投入4万余元进行"美丽庭院，星级农户"的评比表彰，激励村民参与环境美化。通过这些措施，七星村成功实施了"垃圾清运、污水清排、大气清新、庭院清洁、道路清扫"五清工程，文明建设得到加强，2019年荣获"湖南省文明村镇"称号，实现了经济发展与环境保护的双赢。

（二）继承惠民传统，乡风文明建设出美德

七星村的名字源自一段佳话，民国年间邹氏老夫人以七十大寿之资，建七星茶亭惠泽路人，彰显了勤俭节约与互助仁爱的美德。如今，茶亭在村委会的推动下，功能更加多元，成为七星村精神风貌的象征。

为响应文明节俭的号召，七星村成立了红白喜事理事会，细致规定了宴席规格与庆典形式，如限制菜品数量、拒绝商业演出等，有效引导村民形成科学文明的消费观，革除婚丧陋习，弘扬新风正气。

法治宣传教育是七星村另一项重要举措。通过成立普法工作领导小组，制定针对性工作方案，并结合志愿普法与法治宣传活动，累计投入资金超十万元，成功举办了多次普法活动，显著提升了村民的法律素养。同时，村里还建立了矛盾纠纷排查调处机制，将普法与矛盾调解紧密结合，有效维护了乡村和谐稳定。

此外，七星村还精心打造了乡村记忆馆与昭山晴岚书院，作为乡村旅游的

文化亮点。这些场所不仅展现了旧时农耕用具、生活用品及书画作品，承载着厚重的农耕民俗记忆，也为游客提供了一个体验乡愁、感受乡村文化的绝佳去处。记忆馆不仅丰富了村民的文化生活，还作为特色文旅项目，展现了七星村独特的乡土风情，促进了乡村经济与文化的融合发展。

六、尾声：乡愁村逸　醉美七星

七星村秉承绿色发展理念，坚持"绿水青山就是金山银山"的理念，正迈向"处处是景点、户户有产业、人人能增收"的美丽乡村，打造了湖南"绿色田园"示范性的样板。2022年11月，七星村入选第四批全国乡村旅游重点村。"看得见山，望得见水，记得住乡愁"，如今的七星村，村道就是景观道，宽敞的沥青路两旁花木林立，一步一景，湘中风格的民居星星点点洒落在青山绿水之间，俨然一幅精美绝伦的彩色山水画卷。

（案例作者：陈素平　冯文红　罗盈科　俞　波）

第五章

工业旅游消费需求报告[*]

第一节 工业旅游发展概述

一、概念界定

工业旅游的兴起，最早是在欧洲的法国，20 世纪 50 年代，雪铁龙汽车公司就组织客人参观生产流水线，引起许多厂家效仿，一些厂家开始收费，逐步演化为工业旅游项目。而我国的工业旅游起步于 20 世纪 90 年代后半期，开展工业旅游的主体主要是一些知名企业。例如长虹公司于 1997 年开始开展工业旅游；青岛啤酒厂于 1998 年正式向国内公众开放，推出了"玉液琼浆青岛啤酒欢迎您"工业旅游项目；海尔集团 1999 年初推出"海尔工业游"项目；首钢集团 2000 年正式开展"钢铁是这样炼成的"工业旅游项目等。[①]

早期，由于研究视角的差异，国内外学者对工业旅游的概念尚未形成统一的看法。比如，阎友兵和裴泽生在国内最早从旅游需求的角度定义工业旅游是"人们通过有组织地参观工业、科技、手工业、服务业等各类企业，了解到某些产品的生产制作过程，并能从厂家以低于市场价的价格购买产品"。[②] 而马克（Mark）和希拉（Sheila）从旅游供给的角度提出运用工业本身独特的机能，如制造过程、产品特色、发展文化历史等，作为旅游元素与吸引力的工业活动，即为"工业旅游"。[③]

---

[*] 本研究选取百度指数"用户关注度"衡量工业旅游消费需求，本章数据来源于百度指数官方平台。

① 彭新沙. 试论中国工业旅游的发展现状和推进对策 [J]. 湖南社会科学，2005（1）.

② 阎友兵，裴泽生. 工业旅游开发漫议 [J]. 社会科学家，1997（5）.

③ Mark A M, Sheila J M. Consumer Experience Tourism in the Non-profit and Public Sectors [J]. Journal of Nonprofit & Public Sector Marketing, 2001, 19（3）.

2017 年 9 月 29 日，中华人民共和国国家标准《旅游业基础术语》（GB/T 16766—2017）对工业旅游做出如下界定：以运营中的工厂、企业、工程等为主要吸引物的旅游。

二、政策背景

近年来，为有效推进工业文化与工业旅游的紧密结合与快速发展，我国政府相继出台了一系列政策措施。

《"十三五"旅游业发展规划》作为关键转折点，明确提出"旅游＋"战略，旨在通过跨界融合促进旅游业与包括新型工业化在内的各行业深度融合，这不仅拓宽了旅游业的边界，也为工业企业转型升级提供了新的思路。该规划鼓励工业企业挖掘自身特色，开发工业旅游项目，尤其是老工业城市和资源型城市，通过工业遗产旅游焕发新生，实现了经济效益与社会效益的双赢。同时，建立工业旅游示范基地，推动旅游用品、户外休闲用品及特色旅游商品制造业的发展，进一步丰富了旅游产业链。随着《关于促进全域旅游发展的指导意见》的发布，全域旅游理念深入人心，工业旅游作为其中的重要组成部分，得到了更多元化的开发模式支持。工业园区、工业展示区及工业历史遗迹等资源被充分利用，成为游客探索工业奥秘、体验工业文明的新去处。这一举措不仅促进了旅游装备制造业的发展，还提升了旅游产品的多样性和创新性。全国工业旅游联盟的成立，更是标志着工业旅游进入了有组织、有平台的发展新阶段。联盟汇聚了煤炭、电力、钢铁等多个关键工业领域的力量，通过资源共享、经验交流，为工业旅游的高质量发展注入了强劲动力。

进入"十四五"时期，旅游业的发展蓝图更加宏伟，政策支持更加精准有力。《"十四五"文化和旅游发展规划》及后续相关政策文件，如《关于推进旅游商品创意提升工作的通知》等，不仅重申了工业旅游的重要性，还细化了实施路径，提出要活化利用工业遗产，培育旅游用品及特色旅游商品市场，并强调通过创意提升增强旅游商品的吸引力。这些政策不仅着眼于当前的市场需求，更着眼于长远的可持续发展，为工业旅游的发展提供了坚实的政策保障。

随着政策的深入实施，全国范围内的工业旅游示范点如雨后春笋般涌现，成为展示工业文明、促进文化交流与经济发展的重要平台。这些示范点不仅展示了中国工业发展的辉煌历程和先进技术，还通过丰富多样的旅游活动，让游客亲身体验工业生产的魅力，感受工业文化的深厚底蕴。同时，工业旅游的发展也带动了周边地区的经济增长，促进了就业与创业，为当地居民带来了实实在在的利益。在"旅游+"和"+旅游"的理念下，工业旅游不再局限于单一的观光游览，而是更加注重与文化、教育、科技等多领域的跨界合作。这种融合发展不仅丰富了旅游产品的种类和形式，还提升了旅游业的整体品质和竞争力。

三、发展现状

我国工业旅游的发展历程可划分为三大阶段。一是初始萌芽期（1949～1978年），此阶段工业企业的参观活动主要面向官方与业界内部，尚未形成面向公众的工业旅游概念；二是改革开放后的探索起步期（1978～2000年），这一阶段，部分工业企业率先尝试开发工业旅游项目，标志着我国工业旅游正式兴起；三是21世纪以来的快速发展期（2000年至今），这一阶段，伴随高新技术产业的蓬勃兴起与工业发展模式向集约型转变，工业旅游作为新兴业态，在高新技术开发区的推动下实现了快速增长。

工业旅游不仅缩短了产品与消费者之间的距离，有效满足了游客的购物需求，而且对企业而言，它所带来的益处远不止经济上的收益。通过工业旅游，企业能够提升经营管理水平，塑造积极的企业与产品形象，推广其优秀的管理经验。工业旅游还有助于优化资源配置，增强企业的环保意识，成为企业文化建设的新兴途径，进而产生积极的社会效益。2001年文化和旅游部把推进工业旅游列入工作要点，2004年文化和旅游部对各省市上报的工业旅游示范点进行验收，最终有103家企业被授予首批"全国工业旅游示范点"称号，成为全国发展工业旅游的样板。2005年公布了第二批77家全国工业旅游示范点，2006年公布了第三批91家全国工业旅游示范点，2007年公布了第四批74家全国工业旅游示范点。[①] 根据《国家工业旅游示范基地规范与评价》（LB/T 067—2017）的规定，我国计划创建1 000个依托企业的国家工业旅游示范点，100个依托专业工业城镇和产业园区的工业旅游基地，以及10个依托传统老工业基地的工业旅游城市。截至2023年1月3日，已有354家被认定为全国工业旅游示范点，而省级工业旅游示范点的数量预计接近1 000家。

我国工业旅游的地域分布紧密契合工业发展的总体格局，呈现出以老工业基地和新兴工业城市为中心、向周边辐射的发展态势。华东地区以其雄厚的经济实力、完善的工业体系、先进的管理水平、便捷的交通网络及丰富的旅游资

---

① 王德刚，田芸. 工业旅游开发研究［M］. 济南：山东大学出版社，2008.

源，成为工业旅游发展的高地；华北与中南地区紧随其后，形成梯度发展格局。从企业类型与行业分布来看，工业园区与酿造业占据领先地位，水力发电、食品饮料等行业紧随其后，汽车制造、机械制造等领域亦展现出强劲的发展势头。这一现象不仅反映了我国工业旅游参与主体的广泛性与多样性，也凸显了食品工业在工业旅游领域的独特优势，以及工业园区作为工业旅游重要载体的作用。同时，各行业内均涌现出一批具有国际或国内影响力的领军企业，进一步推动了工业旅游的高质量发展。

第二节　工业旅游消费需求年际变化趋势

一、消费需求数值年际变化

工业旅游消费需求数值的年际变化如表 5-1 所示，整体呈现上涨回落又复苏的波动趋势，最小整体日均值（120 人次）出现在 2011 年，最大整体日均值（187 人次）出现于 2018 年，两数值相差超 1.5 倍，相应消费需求年总值为最小值 43 800 人次，最大值 68 255 人次。最小移动日均值（25 人次）出现在 2011 年，最大移动日均值（86 人次）出现在 2023 年，二者相差 3.4 倍，相应消费需求年总值为最小值 9 125 人次，最大值 31 390 人次。显然，13 年时间里，工业旅游所受关注有所增长，互联网大数据所展现的消费需求年总值累计突破 76 万人次，移动消费需求年总值累计超过 32 万人次。

表 5-1　　　　2011~2023 年工业旅游消费需求日均值与年总值　　　单位：人次

年份	整体日均值	整体年总值	移动日均值	移动年总值
2011	120	43 800	25	9 125
2012	140	51 100	45	16 425
2013	142	51 830	55	20 075
2014	138	50 370	55	20 075
2015	150	54 750	61	22 265
2016	164	59 860	66	24 090
2017	185	67 525	78	28 470

续表

年份	整体日均值	整体年总值	移动日均值	移动年总值
2018	187	68 255	83	30 295
2019	183	66 795	83	30 295
2020	183	66 795	85	31 025
2021	170	62 050	83	30 295
2022	167	60 955	82	29 930
2023	173	60 956	86	31 390
合计	2 102	765 041	887	323 755

由图 5 - 1 可以看出：2011 ~ 2015 年公众对工业旅游的关注及相应产生的需求变化幅度较小；2016 年开始，整体与移动消费需求年总值均呈现稳步增长，国家政策具有突出影响。2016 年末原国家旅游局公布的《全国工业旅游发展纲要（2016 ~ 2025 年）》，该纲要提出，在全国创建 1000 个以企业为依托的国家工业旅游示范点，100 个以专业工业城镇和产业园区为依托的工业旅游基地，10 个以传统老工业基地为依托的工业旅游城市，初步构建协调发展的产品格局，成为我国城乡旅游业升级转型重要战略支点。随着 2017 年

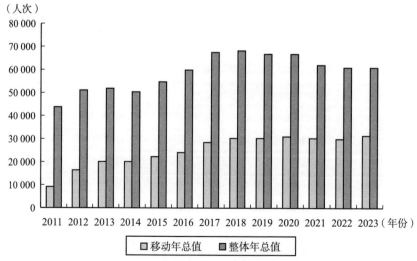

图 5 - 1　2011 ~ 2023 年工业旅游消费需求年总值

《"十三五"旅游业发展规划》的发布，工业旅游消费需求规模大幅上升，于2018年达到峰值。2019年，由工信部工业文化发展中心牵头成立全国工业旅游联盟，受政府推动，工业旅游发展态势良好，直至2020年，消费需求年总值变动幅度均较小。但受新冠疫情影响，居民消费力度减小、出行难度增加，从而影响工业旅游的消费需求，2021～2022年，消费需求年总值呈递减形势。2023年，促进工业旅游成为新的增长点，文化和旅游部根据《国家工业旅游示范基地规范与评价》行业标准，确定北京市798艺术区等69家单位为国家工业旅游示范基地，为我国工业旅游发展树立"样板"。

二、消费需求增长年际变化

工业旅游消费需求增长的年际变化如图5－2所示。2012～2023年整体与移动消费需求年总值均存在正、负双向增长，移动消费需求年总值变化率大都高于整体变化率，可见移动端发展速度十分突出。

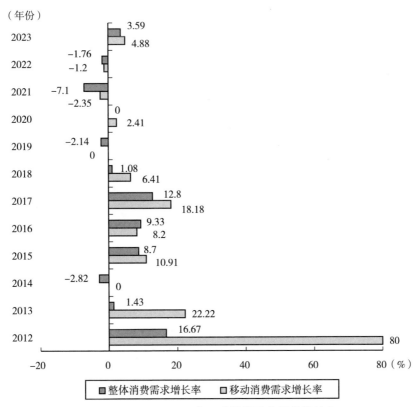

图5－2　2012～2023年工业旅游消费需求增长率

整体消费需求年总值增长显示：2012～2023 年的增长比例均小于 20%，前两年均有所增加；2014 年出现负增长，但需求增长率仅减少 2.82%；2015～2018 年消费需求年总值在国家政策的引导下持续正向增长，2018 年消费需求年总值超 6.8 万人次；2019 年在政府的持续助力下，消费需求年总值仍超 6.6 万人次，但与 2018 年峰值相比，呈现出负增长，需求增长率呈小幅下降；2020 年受新冠疫情影响，工业旅游消费需求年总值与上一年勉强持平；新冠疫情持续影响出行意愿，2021～2022 年再次出现负增长，需求量分别减少 7.1% 和 1.76%，这体现了公共卫生事件的不可抗性与随机事件的不确定性。2023 年是旅游行业强势复苏的一年，被压抑三年的出游需求得以释放，掀起国民出游新热潮，消费需求年总值增长 3.59%。

移动消费需求年总值增长显示：移动搜索引发的消费需求在第一年即呈现正向增长，增幅高到 80%，主要因基数较小而实现占比的高速增长，之后增幅未有如此显著的变化；2013～2016 年，随着智能手机逐渐普及，移动消费需求年总值呈正向增长；《第 40 次中国互联网络发展状况统计报告》显示，截至 2017 年 6 月，我国手机网民规模达 7.24 亿人，网民中使用手机上网的比例已达 96.3%，手机上网比例持续提升。[①] 受国家政策与移动互联网发展的影响，2017 年在前一年的基础上有 18.18% 的增幅；随后两年，这项优势在移动消费需求年总值上不再显著，未能有很大涨幅；2020～2022 年，新冠疫情给出行带来的限制同样导致移动端消费需求年总值的正负双向波动，5G 网络的广泛覆盖基本抵消了新冠疫情带给移动消费需求年总值的影响，移动消费需求年总值基本持平。2023 年用户出游需求全面释放，旅游消费强劲复苏，移动消费需求年总值增长 4.88%。

三、移动端需求占比年际变化

工业旅游移动搜索引致的消费需求占比年际变化如图 5-3 所示。

互联网搜索呈现的工业旅游消费需求主要源自移动端和 PC 端，移动端需求在整体消费需求中的占比能一定程度上显示公众信息来源与搜索偏好。由图 5-3 可知，2011～2022 年移动端需求占比总体呈现稳步增长趋势，其中 2011～2013 年因基数较小而实现占比的高速增长；2014 年逐渐平稳，随后六

---

① 第 40 次中国互联网络发展状况统计报告 ［R/OL］. 中国互联网网络信息中心，https：//www.cnnic. cn/n4/2022/0401/c88 – 1129. html.

年增幅变化较小，除2016年稍有回落外，增幅变化小于2%；2020～2022年，尽管受新冠疫情影响，居民出行需求减少，但5G时代的影响只增不减，移动端需求占比虽未实现大的突破，但仍稳步增长；2023年国民旅游需求释放，出游意愿迅速回升，移动端需求占比即将突破50%。这表明，随着搜索引擎日趋强大、5G网络快速普及，移动搜索已成为人们获取资讯的重要渠道，将凭借其便捷、快速的优势，渗透到公众工作生活的方方面面。

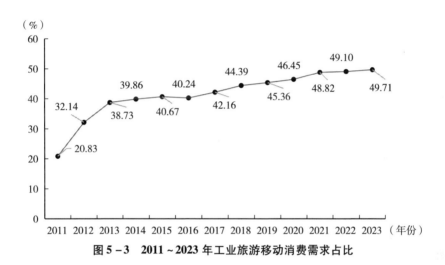

图5-3 2011～2023年工业旅游移动消费需求占比

第三节 2023年工业旅游消费需求分析

一、消费群体分析

（一）性别分布

2023年工业旅游消费群体性别分布如图5-4所示。男性占比46.85%，TGI指数为91.56，表明男性对工业旅游的关注程度低于平均水平；女性占比53.15%，TGI指数为108.84，可见女性对工业的关注程度高于平均水平。这一偏差可能是由于我国大部分家庭中，女性是家庭消费的主要管理者，在休闲旅游方面有更高参与度，更愿意花时间了解旅游资讯，从而做出消费决策。同时，随着女性消费边界持续拓宽，女性的生活消费与工作娱乐均衡发展，对于工业旅游有更好的接受程度与体验意愿。

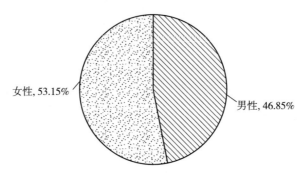

图 5 - 4　2023 年工业旅游消费群体性别分布

（二）年龄分布

2023 年工业旅游消费群体年龄分布如图 5 - 5 所示。19 岁及以下占比 7.10%，TGI 指数为 75.57，该年龄段人群对工业的关注程度趋近于平均水平。另外，20 ~ 29 岁占比 37.23%，TGI 指数为 161.01，表现出显著高于平均水平的关注程度，这个年龄段的人群处于对生活品质有更高追求的时期，且该年龄段人群经济基础较好，喜欢尝试新鲜事物，对工业旅游有较大的兴趣，接受程度与关注度自然高于其他人群。30 ~ 39 岁占比 37.80%，是比重最大的消费群体，TGI 指数为 114.57，该年龄段人群对工业的关注程度高于平均水平，该年龄段的人通常已经步入了职业生涯的稳定期，拥有了一定的经济基础和消费能力，成为市场上的主要消费力量，具有较大的市场潜力。40 ~ 49 岁占比 13.63%，TGI 指数为 66.38，该年龄段人群对工业旅游的关注程度低于平均水平。50 岁及以上占比 4.24%，TGI 指数为 30.85，该年龄段人群对工业旅游的关注程度远低于平均水平，一方面可能是因为该年龄段人群对工业旅游这一旅游业态了解较少，或者参与过工业制造，对工业旅游未能感到新奇；另一方面，可能是该年龄段人群较少利用互联网搜寻旅游资讯。

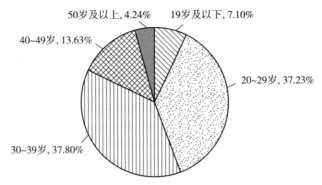

图 5 - 5　2023 年工业旅游消费群体年龄分布

二、消费需求分析

（一）时间分布

2023 年工业旅游消费需求量的月度分布如表 5 - 2 所示。消费需求日均值最低为 1 月的 129 人次，在 3 月达到当年最高消费需求日均值 195 人次，增长幅度为 51.16%，相应消费需求月总值由 3 999 增长至 6 045 人次，变化幅度为51.16%。

表 5 - 2　　　　　　　　2023 年工业旅游消费需求时间特征

月份	日均值（人次）	月总值（人次）	月总值占比（%）
1	129	3 999	6.33
2	186	5 208	8.25
3	195	6 045	9.57
4	190	5 700	9.03
5	183	5 673	8.98
6	175	5 250	8.31
7	166	5 146	8.15
8	162	5 022	7.95
9	167	5 010	7.93
10	173	5 363	8.49
11	174	5 220	8.27
12	178	5 518	8.74

各月消费需求日均值跨度显示：1月消费需求日均值低于130人次，7月、8月、9月消费需求日均值位于160～170人次区间，6月、10月、11月、12月消费需求日均值位于170～180人次区间，2月、4月、5月消费需求日均值位于180～190人次区间，3月消费需求日均值超过190人次。

各月消费需求总值跨度显示：1月消费需求月总值低于4 000人次，7月、8月、9月消费需求月总值位于5 000～5 200人次区间，2月、6月、10月、11月消费需求月总值位于5 200～5 400人次区间，3月、4月、5月、12月消费需求月总值高于5 500人次。

2022年1～12月工业旅游消费需求月总值合计63 154人次，由此可计算每月总值占比。结合图5－6，不难发现，12个月的消费需求月总值占比呈现上下波动，但没有占比高于10%的月份，最低占比超过6%，说明整体相差幅度在4%以内，月度差异不大。

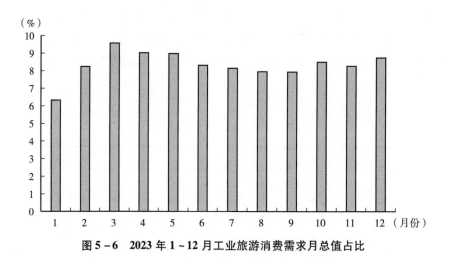

图5－6　2023年1～12月工业旅游消费需求月总值占比

从季节分布来看（见图5－7），春季（3～5月）消费需求季总值合计17 418人次，在本年度占比27.58%，夏季（6～8月）消费需求季总值为15 418人次，占比为24.41%，秋季（9～11月）消费需求季总值为15 593人次，占比为24.69%，冬季（1～2月，12月）消费需求季总值合计14 725人次，在本年度占比为23.32%。显然，工业旅游消费需求季节占比由高到低分别为春季、秋季、夏季、冬季，消费需求规模的最大季节差达到2 693人次，春季消费需求值高于1.7万人次，同时占比最高，夏、秋两季消费需求值都高于 1.5 万人次，占比均趋近于 1/4，合计 49.10%，春夏秋冬四季占比差值较小，冬季表现最为平淡。

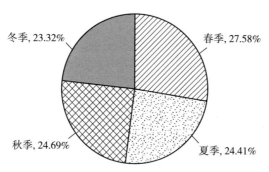

图 5－7　2023 年工业旅游消费需求季节占比

2023 年工业旅游消费需求的月度变化如图 5－8 所示。年内月度呈现"单峰"型特征分布：从整年的变化来看，消费需求在月度间呈现出波动上升与下降的趋势，其中 3 月成为全年的最高峰，消费需求月总值达到 6 045 人次，这一数据不仅远超其他月份，也凸显了消费者对于工业旅游的热情和关注度。首先，从季节性因素来看，3 月正值春季，气候逐渐回暖，适宜户外活动，这增加了游客参与工业旅游的意愿。其次，2023 年 3 月正处于旅游市场大复苏的

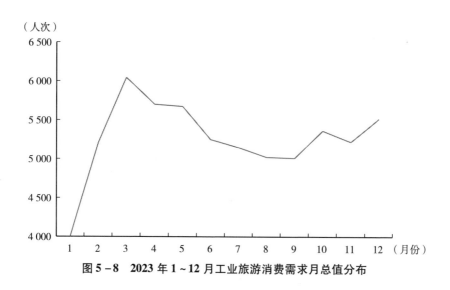

图 5－8　2023 年 1~12 月工业旅游消费需求月总值分布

关键时间节点，工业旅游消费需求激增，全年呈现出高开稳增的态势。2023年1月为消费需求低谷，消费需求月总值为 3 999 人次，一方面正值新春佳节，家庭团聚；另一方面，对冬季旅游安全的担忧等，可能抑制部分消费者的出游意愿。随着春暖花开，工业旅游在 3 月达到峰值，4 月回落至 5 700 人次，5 ~ 9 月消费需求月均值趋于平稳，稳定在 5 200 人次左右，从 10 月开始，消费需求月总值再次攀升，在 12 月达到 5 518 人次。

（二）空间分布

2023 年 34 个省份的工业旅游消费需求空间分布如表 5 - 3 所示。其中，消费需求年总值最高的是广东省，超过 3 万人次，各省份消费需求年总值空间分布十分不均衡。

表 5 - 3 　　　　　　　　**2023 年工业旅游消费需求空间分布** 　　　　　　单位：人次

省份	日均值	年总值	省份	日均值	年总值
安徽	22	8 030	江西	23	8 395
澳门	0	0	辽宁	22	8 030
北京	54	19 710	内蒙古	14	5 110
重庆	20	7 300	宁夏	4	1 460
福建	31	11 315	青海	3	1 095
广东	84	30 660	上海	55	20 075
广西	18	6 570	四川	45	16 425
甘肃	4	1 460	山东	71	25 915
贵州	6	2 190	山西	13	4 745
河北	33	12 045	陕西	32	11 680
黑龙江	9	3 285	天津	13	4 745
河南	36	13 140	台湾	0	0
湖南	36	13 140	西藏	0	0
湖北	29	10 585	香港	0	0
海南	5	1 825	新疆	11	4 015
吉林	11	4 015	云南	15	5 475
江苏	63	22 995	浙江	56	20 440

各省份消费需求年总值跨度显示：广东、江苏、上海、山东、浙江的消费需求年总值高于 2 万人次，合计值占全国消费需求总量的 39.25%；四川、北京 2 个省份年总值位于 1.5 万~2 万人次区间，占全国需求年总值总量的 11.81%；福建、河南、湖南、湖北、河北、陕西 6 个省份年总值位于 1 万~1.5 万人次区间，占全国需求年总量的 23.52%；江西、安徽、辽宁年总值位于 0.75 万~1 万人次区间，广西、重庆、内蒙古、云南年总值位于 5 000~7 500 人次区间，占全国需求总量的 15.99%；余下 14 个省份仅占全国需求年总量的 12.70%，贵州、黑龙江、吉林、山西、天津、新疆 6 个省份年总值位于 2 000~5 000 人次区间，甘肃、海南、宁夏、青海消费需求年总值位于 1 000~2 000 人次区间。

整体来看，2023 年工业旅游消费需求主要分布在中东部经济发展水平较高、人口较多的省区，南方高于北方，东部高于西部。结合我国七大地理分区，第一梯队集中分布于华东地区（4 个省份），另 1 个省份则位于华南地区；第二梯队分别分布在华北、西南地区；第三梯队的构成仍较为分散，华中、华南、华北、西北地区均有分布；第四梯队以华东、西南地区省份为主，其次是华北、东北地区；第五梯队包含港澳台三地，剩余 11 个省份在华北、东北、华南、西南、西北地区均有分布。

第四节　工业旅游消费需求特征及影响因素

一、消费需求特征分析

（一）消费群体特征

消费群体在年龄上以"中青年"群体为主。20~30 岁的群体，闲暇时间和经济条件均较为宽裕，且对工业旅游这类专项旅游有着更多的好奇心，其关注程度与消费需求均高于平均水平；30~40 岁的群体，拥有了一定的经济基础和消费能力，成为市场上的主要消费力量，具有较大的市场潜力。

消费群体在性别上呈现出分异特征。工业旅游的性别差异化从两方面出发，一方面以家庭为单位，受当前经济条件与社会习俗的影响，我国大部分家庭中，女性主要进行家庭消费的管理，这也意味着，女性对于家庭进行工业旅游有更高的参与度与决策力；另一方面以个体为单位，随着女性消费边界持续拓宽，女性的生活消费与工作娱乐均衡发展，女性对工业旅游这类学习型的旅游方式，有着更好的接受程度与体验意愿。

消费群体需求呈现出多样化的特征。工业旅游市场辽阔，受可自由支配收入、工作性质和兴趣爱好等影响，工业旅游消费群体的消费需求呈多样化趋势。根据旅游方式和旅游地的不同选择，工业旅游消费群体可以分为学习参与型、商务调查型和观光游览型。比如，以中小学生为主的工业旅游者，大都以学校或家庭为单位，更注重工业旅游基地能否进行专项科普教育，在旅游产品消费方面并不突出；由企业或者政府单位为主的团队，更注重通过工业旅游基地了解技艺流程，消费能力较强；以工艺发烧友为主的工业旅游者更多选择自驾游，工业旅游基地丰富的知识性和工业旅游产品的差异性吸引着这些旅游者，旅游者对 DIY 纪念品有较高需求。①

（二）时间分布特征

工业旅游消费需求存在较强的时间指向性，其月度高峰出现在 3 月，正值春季，虽然工业旅游受自身发展轨迹影响，其自然属性相对较弱，较少受气候、季节变化的影响，季节性特征不明显，但是对工业旅游主要旅游群体之一的青年而言，3 月天气、温度更为适宜，出游欲望更加强烈，他们可能更倾向于选择工业旅游这种既能增长见识又能体验不同文化的旅游方式。

工业旅游年度需求易受环境变化的影响，这种环境变化既包括政治社会环境，也包括自然经济环境。政治社会环境方面，短期的如受新冠疫情影响，旅游行业的走势与其走势紧密相连；就长期而言，工业旅游受政策影响颇深，"十四五"规划的要求、国家工业旅游示范基地名单公布等对工业旅游的需求都有较大冲击，能有效提供政策拉力。自然经济环境方面，《关于深化"互联网＋旅游"推动旅游业高质量发展的意见》表明互联网为代表的现代信息技术持续更新迭代，为旅游业高质量发展提供了强大动力。旅游者在工业旅游品牌方科普宣传、网红直播推广等因素的推动下，对工业旅游产生求知、求新和求奇的心理。

---

① 中国工业旅游发展报告（一）［EB/OL］. 世研指数，https：//www.crcindex.com/report/culture-tourism/146.html.

（三）空间分布特征

工业旅游消费需求存在区域分布不均衡的特征。受经济和工业发展程度影响，工业旅游消费需求呈条带状分布，如沿海地区占据着消费需求的第一梯队，而第五梯队较多分布在西北—东北线。总体而言，工业旅游在空间上具有较强的冷热性，其消费需求主要分布在中东部经济发展水平较高、人口较多的省区，基本呈现出由东往西，由南往北，逐级递减的态势。

工业旅游消费需求存在集聚性。受消费群体需求多样化和地形分布的影响，工业旅游消费需求的集聚性较强。一方面，为方便团队出行与管理，学习参与型、商务调查型游客的旅游地更偏向近程化、本地化，省份之间联动性较差，呈现出受众集聚的特征；另一方面，观光游览型游客对于旅游地的选择更自由，对工业旅游地的特色化展示有更高要求，一些省份拥有较好的经济发展水平和工业发展程度，以其高品质、特色化的旅游产品吸引观光游览型旅游者，从而集中呈现出较高的消费需求。

二、消费需求影响因素

旅游业的发展取决于居民消费需求，存在多种影响因素，而工业旅游的消费需求主要受消费群体、时间分布、空间分布的影响。

（一）消费群体影响因素

1. 人口特征

旅游者的性别结构、年龄结构、文化程度等都对工业旅游的消费需求有一定影响。工业旅游消费需求的群体特征表明：女性消费需求高于男性、20~40岁年龄段的工业旅游者占比超50%。首先，女性在现代社会中的消费地位逐渐提升，她们对旅游活动的兴趣和参与度也在不断增加。其次，作为工业旅游消费的主力军，"中青年"群体既具备青年的活力与探索精神，又拥有相对成熟稳定的消费观念和一定的经济基础，是推动工业旅游市场发展的重要力量。最后，工业旅游往往能够结合历史文化、科技创新和现代工业等元素，为游客提供丰富的体验和感受，这也符合该年龄段人群对于多元化、个性化的旅游需求。

2. 居民闲暇时间

居民的闲暇时间决定其旅行可花费时间，对其工业旅游的消费需求具有促进作用。工业旅游消费需求的时间特征表明：消费需求高峰为 3 月，这可能是由于春季气候宜人，适合户外活动，同时人们也希望通过旅游来放松心情、缓解工作压力。此外，工业旅游的消费群体中，当地居民往往占有较大比重，他们的旅游周期通常与寒暑旺季、黄金周等较长假期错开，更多地选择在周末等短期闲暇时间进行工业旅游活动。

3. 人均可支配收入

随着中国经济的高速发展，居民人均可支配收入呈增长趋势，年轻旅游者的可支配收入也呈上涨趋势、其"小众爱好"——工业旅游的消费需求也有所增长，这种需求在居民精神追求不断丰富的未来还将得到更大程度的发展。

（二）时间分布年度影响因素

1. 政策引导与支持

工业旅游市场需求的扩张与国家政策层面的积极引导和支持力度紧密相连，呈现显著的正向关联性。从工业旅游示范体系的逐步建立到"十四五"旅游业发展规划的深入实施，国家层面对于工业旅游发展的正面态度不言而喻，持续的政策红利有效激发了工业旅游消费需求的稳健增长。展望未来，旅游业向高质量发展阶段的迈进，将进一步为工业旅游市场注入活力，驱动其消费需求稳步上升。

2. 互联网技术演进

进入 5G 时代以来，我国信息网络建设的广度和深度实现了质的飞跃，这一技术革新直接促进了工业旅游领域移动搜索行为的显著增长，成为影响工业旅游消费需求的关键因素之一。新媒体平台依托 5G 网络的强大支撑，通过多元化的手段，如舆论环境的积极塑造、信息传播渠道的全面拓宽以及品牌形象的快速构建与推广，深度参与到工业旅游市场的拓展之中。其强大的受众聚合力和互动性，不仅激发了公众对工业旅游的新奇感，更直接促进了消费需求的提升。

3. 突发公共事件冲击

突发事件因其不可预测性和高度不确定性，往往对居民出游意愿构成直接冲击，二者之间呈现出显著的负相关关系。特别是在全球新冠疫情的背景下，工业旅游市场的消费需求深受防控政策调整的影响，呈现出波动不定的态势。面对此类公共卫生事件的不确定性，企业难以完全规避其负面影响，从而意识到工业旅游市场的脆弱性特征。这一认识促使行业内外更加重视风险管理与市场韧性建设，以应对未来可能发生的挑战。

（三）空间分布影响因素

1. 资源禀赋

工业分布本身受当地资源禀赋的影响，往往由地形、自然资源、政策等多方面因素共同造就，存在地域性差异，如沿海开放地区拥有更多高新技术产业，中西部地区以资源型工业、重工业为主。[1] 工业旅游资源的分布，基于工业基础，受到各地资源条件的影响，形成了具有不同行业特色的旅游基地。这些基地以其独特的科技或工艺，对工业旅游的消费需求产生影响。例如，对希望参观高新技术园区的旅游者来说，他们更倾向于选择沿海地区作为目的地。

2. 经济发展水平

经济发达地区的工业旅游产品以其特色化和高品质吸引了众多观光游览型游客。这些地区不仅交通便利、服务设施完善，而且可进入性较强。同时，由于当地居民人均可支配收入较高，他们对旅游的需求也相对较高。然而，新冠疫情的影响使居民更倾向于选择近程旅游和本地休闲活动，[2] 因此易对当地高质量的工业旅游产生消费需求。最终工业旅游呈现出沿海等经济发达地区消费需求较高，而西北等欠发达地区消费需求较弱的分布状况。

3. 教育发展与学生规模

工业旅游项目作为一种集科普教育、游玩于一体的旅游方式。对比其他休闲旅游活动，工业旅游具有知识性、参与性强的特点，对学生群体具有较强吸引力，加之各大学校每年都在迎新送往，工业旅游的学生市场需求往往旺盛且稳定。[3] 在教育水平较高、学生人数众多的地区，工业旅游的消费需求往往更

---

[1] 姚宏. 发展中国工业旅游的思考 [J]. 资源开发与市场，1999 (2).

[2] 中国国内旅游发展年度报告（2022 – 2023）. 中国旅游研究院 [R/OL]. http://www. cta-web. org. cn/cta/gzdt/202212/2dd38dd0d423424ca368e4be1ef0b992. shtml.

[3] 中国工业旅游发展报告（一）[EB/OL]. 世研指数，https://www.crcindex.com/report/culture-tourism/146. html.

为旺盛。考虑到地理便利和安全性，学校更倾向于选择本市或邻近城市的工业旅游目的地，而非那些地理位置较远、交通不便的地区。

第五节　工业旅游消费需求提升建议

一、政策支持

（一）加大政策支持力度

推动工业旅游的繁荣发展，首要任务是深化政府层面的政策扶持力度。具体而言，首要举措是优化并扩充财政激励措施，为成功申报"国家/省级工业旅游示范基地"的企业提供专项补贴与税收减免，以此激励企业加大投入，发挥示范效应，进而构建一个积极正向的工业旅游发展生态。其次，构建工业旅游资源共享与协作平台，通过跨部门、跨企业的合作机制，实现工业旅游资源的优化配置与高效整合，促进区域工业旅游发展的协同效应。最后，完善工业旅游开发评估与监管体系，制定详尽的开发标准与评价体系，确保工业旅游项目在规划、建设及运营过程中遵循科学、合理、可持续的原则，避免无序竞争与资源浪费。

（二）推动政策落地落实

在工业旅游的开发与推广过程中，政策的有效落地是关键。一方面，在资源初筛与规划阶段，应构建一套涵盖资源独特性、文化价值、开发潜力等多维度的评价体系，实施省、市、县三级联动，对工业旅游资源进行精细化分类与差异化保护开发策略。另一方面，进入成长期后，政府需强化营销引领，制定系统性、前瞻性的工业旅游发展规划，特别是要重视营销战略的设计与实施。这包括深入挖掘地方工业文化内涵，通过创意性转化与创新性发展，打造具有鲜明地域特色的工业旅游品牌；同时，充分利用现代传媒手段，如大数据分析、社交媒体平台（如抖音、小红书等）及传统旅游推广渠道（如旅游官网、OTA 平台等），实施精准化、多元化的营销策略，以扩大工业旅游的市场影响力与吸引力，确保政策红利真正惠及广大游客与旅游企业。

二、产业升级

（一）发挥工业旅游资源的特色优势

在工业旅游的发展路径中，关键在于精准定位与特色化打造，而非盲目扩张。应秉持精益求精的原则，精选那些在行业内具有显著知名度或独特魅力的工业资源作为发展重点，树立行业标杆。通过深度挖掘并充分利用工业遗产、老旧厂房改造、工业博物馆、现代化工厂及研学科普基地等特色资源，精心策划与构建多元化、高品质的工业旅游项目体系，着力打造一批具有示范效应的工业旅游集群与精品旅游线路，以差异化竞争策略引领工业旅游向更高层次发展。

（二）促进工业多产业融合发展

首先，强化工业文化的挖掘与传播，实现工业文化与工业旅游的深度融合。通过独特的"工业叙事"展现工业之美，融合文化精髓，提升旅游体验的深度与广度，增强游客对企业文化的认同感与归属感。其次，推动工业旅游与工业博物馆、思政教育等领域的跨界合作，共享资源，创新开发教育产品、文创衍生品、科普互动体验及研学实践项目，丰富工业旅游的文化内涵与体验形式，促进工业展览馆游、生态康养游、亲子研学游、团队拓展游等新兴业态的蓬勃发展，进而拓展文旅产业链的价值边界。此外，紧跟科技潮流，充分利用 5G、互联网＋、AR、AI 等先进技术，为工业旅游注入科技动力与创新活力，推动企业数字化转型与升级，提升工业旅游的智能化、个性化服务水平。

（三）完善景区配套设施建设

为确保工业旅游的高品质体验，需高度重视景区配套设施的完善与升级。一方面，构建全方位的综合旅游服务体系，涵盖餐饮、住宿、娱乐、购物等多元化服务，或依托周边自然与人文景观，打造区域综合旅游品牌，提升整体吸引力。另一方面，注重游客体验的细节设计，如设置专属游览通道、完善导览标识系统、提供便捷的交通接驳服务，确保游客游览过程的顺畅与便捷。同时，加强景区信息化建设，升级网络基础设施，推广智慧旅游服务，如增设无线访问点、开发智能导览 App 等，以科技手段提升旅游服务的智能化与个性化水平，为游客创造更加舒适、便捷的旅游环境。

三、产品营销

（一）加强工业旅游产品开发

在核心层面，工业旅游应聚焦于文化深度挖掘与游客互动性的增强，力求实现趣味性与教育性的完美融合，以提升游客的体验深度、沉浸感及参与热情。这要求根据不同工业旅游资源的独特属性，精心打造多样化的体验场景，如景区沉浸场景、消费互动场景及观光探索场景，使游客能够身临其境，增强情感联结与忠诚度。同时，融合线上线下平台，运用互联网、VR、AR 等前沿技术，创新推出"云端游览""虚拟展览""在线购物"等新型工业旅游产品，并基于大数据分析，定制个性化旅游线路与"工业旅游＋"综合产品，以满足多元化市场需求。

在形式层面，强化文化活动的策划与执行，通过工业旅游体验中心的升级、特色消费品的研发与展示，以及定期举办的美食节、赛事、节庆、会展等活动，激活工业旅游资源的生命力，拓宽其吸引力与影响力范围，吸引更广泛的游客群体。

在延伸层面，注重工业旅游区的人性化设计与服务优化，包括完善基础设施布局，增设休息区、观赏区、娱乐休闲区及购物区域，提升游客的整体舒适度与满意度。同时，利用智能技术提升服务品质，如智能导览、语音讲解系统等，为游客提供定制化、个性化的旅游方案，彰显企业的人文关怀与服务精神。

（二）工业旅游产品优化升级

在产品形式创新方面，紧跟互联网时代个性化消费趋势，将创意元素深度融入工业旅游产品设计中，借助互联网数据分析，精准把握不同消费群体的偏好，开发出既符合工业特色又满足市场需求的创新产品，构建具有差异化竞争优势的工业旅游产品体系。

在产品内容深化上，着重丰富产品的文化内涵，将企业文化精髓融入产品设计之中，通过故事讲述、情感共鸣等方式，使工业旅游产品成为传递企业文化、展现工业魅力的载体，树立鲜明的工业旅游文化品牌形象。

在产品功能拓展上，推动工业旅游产业链的延伸与升级，从单一的参观游览向购物体验、科普教育、企业文化探索、工业遗产保护等多功能方向发展，引导游客从浅层观光向深度体验转变，从传统接待模式向研学旅行、亲子互动、专题定制等多元化服务模式转变。

（三）强化工业旅游宣传推介

首先，强化新媒体营销团队建设，鼓励工业企业与旅游服务机构等合作，引入先进营销理念与实战经验，提升工业旅游的整体运营水平。其次，构建鲜明的工业旅游品牌形象，通过精心设计的宣传口号、品牌标识及卡通形象等，增强品牌的辨识度与吸引力，激发游客的兴趣与联想。最后，整合多元化营销渠道，加强与主流媒体、商业网站、搜索引擎及旅游行业平台的合作，运用社交媒体、影视植入等新媒体手段，策划丰富多彩的网络营销活动，形成线上线下联动的宣传攻势，共同推动工业旅游品牌的快速发展与广泛传播。

案例　　　时光酿造，旅启新篇
——工业旅游引领龙牌酱油品牌与消费新纪元*

一、引言

2023 年 10 月 14 日，中国酱油之乡·湘潭第四届龙牌"打酱油节"旅游美食推广活动在湘潭万楼·芒果青年码头热闹开场，一口鲜香扑鼻的巨型酱油大缸引得不少市民游客驻足，师傅们熟练地将酱油舀倒入瓶中，仿佛儿时记忆也装进了大家的心里。随着活动的正式启动，美味又精致的潭州上席湘潭招牌菜依次被端进会场，什锦全家福、马家河羊肉、湘乡叫堂鸡、龙牌酱油炒饭等 68 道酱油调味烹制的湘潭招牌美食，向市民游客们展示不同美食与酱油碰撞出的独特风味。①

为期三天的"第四届龙牌打酱油节"活动圆满落幕后，龙牌食品股份有限公司的党委书记张越在走出会场的路上，听到市民游客肯定的话语，张越的心中不禁涌上喜悦，回想起龙牌酱油传承之路的波折，她觉得，打造百年龙牌的品牌文化之路，这一步应该是走对了。夜色渐浓，张越的思绪被拉回从前，往事渐渐浮现……

---

* 该案例系作者实地调研后撰写，数据来自案例企业提供的一手资料，并已获得企业授权。
① 刘璇．"湘当有味"到"中国酱油之乡"打酱油呷美食［DB/OL］．红网，https：//hn．rednet．cn/content/646754/59/13158880．html.

二、百年品牌　被困湘潭

龙牌食品股份有限公司（以下简称龙牌）成立于 2011 年，发祥于清乾隆初年（1740 年）吴元泰、吴恒泰等建立的专业酱园，主打产品——龙牌酱油有着 283 年传统酿造历史，经历了家庭作坊、公私合营、国营企业、民营企业多种形式，以其鲜明的特色和风味名扬日本、港澳、南洋及至欧美等地，成为湘潭久盛不衰的名产。[①]

酱油，源自中国，作为一种传统调味品贯穿居民生活的一日三餐。近年来随着制造工艺及消费者需求的变化，酱油品类与品牌也在不断上演新变化。当谈论起国内的酱油品牌时，大家首先想到的可能是海天味业、加加、李锦记这些行业领头羊，它们之所以深入人心，很大程度上是因为在品牌建设方面付出的巨大努力。作为中国调味品行业的龙头企业，海天味业以创新的思维重塑品牌形象，酱油瓶身标签的加大、一次性免洗专用瓶的引入和在销售终端的积极宣传，为海天的市场竞争打下了坚实的基础。李锦记在品牌建设方面也做出了很多尝试，通过借力中国航天事业，提高国民度，植入体育赛事和文娱活动，让其品牌关注度一路攀升，再借由网络红人的社交媒体分享，真正做到了全方位、多维度触达消费者。

与这些居于榜首的品牌不同，曾和贵州茅台一起登上世界舞台，荣获首届"巴拿马万国博览会奖"的龙牌酱油却风光不再，百年老字号被困湘潭。随着国内酱油行业呈现出一超多强的格局，作为一家拥有悠久历史的传统区域老牌企业，龙牌面临着品牌价值缩水，知名度下降和外部竞争激烈等一系列问题。为解决这一困境，龙牌董事长汪峥嵘进行了多轮调研，从其他同行的成功经验中获得启示。于是，龙牌也开始了自我革新之路，踏上了品牌创新的征程，希望重振百年品牌的辉煌。

三、头脑风暴　绽放灵感

经过深思熟虑，汪峥嵘决定召集团队开展头脑风暴，探讨关于龙牌品牌创新的问题。会上汪峥嵘首先发言："今天把大家召集起来，主要是商讨关于我们企业品牌建设的问题。随着群众需求的多元化，海天等头部企业的市场份额持续扩大，如何焕新企业品牌、提升品牌知名度，成为我们当下亟待解决的问

---

① 龙牌味业［DB/OL］. 龙牌味业官方网站，http：//http：//longpai-food.com.

题。参考行业内的成功经验，我们能否整理和提炼自身企业文化，将其融入品牌建设中？大家可以说说自己的看法。"会议室里顿时议论纷纷，有人谈道："品牌文化不过是卖情怀，不值得投入大量的时间和资源，还是要靠产品实力说话。"也有人认为："品牌文化不单单是卖故事，其中蕴含着丰富的附加值，于企业内部而言，有利于贯彻公司理念；于外部而言，既有利于提升品牌形象，还能增强企业的竞争力。"大家讨论得十分激烈，最终大部分人同意开发新模式，但新的问题接踵而至，如何将这个想法付诸实践，开展具体工作？

经过一番思维碰撞，集体智慧的火花开始闪现，最终打算从产品及包装、宣传和营销这两方面入手，汪峥嵘则提出了打造"工业旅游"项目——工业博物馆。发展工业旅游这个想法在汪峥嵘的心中由来已久，她了解到，在国外，酱油行业早已涉足工业旅游，日本的龟甲万酱油博物馆在这方面就做得非常成熟。而国内，也有不少企业取得显著成效。例如，海天味业打造的大型酱油观光工厂——"米娅阳光城堡"，厨邦酱油打造的文化博览馆，都取得了很好的效果。打造龙牌的工业旅游项目既可以让受众深入了解和体验龙牌传承百年的品牌文化，还可以增加客群黏性，为老字号品牌注入活力，促进其年轻化和可持续化发展。对于发展工业旅游的想法，有人提出反对意见，建设工业博物馆，造价高，费时长，不利于资金流转。汪峥嵘表示，将产品制造与旅游结合，一方面可以创造让消费者体验产品的机会，有助于消费者对企业文化产生认同；另一方面，龙牌需要借此展示自身文化传承。龙牌如今式微，少有人知，如果再不行动，可能连年轻一代的湘潭人都不再知道龙牌。最终，大家同意从这三方面入手。这次会议初步确立了工作方向，一是更新商标、产品包装和产品定位与研发，二是加大宣传营销力度，三是打造工业博物馆与设计体验活动。

不久之后，龙牌召开会议落实了这项工作计划。首先，梳理出企业的文化传承脉络，确立品牌文化内涵的精神特点；其次，更新龙牌的商标和包装，进行品牌定位，研发符合更多消费群体的新产品；再次，将传统营销与数字营销相结合，加大宣传营销的力度；最后，开发工业旅游。设计工业文化展示场景，策划一系列体验活动。就此，龙牌的腾飞之旅开始启航。

四、文化引领　品牌重塑

(一)百年"酱心"，百年匠人

如何复兴龙牌酱油百年老字号？是摆在眼前的主要困难之一。张越提出：

"复兴龙牌酱油，让老字号焕发新活力，百年文化溯源是第一要务。"在张越的带领下，大家开始梳理龙牌酱油的发展史。从龙牌的发源到辉煌，无不让在场的每一个人由衷自豪，而后期的没落，则让大家多了一丝愁绪。过后，张越表示："仅仅梳理文化脉络，提炼文化内核，还不够。更重要的是，如何将文化内核注入当下龙牌的发展之中？"大家陷入沉思，突然，有人提出，一脉相传的制酱技艺是否可以联动文化内核与企业发展？提到制酱技艺，不得不提及"一个人一件事一辈子"的王培其先生，王老先生是龙牌非物质文化遗产第五代传承人，是一位土生土长的湘潭人，王老先生于少年时期接触酱油酿造，如今年入古稀，专业制酱58年有余，依旧奋斗在研究制酱工艺的第一线，担任龙牌酱油的技术顾问的同时，孜孜不倦地培养着下一代龙牌传承人。[①] 在王老先生的带领下，龙牌致力于将传统工艺和现代技术的结合，一方面，传承传统菌种制曲秘方：春投料、夏晒酱、秋晒油和冬成酱，22道工序贯穿四季，只为一瓶酱油。另一方面，融合现代科学技术研发三级菌种培养，造就独特酱味的"龙牌"。

（二）精"标"+细"产"，联动互"盈"

完成龙牌酱油的追根溯源，龙牌找到了品牌文化的主心骨，接下来就要将品牌文化注入实物之中。品牌标志、包装、产品等，是品牌文化精髓的最直接体现。虽然早在1979年，龙牌酱油就已经将其具有中华文化内涵的商标进行注册，但未能面面俱到，以至于在20世纪90年代面临内忧外患时，被他人抢注部分商标。经此一劫，龙牌酱油开始注重对知识产权和商标的保护，积极注册50多种相关商标。随着时代审美的变化，龙牌常用的商标设计风格似乎不够年轻化。面对这个问题，龙牌很快便联系了东道品牌设计公司，设计出更具时尚气息的龙牌新标，以金色为主，绿色为辅，将龙的尊贵与威严展现得淋漓尽致，以期抓住年轻消费者的眼球，新上线的产品也相应设计了不同风格的包装。

商标与包装就像是无声的广告，广告固然是强有力的营销手段，但产品才是企业核心的文化符号和承载体。因此，无论品牌标志、包装多么精美，龙牌最终还是要以产品的质量、满足顾客需求的程度来赢得顾客的忠诚。对于"酱油"这个核心产品，龙牌进行了市场细分，针对不同顾客群体推出不同级别的

---

① 赵雀屏. 龙牌制酱传承人王培其"2022年好工人，向未来"湘潭经开区工匠故事报道之一 [DB/OL]. 九华新闻网，https://jiuhua.rednet.cn/content/2022/05/24/11305145.html.

酱油。首先，在龙牌酱油传承280年之际，龙牌酱油特别推出了龙牌经典280酱油，以此满足高端顾客自用或者伴手礼的需求，这个系列是龙牌传统酿造工艺的顶峰之作；其次，为了满足追求健康生活的顾客群体，龙牌推出了龙牌原生态酱油；最后，对想要体验古早风味的顾客群体，龙牌还推出了经典味酱油，还原1915年巴拿马万国博览会获奖酱油风味，这些不同类型的酱油，也将用其独特的风味，带给顾客味蕾与嗅觉的双重享受。[①]

企业品牌的文化是市场给予的，其产品的变化折射出时代与企业文化的演变。龙牌酱油对产品进行档次定位后，进行了市场调研，发现龙牌酱油的受众，大都还是老一辈居民，年轻人少之又少。为什么龙牌酱油总是吸引不到年轻人呢？带着这个问题，龙牌又进行了几轮调查与讨论。最后，决定以老牌产品为核心，打造出一系列能够适应新时代消费者健康饮食需求的产品，从原来只做酱油，逐渐开发料酒、蚝油、食醋等共47种新产品，让"老字号"产品响应时代需求。

（三）文化＋体验，多维营销

自从打算将龙牌注入品牌文化新活力以来，龙牌不断加大宣传营销的力度，以期扩大品牌影响力。

首先，管理层认为，品牌文化的宣传要从企业内部开始。为了更好地向员工传递企业精神与品牌文化，营造上下一心、共建龙牌的向上氛围，管理层率先树立匠人模范，传递龙牌使命。同时，把党建工作与凝聚"龙牌力量"、擦亮"龙牌名片"、续写"龙牌故事"、弘扬"龙牌精神"相融合，通过党建聚合队伍的组织力、创造力、战斗力，进而推动公司提质增效、改革发展、管理创新。

其次，品牌的文化属性带领龙牌利用广告、关系营销等手段从行为层面入手，构建超越商品价值的符号价值。汪峥嵘董事长希望龙牌酱油传统与现代完美结合后，成为湘菜背后的助跑者，服务于千家万户。因此，龙牌酱油选择一条比较适合湖南调味品的赛道，在美食人文类纪录片《傲娇的湘菜》第二季中，作为官方指定的唯一调味品品牌的龙牌参与了节目《发酵》篇章的现场拍摄，借助节目热度传播品牌文化理念，实现了产品品牌出圈。此外，龙牌酱油还精心策划了"大师教你做湘菜"社区活动，由龙牌湘菜厨师到现场教授小炒黄牛肉、龙牌酱油炒饭等正宗湘菜，让居民"一学就会、一做就成"，以

---

① 龙牌味业 ［DB/OL］. 龙牌味业官方网站，http：//http：//longpai-food.com.

期倡导广大居民以健康的生活方式和饱满的生活热情构建和谐小区。

最后，品牌文化营销只有不断汲取时代发展的精华，把握当下社会需求，才能赢得消费者。龙牌紧跟网络时代步伐，除了将官网、公众号、旗舰店等作为企业的官方宣传渠道，龙牌还在微信视频号、抖音等各类短视频平台上为品牌持续发声，例如《龙牌投祭祀典礼》《书记带你"云游"博物馆》系列等各类短视频。以期展示龙牌的产品、品牌文化，提高龙牌的知名度与销售额。

（四）旅游＋节庆，声名远播

如果说产品创新和营销活动还是一条常规的改革之路，那么，工业旅游这个项目，于龙牌而言，算得上是一个全新的领域。龙牌需要工业博物馆作为自身品牌文化灵魂和核心的承载物，把龙牌酱油的发展历程与品牌价值观传递给游客，与每一位来访者建立情感联系。

2020年9月，龙牌博物馆正式开园。龙牌博物馆正门的牌匾上写着繁体的"龙牌"二字，两旁是何绍基老先生初尝龙牌酱油后的赞誉"三餐人永寿，一滴味无穷"，奠定了龙牌酱油品牌文化的基调。龙牌博物馆分为A、B两馆，A馆展览着龙牌酱油280多年的传承史，展现了龙牌酱油源远流长的文化传承与匠人精神，同时还展示了中国非遗技艺之一的古法酱油酿造工序。B馆陈列的图文生动地展示了龙牌酱油化验室成立历程、龙牌商标演变和龙牌与湘菜产业融合发展等创新史，展现着龙牌酱油在新时代开拓进取、勇于创新的精神。龙牌博物馆内的最后一站是"晒酱园"——研学途中的网红打卡点，在这里，可以看到一排排盖着大斗笠的酱缸，还能近距离观察酱油酿造过程中的变化。参观龙牌博物馆后，张越会根据来访的游客类型，带他们走不同的参观线路。来自高校的大学生群体，张越会带着他们去看看生产线，介绍不同生产线的酿造区别和当前的研发进展。对来自中小学的学生，张越会让小朋友们在研学教室化身"小小非遗传承人"，调配自己的专属酱油。这种沉浸式体验，不仅能够将中国酱油酿造这项非遗技艺植入小朋友的脑海，也把龙牌这个百年老字号的文化传承深深地印在少年的心中。在整个游览的过程中，张越常常作为龙牌工业旅游基地的向导，带领游客参观并讲解，自龙牌博物馆建成以来，她已经数不清自己讲了多少遍中国酱油的故事、龙牌的故事，每当她带着自己对龙牌文化传承的理解向游客讲述博物馆的一点一滴，游客很难不被龙牌精神打动。

参观工业博物馆参观的人数有限，品牌文化传播深度有余，广度不足。如何才能扩宽龙牌文化的影响范围，让更多人看到龙牌的文化传承？在经历广泛调研和细致讨论后，龙牌打出一张新牌——"造节"。回顾传统文化的传承与创新，在节庆上往往有着更生动形象的表现，酱油本身没有专门的节日，但是为什么不能创造出一个专属酱油的节日呢？2020年，正值湘潭凭借深厚的制酱文化底蕴，获评"中国酱油之乡"，湘潭市政府和龙牌都希望举办一场活动，以此强化和输出"湘潭——酱油之乡"的人文形象，传播优秀传统文化和非遗技艺。中国（湘潭）第一届龙牌"打酱油节"应运而生。[①] 迄今为止，这个节日已经顺利举办到第四届。现场的活动从第一届的"龙牌开缸""千年油鼓秀""打酱油"等活动，发展到现在，增加了用传统酱油"画龙点睛"、打卡"有龙则灵"许愿缸等活动。活动现场的演艺结合、游玩体验，让市民对"中华老字号"龙牌酱油的品牌形象和非遗技艺的感知愈发清晰立体。"打酱油节"也将在一届届活动中，成为湘潭的一张城市名片，丰富市民休闲生活的同时，让市民对龙牌精神和文化传承萌生出更深层次的认知。

五、工业旅游，彰显成效

（一）口口相传动人心　跨界融合美名扬

龙牌酱油通过"工业 + 旅游"的实景体验新形式，向更多的游客和参观者展示其品牌形象、历史和传统制酱技艺。这种营销形式提升了品牌的知名度和认可度，也让更多消费者愿意购买和关注龙牌酱油产品。云上博物馆则丰富了龙牌酱油的传播途径，扩大了龙牌酱油的获客范围。龙牌酱油与湘菜深度融合，将自己从调味品行业跨界至湘菜的餐饮行业融合发展，为弘扬民族传统制酱文化、传播湘菜贡献自己的力量。2020年，湘潭市因龙牌酱油的悠久历史和产业布局，荣膺中国酱油之乡称号。2021年，湘潭龙牌食品工业园被认定为湖南省工业旅游示范点。[②] 工业旅游示范点有助于吸引更多人对湖南湘潭的关注，并进一步推动当地旅游业的发展，工业旅游基地的运营不仅可以直接提供就业机会，还能带动相关产业的发展，如餐饮、旅馆等服务业。

（二）砥砺深耕勤播种　薪火相传引共鸣

龙牌酱油开展中小学研学活动、高校红色旅游课程融合发展和携手社区主

---

① 任飞. 中国（湘潭）首届龙牌"打酱油节"开幕［DB/OL］. 红网，https：//xt.rednet.cn/content/2020/09/20/8318.

② 龙牌味业［DB/OL］. 龙牌味业官方网站，http：//http：longpai-food.com.

题夏令营等系列活动，强调以满足客户需求为中心，不断升级产品和提升服务质量，培养青年消费群体，建立长期的客户关系。张越的解说和展览物以及多媒体展示，传递了工匠精神、非遗传承、守正创新等价值观。DIY酱油互动体验环节，游客亲身参与酱油制作过程、个性化定制等活动，增强了游客的参与感和亲近感，使其更深入地了解酱油文化，并与企业文化产生情感共鸣，增强了消费者对于龙牌酱油的信任感和好感度。

（三）美好生活共书写　社会责任勇承担

龙牌承办的《大师教你做湘菜》厨艺比赛，走进了人民群众的生活中，促进湘菜文化的传承和发展的同时，也增强了社区居民对湘菜文化的认同感和自豪感。龙牌对社区居民的需求和利益的关注，有助于与社区居民建立良好关系，提升龙牌在社区中的声誉和形象。自第四届"打酱油节"活动开展以来，龙牌酱油积极响应政府"强文旅、促消费"的号召，进一步擦亮"中国酱油之乡"的金字招牌。"打酱油节"成为湘潭重要的城市节会活动和城市名片，强化和输出湘潭的城市人文和品牌形象，丰富了市民休闲娱乐生活，使湘潭美食声名远播。龙牌在走进社区和打造城市名片的活动中，既建立了良好的企业形象，也赢得了消费者的信任，还能为社会创造更多价值，推动社会可持续发展，实现美好生活的目标。

六、尾声

初心如磐，笃行致远，好品牌的基石是好品质。龙牌酱油历经浮沉，仍不忘初心，秉承"匠人制酱"的精神，致力于为消费者提供古法酿造的健康产品。龙牌的品牌基因里流淌着经历岁月洗礼却始终如初的酿造工艺和工匠精神。提到龙牌的未来，董事长汪峥嵘希望未来能总结出传统酿造工艺的规律，将可确定的、不可确定的内容分析、归纳出来，将传统酿造流程"翻译"成标准化、体系化、产业化的中式现代化酿造流程。龙牌不仅是伟人故里美食名片，更是传统文化的一种传承，未来，龙牌将不再只是湘潭的特色伴手礼，它会代表湖南，代表中国，让更多的人都能品尝到中华传统酿造的独特风味。

（案例作者：张伟伟　谭俏伟　王　雨）

第六章

冰雪旅游消费需求报告[*]

第一节　冰雪旅游发展概述

一、概念界定

欧洲和北美地区冰雪旅游起步早，发展历史悠久，占据世界冰雪旅游市场半壁江山。[①] 英文中通常将冰雪旅游表述为"Ice-Snow Tourism"，《中国冰雪旅游发展报告（2023）》也将其称为冰雪休闲旅游，译为"Ice and Snow Leisure Tourism"。

冰雪旅游在国内的概念内涵丰富，学界尚未对其形成统一界定。在国内冰雪旅游相关研究中，学者们从不同视角出发对冰雪旅游进行了解读，提出了"冰雪旅游""滑雪旅游""冰雪体育旅游""冬季旅游""冰川旅游"等一系列概念，一般可归为旅游资源视角、旅游动机视角、旅游季候视角和大资源观，其中大资源观兼容并包各种新兴冰雪旅游发展形式及业态。

从旅游资源视角出发，学者们认为冰雪旅游是以冰雪及冰雪组合景观、冰雪气候资源等作为旅游吸引物开发出来的所有旅游活动形式的总称，[②] 以冰川或冰川遗址为吸引物开展的冰川旅游也属于冰雪旅游的范畴。

从旅游动机视角出发，学者强调了冰雪旅游的运动属性，将冰雪旅游定义为以滑雪运动为主的休闲体育旅游，[③] 即滑雪旅游的一般概念。也有研究提出

---

①　王玲. 国内外冰雪旅游开发与研究述评 [J]. 生态经济，2010 (3)：66–69.
②　郭胜. 吉林市冰雪体育旅游业发展现状及对策研究 [J]. 中国商贸，2011 (36)：172–173.
③　石长波，徐硕. 对黑龙江省冰雪旅游发展的分析及策略研究 [J]. 商业研究，2007 (1)：170–172.

"冰雪体育旅游"这一概念，即旅游者把参加冰雪运动、观赏冰雪体育活动作为行动目的的旅游活动。

从旅游季候视角出发，学者们认为冰雪旅游从属于冬季旅游范畴，[①] 具有时间属性，是旅游者在冬季这一特定季候前往冰雪资源丰富的地区展开的旅游活动。

从大资源观出发，学者们认为冰雪旅游是依托天然或人造冰雪景观、冰雪设施、冰雪体育、冰雪节事、冰雪文化等资源开展的各种旅游活动。[②]

二、政策背景

2013 年 1 月，全国假日旅游部际协调会议办公室发布了《关于做好 2013 年春节假日旅游工作的通知》，强调要结合春节旅游市场的特点，积极组织丰富传统文化内涵的旅游节庆活动以及民俗旅游、乡村旅游、冰雪旅游、文化旅游、康体健身等多元化的假日旅游产品，以满足大众旅游消费的多层次需求。

2013 年 2 月，国务院办公厅发布了《关于印发国民旅游休闲纲要（2013—2020 年）的通知》，鼓励发展城市周边的乡村度假，积极推动自行车旅游、自驾车旅游、体育健身旅游、医疗养生旅游、温泉冰雪旅游、邮轮游艇旅游等多样化的旅游休闲产品。

2014 年 10 月，国务院出台了《关于加快发展体育产业 促进体育消费的若干意见》，指出要以冰雪运动等特色项目为切入点，推动健身休闲项目的普及和提升，制定冰雪运动规划，引导社会力量积极参与建设冰雪运动场地，推动冰雪运动的繁荣发展，打造新的体育消费热点。

2016 年 6 月，国务院印发了《关于加快发展健身休闲产业的指导意见》，明确提出以 2022 年冬奥会为契机，围绕"三亿人参与冰雪运动"的目标，重点推动大众滑雪、滑冰、冰球等项目的发展，并实施"南展西扩"的战略，促进冰雪运动设施建设，提升冰雪运动的普及率和产业发展水平。

2016 年 8 月，国家体育总局发布了《竞技体育"十三五"规划》，要求借助 2022 年北京冬奥会的契机，大力推动冰雪运动发展，扩大冬季项目的规模与布局，并鼓励南方和西部省市积极开展冰雪运动。

---

① 车亮亮. 延吉冬季旅游开发对策研究［J］. 国土与自然资源研究，2009（2）：81-82.
② 唐承财，肖小月，秦珊. 中国冰雪旅游研究：内涵辨析、脉络梳理与体系构建［J］. 地理研究，2023（2）：332-351.

2016 年 11 月，国家发展改革委与教育部等五个部门以及国家体育总局相继推出了《冰雪运动发展规划（2016—2025 年）》和《群众冬季运动推广普及计划（2016—2020 年）》，旨在大力发展冰雪旅游，提高冰雪运动的竞技水平，加快冰雪产业的发展，推动冬季群众体育活动的开展。

2017 年 7 月，国家发展改革委会同相关部门制定了《促进乡村旅游发展提质升级行动方案（2017 年）》，要求东北地区利用气候和环境优势，打造滑雪、登山、徒步和露营等多功能的冰雪旅游度假区，统筹周边乡村旅游，推出冬季复合型冰雪旅游基地和夏季避暑休闲度假胜地，增强"景区带村"的辐射效应。

2018 年 1 月，原国家旅游局发布了《关于落实旅游市场监管主体责任和加强冬季热点旅游线路综合整治的通知》，指出要加强对旅游新业态和冬季热点旅游线路的监管，尤其是冰雪旅游、森林旅游、温泉旅游和滨海旅游等特色旅游产品的整治力度。

2018 年 12 月，国务院发布了《关于加快发展体育竞赛表演产业的指导意见》，强调要积极培育冰雪体育赛事，利用北京冬奥会和冬残奥会的契机，大力发展包括高山滑雪、跳台滑雪、冬季两项、速度滑冰、短道速滑、花样滑冰、冰球、冰壶、雪车雪橇等在内的各类冰雪体育赛事，推动专业赛事的升级发展，并运用信息通信技术提升赛事水平，促进相关产业的发展。

2019 年 6 月，工信部等九个部门发布了《冰雪装备器材产业发展行动计划（2019—2022 年）》，提出要围绕"三亿人参与冰雪运动"的需求，开发高质量的冰场和雪场专用设备，降低运营成本；研发安全、功能性强的个人冰雪运动器材，丰富产品种类，推动新材料的创新应用，提升大众冰雪装备器材的供给能力，激活冰雪消费市场。

2021 年 2 月，文化和旅游部、国家发展改革委和国家体育总局联合发布了《冰雪旅游发展行动计划（2021—2023 年）》，该计划的主要目标是到 2023 年，推动冰雪旅游形成合理的空间布局和均衡的产业结构，助力 2022 年北京冬奥会和实现"带动三亿人参与冰雪运动"的目标，促进冰雪旅游市场健康快速发展，打造一批高品质的冰雪主题旅游度假区，推出多个滑雪旅游度假地，显著增加冰雪旅游参与人数和消费规模，提高对内需的贡献，推动冰雪旅游与自然景观的和谐发展。

2021 年 12 月，国务院发布了《"十四五"旅游业发展规划》，指出要大力推进冰雪旅游的发展，完善冰雪旅游服务设施体系，加快冰雪旅游与冰雪运动、冰雪文化及冰雪装备制造等领域的融合，打造国家级滑雪旅游度假地和冰雪旅游基地。

三、发展现状

《2024 年中国冰雪旅游消费数据报告》指出，随着 2022 年北京冬奥会的圆满落幕，中国的冰雪旅游行业迎来了"后冬奥"时代，呈现出多样化和高质量发展的特征。一方面，冰雪旅游供给更加优质丰富，基础设施建设得到了极大的提升，不仅冬奥会场馆转型为公众滑雪场所，而且大量的冰雪运动设施建成开放，极大地丰富了旅游产品和体验。政策支持持续加码，从国家到地方各级政府纷纷出台优惠政策，推动冰雪旅游产业链的完善。另一方面，冰雪旅游消费需求更加旺盛，冰雪运动的普及教育和市场营销活动增加了公众对冰雪旅游的认知和兴趣。冰雪旅游已经从"有没有"逐步向"好不好"转变。这一变化首先体现为我国冰雪旅游供给规模的不断扩大和质量体验的持续提高。《2023 中国滑雪产业白皮书》的数据显示，早在 2019 年中国的滑雪场数量就达到 770 家。但由于公共卫生事件的影响，随后两年滑雪场数量开始下滑。然而，在 2022～2023 年雪季，中国实际对外营业的滑雪场总数为 697 家，相比 2021 年的 692 家有小幅增长。截至 2022 年底，中国的滑冰场地数量达到 1 576 家，同比新增 126 家，增速为 8.69%，占冰雪场地总数的 64.27%。根据预测，到 2023 年底，预计中国滑冰场地数量将达到 1 630 个。

《中国冰雪旅游消费大数据报告（2023）》显示，我国已经形成以东北地区为首，以内蒙古自治区、新疆维吾尔自治区、北京、河北、四川、湖南等地为主的全国冰雪旅游发展态势。我国的冰雪旅游发展已经辐射到全国各地域，有 30 多个省市和城市开展了冰雪旅游项目，包括北京的龙庆峡、四川海螺沟、云南玉龙雪山、新疆维吾尔自治区的阿勒泰、辽宁的棋盘山、吉林长白山等，表明冰雪旅游已经进入到蓬勃发展的成长期。开展冰雪旅游较早的省份已经取得了一定的成绩，例如黑龙江、吉林、辽宁、新疆维吾尔自治区；开展冰雪旅游较晚的省份冰雪旅游产业的发展也在不断增速，例如北京、内蒙古自治区、四川。从全国的角度来看，中国的冰雪旅游开发与欧美国家相比仍然有着较大的差距，而且在市场完善、产业化和软硬件设施建设等诸多方面依旧存在发展的弊端，而在冰雪旅游高速发展时期，冰雪旅游大众化市场的开发仍处于起步阶段。

在北京冬奥会、冰雪出境旅游回流、旅游消费升级以及冰雪设施全国布局等供需两方面刺激下，全国人民的冰雪旅游热情持续高涨，《中国冰雪旅游消费大数据报告（2023）》显示，64%参与调查的消费者有计划进行冰雪休闲旅游活动，60.3%的被调查者2023年会增加参与冰雪休闲旅游的次数，其中，40.7%的消费者有意愿进行长距离的冰雪旅游，55.6%的游客有意愿进行短距离的冰雪休闲旅游活动。全国冰雪休闲旅游人数从2016~2017年冰雪季的1.7亿人次增加到2020~2021年冰雪季的2.54亿人次，2021~2022年冰雪季我国冰雪休闲旅游人数达到3.44亿人次，北京、上海、广东、江苏、浙江、山东、河北、四川、辽宁和湖北成为十大冰雪客源省份，西安、成都、武汉、杭州、南京、沈阳、广州、深圳、青岛和苏州成为十大冰雪游客源城市。整体来看，除去新冠疫情影响因素，冰雪旅游市场消费呈现不断扩张态势，不断向大众化普及。我国冰雪运动参与者正在不断增加，极大地推动冰雪旅游产业发展，2020~2021年中国冰雪旅游收入为3 900亿元，2022~2023年中国冰雪旅游收入达4 740亿元，实现121.54%的增长。

第二节　冰雪旅游消费需求年际变化趋势

一、消费需求数值年际变化

冰雪旅游消费需求数值的年际变化如表6-1所示。最小整体日均值（27人次）出现在2014年，最大整体日均值（128人次）出现在2022年，后者是前者的近4.7倍。整体年总值最小值为9 855人次，最大值为46 720人次。最小移动日均值（3人次）出现在2011年，最大移动日均值（64人次）出现在2022年，后者是前者的21.3倍多。移动年总值最小值为1 095人次，最大值为23 360人次。显然，13年时间里，冰雪旅游所受关注大幅增长，互联网大数据所展现的整体年总值突破33万人次，移动年总值突破12万人次。

表6-1　　　　　2011~2023年冰雪旅游消费需求日均值与年总值　　　单位：人次

年份	整体日均值	整体年总值	移动日均值	移动年总值
2011	35	12 775	3	1 095
2012	35	12 775	6	2 190

年份	整体日均值	整体年总值	移动日均值	移动年总值
2013	42	15 330	16	5 840
2014	27	9 855	8	2 920
2015	51	18 615	20	7 300
2016	57	20 805	15	5 475
2017	72	26 280	18	6 570
2018	81	29 565	28	10 220
2019	86	31 390	32	11 680
2020	94	34 310	32	11 680
2021	104	37 960	47	17 155
2022	128	46 720	64	23 360
2023	106	38 690	53	19 345
合计	918	335 070	342	124 830

注：冰雪旅游消费需求日均值由百度指数所收录"冰雪旅游"关键词的用户关注度表征，此单一关键词将造成对冰雪旅游消费需求的低估，但同一标准下的数值仍具有研究价值，年际变化趋势分析能有效反映冰雪旅游发展动态。

  图6-1更为形象地展示了冰雪旅游消费需求规模的年际变化：整体来看，中国冰雪旅游消费需求呈缓慢上升态势。2013~2014年，受全球经济影响和金融危机波及，冰雪旅游消费需求年总值下降。2014~2015年冰雪旅游消费需求年总值增速明显，北京和张家口联合申办2022年冬奥会获得成功，冰雪旅游消费需求增长迅速，涨幅达88.9%。2015~2021年，随着中国经济水平不断发展和居民收入增加，冰雪旅游消费需求年总值呈现稳步上涨趋势，6年间涨幅达103.92%。2021~2022年，冰雪旅游消费需求年总值增长显著，可见2021年初颁布的《冰雪旅游发展行动计划（2021—2023年）》具有突出的政策影响，2022~2023年，冰雪旅游消费需求总值下降。

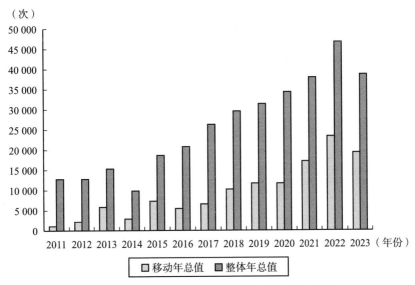

图 6 - 1　2011～2023 年冰雪旅游消费需求年总值

二、消费需求增长年际变化

冰雪旅游消费需求增长的年际变化如图 6 - 2 所示。

整体消费需求情况显示：除受全球经济影响和金融危机波及的 2014 年和北京冬奥会结束后的 2023 年出现了冰雪旅游消费需求负向增长；其余年份冰雪旅游消费需求均为正向增长，最大值出现在 2015 年，增长率达 88.89%，消费需求年总值约 2 万人次。2013 年以及 2016～2022 年增长率都稳定在 30% 以内，2022 年达到最大值 4.6 万人次，冰雪旅游消费需求呈缓慢增长的趋势，截至 2023 年冰雪旅游消费需求年总值已超 3.8 万人次。

移动消费需求增长显示：移动搜索引致的消费需求在第一年即呈现正向增长，且 2012 年、2013 年、2015 年的增长率都不低于 100%，规模不断翻番。这与我国长期以来的信息化发展政策有关。2014 年的移动消费需求同样受到全球经济影响和金融危机的波及出现了负向增长；2017～2019 年移动消费需求增长率均高于 10%，说明冰雪旅游的消费需求在这三年内是稳定增加的；2020 年受新冠疫情影响，移动消费需求增长率变为 0；2021～2022 年新冠疫情得到控制，移动端消费需求回归正向增长；2023 年稍有回落。

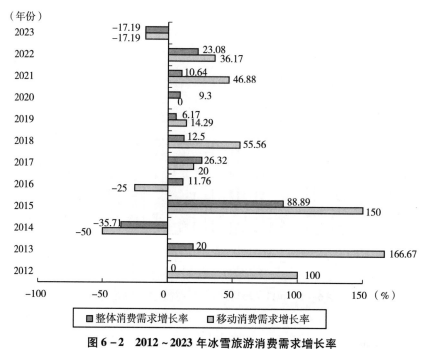

图6-2　2012~2023年冰雪旅游消费需求增长率

三、移动端需求占比年际变化

冰雪旅游移动搜索引致的消费需求占比年际变化如图6-3所示。

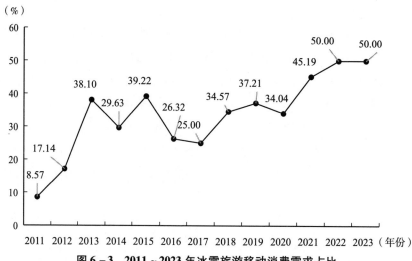

图6-3　2011~2023年冰雪旅游移动消费需求占比

由图 6 - 3 可知，2011～2023 年移动端需求占比总体呈增长趋势。2011～2013 年因基数较小而实现占比的高速增长，2012～2013 年增幅高达 20.96%。2014 年明显回落，2015 年再度增长且增幅明显，随后两年均在回落，但回落速度有所放缓。2017～2023 年总体呈稳步增长的趋势，五年间占比增幅达 25%。2022 年和 2023 年达到最大值，占比达五成，2020 年受新冠疫情的影响，出现了小幅度（3.17%）的回落。总体而言，随着网络日趋完善、移动终端性能不断提升，移动搜索已成为人们获取资讯的重要渠道和流量入口。

第三节 2023 年冰雪旅游消费需求分析

一、消费群体分析

（一）性别分布

2023 年冰雪旅游消费群体性别分布如图 6 - 4 所示。男性占比 39.15%，TGI 指数为 76.53，表明男性对冰雪旅游的关注程度低于平均水平；女性占比 60.85%，TGI 指数为 124.6，可见女性对冰雪旅游的关注程度高于平均水平。这一偏差可能是由于冰雪旅游更能满足女性消费者进行旅游活动的各项需求，特别是对放松自身、使自己心情愉悦和获得优越感也就是分享生活的需求，而且与男性相比，女性更愿意分享生活、体验生活。[①]

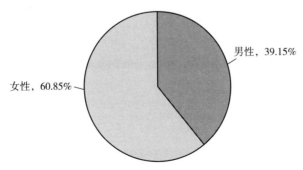

图 6 - 4 2023 年冰雪旅游消费群体性别分布

---

① 张文丽．女性在冰雪体育旅游中的参与［C］//中国体育科学学会体育史分会，2021.

（二）年龄分布

2023年冰雪旅游消费群体年龄分布如图6-5所示。19岁及以下占比为6.76%，TGI指数为71.94，尽管该年龄段人群占比不是最大的，但其对冰雪旅游的关注程度较高，该年龄段对冰雪旅游的消费有较高的需求。20～29岁占比为55.49%，是比重最大的消费群体，TGI指数为240.01，该年龄段人群对冰雪旅游的关注程度显著高于平均水平，考虑到大学生等青少年群体集中于该年龄阶段，此类群体有一定的接纳新事物的能力和广泛的好奇心，且有较好的体力基础，所以对冰雪旅游的关注度高。30～39岁占比为23.94%，TGI指数为72.57，对冰雪旅游的关注程度同样较高，考虑小学生家长集中于该年龄段，此群体重视培养子女综合素养，支持孩子冰雪旅行，同时因子女年龄较小，对于研学目的地、活动行程、安全保障等具体内容关注度较高。40～49岁占比为10.15%，TGI指数为49.39，50岁及以上占比为3.66%，TGI指数为26.66，这两个年龄段人群对冰雪旅游的关注程度远低于平均水平，表明40岁以上的人群对冰雪旅游的需求较低。

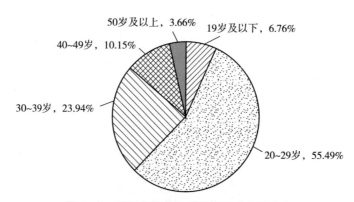

图6-5 2023年冰雪旅游消费群体年龄分布

二、消费需求分析

（一）时间分布

2023年冰雪旅游消费需求量的月度分布如表6-2所示。最小日均值出现在7月（33人次），最大值出现在12月（169人次），相差幅度为412.12%，相应月总值分别为 1 023 人次、5 239 人次，变化幅度为 412.12%。

表 6-2　　　　　　　　2023 年冰雪旅游消费需求时间特征

月份	日均值（人次）	月总值（人次）	月总值占比（%）
1	146	4 526	11.66
2	124	3 472	8.94
3	129	3 999	10.30
4	121	3 630	9.35
5	98	3 038	7.83
6	88	2 640	6.80
7	33	1 023	2.64
8	42	1 302	3.35
9	67	2 010	5.18
10	112	3 472	8.94
11	149	4 470	11.51
12	169	5 239	13.50

各月消费需求日均值跨度显示：5 月、6 月、7 月、8 月、9 月日均值低于 100 人次，10 月日均值位于 100～120 人次区间，2 月、3 月、4 月日均值位于 120～140 人次区间，1 月、11 月日均值位于 140～160 人次区间，12 月日均值超过 160 人次。

各月消费需求总值跨度显示：6 月、7 月、8 月、9 月消费需求总值低于 3 000 人次，2 月、3 月、4 月、5 月、10 月消费需求总值位于 3 000～4 000 人次区间，1 月、11 月消费需求总值位于 4 000～5 000 人次区间，12 月消费需求总值高于 5 000 人次。

结合图 6-6，不难发现，12 个月的消费需求月总值占比呈现上下波动，其中最高的月份 12 月占比为 13.5%，最低的月份 7 月占比仅为 2.64%，差值为 10.86%，说明整体相差幅度较大，月度差异明显。

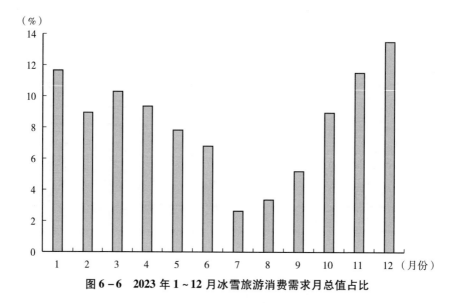

图 6 - 6　2023 年 1 ~ 12 月冰雪旅游消费需求月总值占比

从季节分布来看（见图 6 - 7），春季（3 ~ 5 月）消费需求总值合计 10 667 人次，在本年度占比为 27.48%，夏季（6 ~ 8 月）消费需求总值为 4 965 人次，占比为 12.79%，秋季（9 ~ 11 月）消费需求总值为 9 952 人次，占比为 25.63%，冬季（1 ~ 2 月，12 月）消费需求总值合计 13 237 人次，在本年度占比为 34.10%。显然，冰雪旅游消费需求季节占比由高到低分别为冬季、春季、秋季、夏季，消费需求规模的最大季节差达到 8 272 人次，春季、秋季、冬季需求值都高于 9 000 人次，占比均超过 1/4，合计 87.21%，夏季表现最为平淡，占比仅为 12.79%，显然因为夏季气温高，不宜开展冰雪旅游活动。

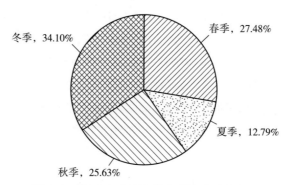

图 6 - 7　2023 年冰雪旅游消费需求季节占比

2023 年冰雪旅游消费需求的月度变化情况见图 6 – 8。总体来看呈现出两端高中间低的"U"型分布规律，具有明显的月度分异特性。高消费需求月份主要集中在 1 月、3 月、11 月和 12 月（消费需求月总值占比在 10% 左右），最高峰出现在 12 月，消费需求月总值达到 5 239 人次。3 ~ 7 月气温逐渐回升，冰雪旅游消费需求逐渐降低。7 月与 8 月受限于高温天气，只能开展部分室内冰雪旅游活动，是冰雪旅游消费需求最低的月份（消费需求月总值占比低于5%）。10 月之后气温开始降低，越来越多的人又关注到冰雪旅游。

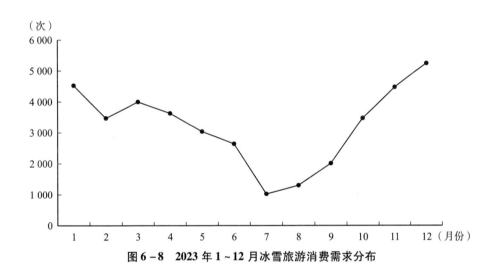

图 6 – 8　2023 年 1 ~ 12 月冰雪旅游消费需求分布

（二）空间特征

2023 年冰雪旅游消费需求空间分布如表 6 – 3 所示。其中，消费需求日均值最高的是吉林市，达到 37 人次，各省份冰雪旅游消费需求空间分布十分不均衡。

表 6 – 3　　　　　　　　2023 年冰雪旅游消费需求空间分布

省份	日均值（人次）	占比（%）	省份	日均值（人次）	占比（%）
安徽	4	1.28	江西	3	0.96
澳门	0	0.00	辽宁	19	6.09
北京	36	11.54	内蒙古	8	2.56

省份	日均值（人次）	占比（%）	省份	日均值（人次）	占比（%）
重庆	4	1.28	宁夏	0	0.00
福建	5	1.60	青海	1	0.32
广东	18	5.77	上海	11	3.53
广西	4	1.28	四川	11	3.53
甘肃	3	0.96	山东	14	4.49
贵州	3	0.96	山西	5	1.60
河北	12	3.85	陕西	4	1.28
黑龙江	36	11.54	天津	4	1.28
河南	8	2.56	台湾	0	0.00
湖南	6	1.92	西藏	0	0.00
湖北	5	1.60	香港	0	0.00
海南	4	1.28	新疆	22	7.05
吉林	37	11.87	云南	2	0.64
江苏	12	3.85	浙江	11	3.53

各省份冰雪旅游消费需求 2023 年度日均值跨度显示：吉林、黑龙江、北京日均值高于 30 人次，这 3 个省份的日均值占比合计 34.95%，超过 1/3，表明这是冰雪旅游消费需求最为集中的省域；新疆维吾尔自治区日均值位于 20～30 人次区间，日均值占比合计 7.05%；新疆维吾尔自治区、辽宁、广东、山东、河北、江苏、上海、四川、浙江日均值位于 10～20 人次区间，这 9 个省份的日均值占比合计 34.64%，超过 1/3，可见这是冰雪旅游的主要消费市场；河南、内蒙古自治区、湖南、福建、湖北、山西日均值位于 5～10 人次区间，这 6 个省份的日均值占比合计 11.84%；余下 16 个省份的日均值占比合计 11.52%，其中安徽、重庆、广西壮族自治区、海南、陕西、天津、甘肃、贵州、江西、云南、青海日均值位于 0～5 人次区间。

第四节　冰雪旅游消费需求特征及影响因素

一、消费需求特征分析

（一）消费群体特征

在冰雪旅游方面，女性的兴趣和关注度显著高于男性。根据 2023 年冰雪旅游消费群体的性别分布数据，女性更倾向于参与能够放松身心、提升愉悦感的冰雪旅游活动，这些活动满足了她们的分享欲和体验欲。

青少年群体对于冰雪旅游的关注度同样较高。这一情况可以从 2023 年冰雪旅游消费群体的年龄分布数据中看到。20 ~ 29 岁这个年龄段的人群占比最高，达 55.49%。这一年龄段的人通常闲暇时间充足，富有好奇心，体力旺盛，并且善于利用网络获取旅游信息，因此对冰雪旅游的关注度明显高于其他群体。此外，中小学生（19 岁及以下）和他们的家长（30 ~ 39 岁）也对冰雪旅游表现出较高的关注，尽管这两个年龄段的占比分别为 6.67% 和 23.94%，但他们的关注程度依然较高，TGI 指数分别为 71.94 和 72.57。这表明儿童与青少年及其家长在冰雪旅游市场中仍然是活跃的参与者。

（二）时间分布特征

总体而言，冰雪旅游消费需求呈现稳步增长趋势。随着经济水平的提升、居民收入的增加，以及通信技术的不断进步，冰雪旅游的发展得到了新的推动。消费者获取旅游信息的渠道日益丰富，对冰雪旅游的关注度也不断提升，年消费需求总值基本维持在 5% 以上，最高增幅可达 88.89%。

从时间分布来看，冰雪旅游显著具有季节性特征。2023 年冰雪旅游活动主要集中在冰雪季节内，其中 12 月的需求最高，而 7 月的需求最低，呈现出明显的"U"型分布规律。春冬两季的消费需求明显高于夏季（7 月消费需求不足 2 000，而 12 月则达到 5 329，两者相差高达 412.12%）。

（三）空间分布特征

高纬度地区的冰雪旅游需求明显高于低纬度地区，因为高纬度地区的年平均气温较低，适合开展冰雪旅游活动。尤其是东北地区，冰雪覆盖时间较长，消费者参与冰雪旅游的积极性及需求较高。

经济发展水平较高、人口密集、开放程度大的地区，其冰雪旅游消费需求普遍高于其他地区，尤其是东部沿海地区，如广东省的需求明显旺盛。

此外，政府支持力度较大、具备一定冰雪旅游产业基础的地区，冰雪旅游消费需求也明显偏高。例如，吉林省出台了《吉林省冰雪运动高质量发展规划(2021—2035年)》；新疆维吾尔自治区则印发了《关于进一步破解瓶颈制约推动自治区冰雪运动和冰雪旅游高质量发展行动方案（2022～2025年)》。在政府政策的支持下，这些地区的冰雪旅游产业迅速发展，消费需求也随之提高。

二、消费需求影响因素

（一）消费群体影响因素

1. 人口特征

冰雪旅游市场正呈现年轻化趋势。据《中国冰雪旅游消费大数据报告(2024)》显示，2023年滑雪场的主要消费者年龄集中在20～29岁，女性对冰雪旅游的关注程度高于男性。滑雪已成为"90后"和"00后"们的新宠运动，这表明冰雪旅游市场将继续朝年轻化方向发展。许多地方正积极培养学生参与冰雪运动，以激发青少年对冰雪文化的兴趣和能力，使其成为冰雪旅游体验和文化传承的重要主体。

2. 人均消费水平

人均消费水平对冰雪旅游需求具有显著影响。较高的人均消费水平意味着居民拥有更多的可支配收入，这些收入可用于旅游和娱乐活动。因此，人均消费水平的提升通常会促进对冰雪旅游需求的增加。例如，较高的人均消费水平使得更多人有能力承担冰雪旅游的费用，包括雪具租赁、滑雪场门票、住宿和交通等。如果人们的经济状况良好，他们更倾向于参与这些活动，从而推动冰雪旅游需求的增长。

3. 喜爱程度

滑雪是冰雪运动爱好者中最受欢迎的项目，其次，滑冰也是备受青睐的冰雪运动之一。在冬奥会的影响下，中国的冰雪运动呈现出多样化的趋势，滑雪尤受青睐。然而，单纯为了滑雪而前往滑雪场的消费者仍然是少数。滑雪爱好者除了关注滑雪本身外，还关注温泉、美食、酒店品质以及休闲娱乐设施，这验证了滑雪旅游与其他业态融合的可能性。为了快速发展滑雪产业，需要将滑雪与度假、旅游更紧密地结合，以满足更多消费者的需求。因此，应加快配套设施的建设，增加多样化的消费业态，打造"滑雪＋休闲假"的综合配套模式。

（二）时间分布影响因素

1. 季节变化

季节性变化是影响冰雪旅游的关键因素之一。冰雪旅游主要在寒冷季节，因此气温是决定冰雪形成与消融的核心因素，不同季节的气候条件和自然环境直接影响冰雪的存在和可用性。

2. 突发公共事件

突发公共事件会影响游客的需求和信心，如新冠疫情、自然灾害等事件，会降低消费者前往冰雪旅游地区的意愿。因此，在突发事件发生时，必须根据实际情况进行风险评估和安全考虑，以确保游客的安全和健康，提高游客对冰雪旅游的安全感和信心。

3. 政策引导

政府对冰雪旅游的政策也是影响因素之一。政府在冰雪旅游领域出台的政策措施将直接影响到该领域的发展。例如，政府出台鼓励冰雪旅游的政策，提供相应的补贴和优惠，可以吸引更多的游客参与冰雪活动。政府加大对冰雪旅游基础设施的投资，提高旅游服务水平，会提升冰雪旅游的吸引力和竞争力。

（三）空间分布影响因素

1. 地形分布与差异

我国东北地区、京津冀、新疆正形成"三足鼎立"的冰雪旅游形势，以西藏、青海为代表的青藏高原冰雪观光旅游带和以川贵鄂为代表的中西部冰雪休闲旅游带也正在崛起。全国各省份均有冰雪旅游亮点、增长点和依托产品"全面开花"的空间新格局。然而北方地区的经济基础、旅游业态和文化环境等发展水平参差不齐，这些因素影响了省区间冰雪旅游的协同化发展。

2. 基础设施发展

基础设施的发展对冰雪旅游的消费需求具有显著影响。交通网络的完善，可以大幅提升冰雪旅游的便捷性和效率，酒店、度假村和民宿等住宿设施的完善，能够满足游客的需求，进一步增强冰雪旅游的吸引力和竞争优势。

3. 安全管理

安全管理同样是影响冰雪旅游消费需求的重要因素。安全管理会影响旅行活动的选择和规划，还会影响冰雪旅游活动的时间安排和季节选择。

第五节　冰雪旅游消费需求提升建议

一、政策支持

（一）健全指导体系

政府应当承担起引领作用，针对当前政策中的薄弱环节进行补充和完善，建立健全冰雪旅游的政策体系。借助"后冬奥时代"的机遇，从冰雪旅游市场的培育、人才的培养以及滑雪度假区的建设等方面入手，确保各项政策的协调和联动。同时，还要确保政策的有效实施。政策的执行需要地方政府和企事业单位的配合，明确各主体的责任和分工，营造良好的投融资环境，例如适当放宽民营滑雪场的用地审批和水电等资源限制，加大政策支持力度。

（二）加强财政扶持

首先，将冰雪运动场地消费纳入政府服务购买指导目录，建立产品供给与消费并重的政府扶持方式，推进冰雪运动产业场地使用、场馆建设、市场管理、从业规范和消费人员安全保障等方面的制度建设。其次，开展多种金融合作方式，拓宽冰雪旅游业的融资渠道，例如"信贷快车""信用保险及贸易融资试点"等资金支持项目，确保更多冰雪旅游企业获得贷款，提高信贷资金利用率。最后，设立冰雪旅游业发展专项引导资金，支持各地建设冰雪主题公园、开展冰雪文化活动、升级改造冰雪场地等。

（三）深化部门联动

国家及地方政府应提高政策的针对性和有效性，解决制约冰雪旅游业发展的关键问题，破除制度障碍，推动相关产业释放动能，促进冰雪旅游业整体转型升级。例如，做好冰雪场馆设施的规划和空间布局，发挥政府政策引导和多部门协作机制的作用；制定专项激励政策，打破垄断经营和行业壁垒，引导企业提升冰雪旅游服务供给质量；支持国家级研究机构与冰雪品牌的战略合作，推动"全民冰雪健身计划"与冰雪旅游业的完美对接。

（四）构建保障机制

国家层面必须出台相关法律法规，规范冰雪旅游业发展，加强风险防控和安全监管，保障冰雪旅游业的有序、安全发展。同时，要保护广大冰雪消费者的合法权益，科学探索建立涵盖体育意外伤害的综合保险机制，完善冰雪运动事故责任险，鼓励各级地方政府试点推行冰雪安全事故第三方调解办法等。

二、产业升级

（一）优化冰雪产品服务

不断优化产品服务，赋予冰雪旅游消费新动能。国家级滑雪旅游度假地、冰雪主题旅游度假区和 A 级旅游景区、体育旅游示范基地持续建设提升，推动我国冰雪旅游实现绿色、低碳、集约的高质量发展。推出的冰雪旅游精品线路和冰雪主题体育旅游精品线路，集中推介各地优质冰雪资源。各地不断推动产品创新，提升品质内涵。河北张家口机场积极开发"航空＋冰雪"产品，与多家航空公司合作，形成连接全国各地的航线网络，提供滑雪装备运送服务，优化了出行体验。吉林长白山推出"长白山传奇飞行体验馆"，利用内容创意和裸眼 4D 技术，让游客沉浸式体验长白山的奇幻四季美景，用科技创造旅游消费新空间。

（二）投资冰雪文创产品

抓住文娱发展新契机，与影视娱乐、文创产业跨界合作，制作冰雪文化背景的出版物、游戏、动漫等；拍摄冰雪题材的电影，举办冰雪影视艺术节、音乐节等，促进冰雪文化传播，打造大众喜闻乐见的冰雪艺术作品，培育更多冰雪运动爱好者和冰雪文化粉丝；促进冰雪旅游业与乡村振兴协同发展，融合休闲农业，开发冰雪游艺、民间冰灯等传统冰雪文化产品，打造最美冰雪民俗乡村，实现冰雪民俗文化与冰雪旅游深度融合。

（三）加强冰雪旅游设施建设

加大冰雪旅游设施建设和升级领域的投资力度。与国家体育工程技术研究中心等科研机构合作，利用优秀的研发人才和高端技术，创新培育冰雪旅游场地设备、器材、个人装备及关联产品生产，提升我国冰雪旅游业相关设施规模。借鉴国外冰雪旅游发展经验，通过收购国际知名冰雪装备制造公司，引进核心技术和专业人才，实现高端冰雪装备的个性化研发和定制，为冰雪旅游业发展提供坚实的设施和装备保障。

（四）培养冰雪旅游相关人才

人才战略要坚持"外引内培"的原则。一方面注重内部培养，各大高等学校、职业院校根据院校特色和产业发展需要，动态调整学科专业设置，将院校专业与冰雪旅游结合。通过聘请专业人才加强师资队伍建设，派出人员到外国学习冰雪产业发展经验，持续培养冰雪运动员、教练和冰雪救护人员、冰雪设施维护人员、冰雪赛事主持人等专业人才。另一方面，实施外部人才引进策略，争取放宽对外国滑雪运动专业技术人员学历要求的政策，方便外国专业人才的引进。

三、产品营销

（一）建立全域冰雪旅游营销体系

首先，需构建全域旅游营销体系，结合传统营销与互联网营销，增强市场宣传力度，丰富营销手段，以提高冰雪旅游的关注度。同时，整合冰雪旅游地的营销资源，实现多渠道和多主体的协同，进行区域整体营销。其次，搭建冰雪旅游营销平台，通过微博、抖音、小红书等自媒体进行日常科普，或制作以冰雪旅游为主题的纪录片和电影，以吸引公众，特别是青年群体和南方居民对冰雪的关注，有效宣传和普及冰雪旅游文化。同时，要利用北京冬奥会带来的全球关注，开展跨文化国际传播，讲述中华冰雪故事。最后，塑造冰雪旅游品牌，充分挖掘地区特色，打造独特的冰雪旅游品牌，如"南国冰雪——西岭雪山"和"神州北极——漠河"等，并进行跨界营销，组织冰雪音乐节、冰雪动漫展等活动。

（二）打造"冰雪+"模式

当前，冰雪产业与其他产业的融合还不够深入，主要集中在"冰雪+体育"的模式。应积极利用冬奥会带来的政策红利，推动冰雪旅游产业与相关领域的深度融合，打造"冰雪+"全域旅游模式。可以发展"冰雪+温泉""冰雪+体育""冰雪+康养""冰雪+文化""冰雪+工业"等多产业融合模式，以推动产业结构升级，延长冰雪旅游产业链，发挥多产业融合的外溢效应。例如，结合全域旅游发展理念，从单一产品转向冰雪文旅体商综合体和冰雪特色小镇，建设产品多样化、业态多元化、四季运营的冰雪旅游目的地，引导全社会积极参与冰雪活动，实现冰雪旅游和冰雪运动的普及，以突破季节性和区域性的限制。

（三）开发冰雪旅游精品线路

冰雪产业是一种特殊的资源型产业，涵盖广泛，产业链庞大。在"冰天雪地也是金山银山"理念的引导下，国家陆续出台了《关于以2022年北京冬奥会为契机大力发展冰雪运动的意见》《冰雪旅游发展行动计划（2021—2023年)》，促使26个省份出台专项政策，以支持冰雪运动和产业发展。随着黑龙国际、天冰造雪、宣工机械、德尔制冷和冰山冷热等一批冰雪装备企业的崛起，冰雪产业逐渐成为国民经济的新兴产业以及区域经济发展的新增长点。"十条线路"的推出将促进全国冰雪旅游和冰雪运动的快速发展，推动从冰雪场地建设、造雪与压雪机械设备制造，到体育服装与运动器材生产冰雪场地运营、冰雪运动培训等全产业链的聚集发展，使冰雪"冷资源"转化为地方经济的"热动力"。

（四）重视冰雪旅游宣传

以市场为导向，充分利用各种宣传资源，建立活跃的冰雪传播网络。首先，推动主流媒体突破体制限制，精准策划冰雪旅游产品的营销，增强市场传播能力。鼓励各省市电视台制作高水平的冰雪宣传片，展示冬季冰雪的独特自然风光和人文气息，吸引观众关注冰雪旅游。其次，利用新老媒体的互补优势，组织媒体直接参与采访报道，通过大型采风活动为冰雪旅游市场造势；依托微信、微博等新媒体平台，集中宣传冰雪旅游的热点，借助互联网的优势，开展冰雪景区门票的年度促销、双十一热卖等活动，让冰雪旅游产品真正走向市场，吸引客户，努力营造冰雪旅游业蓬勃发展的良好氛围。

案例 　　　　　　**冰雪奇缘，消费盛宴**
　　　　　　　　——哈尔滨冰雪旅游的消费魅力[*]

一、引言：哈尔滨冰雪旅游的魅力

"冰城"哈尔滨以其冬季的冰雪奇观和独特的冰雪文化而闻名于世。冬季的哈尔滨寒冷而漫长，但正是这种极寒的气候造就了这里壮丽的冰雪景观，使其成为全球游客心向往之的冰雪天堂。

哈尔滨的冰雪旅游起源于 20 世纪初。随着时间的推移，冰雪旅游逐渐成为这座城市的标志性活动，不仅吸引了大量的国内外游客，也带动了地方经济的快速发展。每年冬季，哈尔滨都会举办盛大的冰雪节庆活动，如哈尔滨国际冰雪节、冰雪大世界、雪博会等，这些活动不仅展示了北国冰封雪飘的自然美景，更成为旅游消费的热点和亮点。

冰雪旅游对哈尔滨来说，不仅是一种旅游形式，更是一种文化的体现和经济发展的引擎。通过冰雪旅游，哈尔滨成功地将其独特的地理位置和气候特点转化为优势资源，为城市带来了巨大的经济效益。[①] 冰雪旅游不仅促进了旅游业的发展，还带动了相关产业的繁荣，如餐饮、住宿、交通、购物等。

然而，哈尔滨的冰雪旅游不仅仅停留在视觉和体验上，它更是一种全方位的消费盛宴。[②] 游客在这里可以品尝到独具特色的地方美食，购买到精美的纪念品，享受到高质量的旅游服务。通过这些消费活动，游客不仅深入了解了哈尔滨的冰雪文化，也为地方经济的发展做出了贡献。

总体而言，哈尔滨的冰雪旅游不仅是一种视觉和体验的享受，更是一种全方位的消费体验。通过冰雪旅游，哈尔滨成功地将其独特的冰雪资源转化为经济优势，带动了地方经济的发展。在全球气候变化和旅游市场的竞争中，哈尔

---

　* 资料来源：笔者整理。
　① 王恒. 基于 PEST 分析的冰雪体育与冬季旅游融合发展研究——以东北地区为例 [J]. 江西科技师范大学学报，2022（1）：74-81.
　② 冯欢，张怡，赵赫. 黑龙江省冰雪旅游文化翻译与传播的多模态路径研究 [J]. 边疆经济与文化，2024（8）：31-34.

滨冰雪旅游面临着一定的挑战，但同时，也迎来了新的发展机遇。未来，哈尔滨将继续发挥其冰雪资源的优势，推动冰雪旅游和消费的可持续发展。

二、冰城印象：哈尔滨冰雪旅游概述

（一）冰雪旅游的历史和现状

哈尔滨的冰雪旅游起源于 20 世纪初，最初是当地居民在冬季利用冰雪进行的一些简单娱乐活动。随着时间的推移，这些活动逐渐发展成为一种具有地方特色的旅游项目。1985 年，哈尔滨国际冰雪节首次举办，标志着冰雪旅游正式成为哈尔滨的一张名片。如今，哈尔滨的冰雪旅游已经发展成为一个集冰雪艺术展示、冰雪运动体验、冰雪娱乐活动和冰雪文化交流于一体的综合性旅游产业。

（二）冰雪旅游的主要活动和景点

哈尔滨的冰雪旅游活动丰富多彩，其中最具代表性的包括哈尔滨国际冰雪节、冰雪大世界、雪博会等。哈尔滨国际冰雪节是世界四大冰雪节之一，每年 1 月 5 日开幕，持续到 2 月底。节日期间，游客可以欣赏到精美的冰雕艺术、参与冰雪运动，体验冰雪娱乐项目。冰雪大世界是冰雪节的重要组成部分，每年都会有不同主题的大型冰雕展览，这些冰雕不仅在艺术上给人以震撼，更在消费体验上进行了升级。哈尔滨还有许多其他的冰雪旅游景点和活动，如亚布力滑雪场、太阳岛雪雕艺术博览会、中央大街的冰灯游园会等。这些活动和景点不仅为游客提供了丰富的旅游体验，也成为推动当地经济发展的重要力量。

（三）冰雪旅游对地方经济的贡献

哈尔滨的冰雪旅游不仅为游客提供了独特的体验，也为地方经济的发展作出了巨大贡献。冰雪旅游带动了吃、住、行、游、购、娱相关产业的繁荣。[①]每年的冰雪节期间，哈尔滨的酒店、餐馆、商店和交通设施都会迎来客流高峰，为当地创造了大量的就业机会和经济收入。此外，冰雪旅游还促进了文化交流和国际合作，提升了哈尔滨的国际知名度和影响力。

---

① 侯庆海. 哈尔滨冰雪旅游模式解析与提升策略研究［J］. 理论观察，2024（1）：26－32.

三、冰雪节庆：旅游消费的狂欢

（一）哈尔滨国际冰雪节

哈尔滨国际冰雪节始于 1985 年，是中国第一个以冰雪为主题的大型节庆活动。起初，冰雪节主要以展示冰雕、雪雕作品为主，随着时间的推移和规模的扩大，冰雪节逐渐发展成为一个集冰雪艺术、冰雪运动、冰雪娱乐和冰雪文化交流于一体的综合性节庆活动。冰雪节一般从每年的 1 月 5 日开始，持续到 2 月底，为期近两个月。活动期间，哈尔滨的各大冰雪景点如冰雪大世界、太阳岛雪博会、中央大街冰灯游园会等，都会迎来大量游客。冰雪节不仅吸引了国内外的游客，也成为一种国际性的文化交流活动，吸引了来自世界各地的艺术家和冰雪爱好者。

（二）冰雪节庆活动对旅游消费的推动作用

冰雪节庆活动的举办，极大地推动了哈尔滨的旅游消费。首先，这些活动吸引了大量的游客，直接带动了餐饮、住宿、交通、购物等相关产业的繁荣。其次，冰雪节庆活动通过丰富多彩的展示和体验，激发了游客的消费欲望。冰雪大世界以其壮观的冰雕艺术和精彩的冰雪娱乐项目，成为游客消费的重要场所。游客在这里不仅可以欣赏到各种精美的冰雕作品，还可以参与冰滑梯、冰上漂移、冰雕制作等互动体验项目。这些项目不仅增加了游客的参与感和旅游体验，也带动了门票、娱乐项目和餐饮等多方面的消费。

（三）冰雪大世界的艺术魅力和消费吸引力

冰雪大世界是哈尔滨国际冰雪节的核心活动之一，每年都会有不同主题的大型冰雕展览。这里的冰雕作品不仅规模宏大、造型精美，而且融入了丰富的文化元素和艺术创意，给人以强烈的视觉震撼和艺术享受。

冰雪大世界还在消费体验上进行了全面升级。为了吸引更多的游客，冰雪大世界不断推出新的互动体验项目，如冰滑梯、冰上舞蹈、冰雕制作等，让游客在欣赏冰雕的同时，也能参与其中，增加了旅游的趣味性和互动性。这些体验性消费成为冰雪旅游的一大亮点，极大地提升了游客的满意度和消费意愿。

（四）雪博会的创意展示和文化价值

太阳岛雪博会是哈尔滨国际冰雪节的重要组成部分，以展示雪雕艺术为主。每年的雪博会都会吸引大量的国内外艺术家参与，他们在这里创作出各种富有创意和文化内涵的雪雕作品。这些作品不仅展示了雪雕艺术的魅力，也反映了不同地区和国家的文化特色和艺术风格。

雪博会通过雪雕艺术的展示，极大地丰富了游客的旅游体验。游客可以在这里欣赏到各种形态各异、栩栩如生的雪雕作品，感受到雪雕艺术的独特魅力。① 同时，雪博会还通过各种互动体验项目，如雪雕制作、雪地游戏等，增强了游客的参与感和体验感，进一步激发了游客的消费欲望。

四、冰雪艺术：消费体验的升级

冰雪艺术是哈尔滨冰雪旅游中最具吸引力和特色的部分。通过精美的冰雕和雪雕作品，哈尔滨不仅展示了其在冰雪文化上的独特优势，也为游客提供了一种视觉和心理上的双重享受。随着技术和创意的不断进步，冰雪艺术不仅在艺术表现上不断突破，更在消费体验上进行了全面升级，为冰雪旅游注入了新的活力。

（一）冰雕艺术的历史与发展

最初，冰雕只是一些简单的冰块堆砌，用来装饰房屋或景观。随着技艺的不断进步和冰雪节庆活动的兴起，冰雕艺术逐渐发展成为一种具有高度艺术性和观赏性的创作形式。今天的哈尔滨冰雕艺术已经达到了世界领先水平。每年的冰雪大世界和冰雪节庆活动中，都会展示大量精美的冰雕作品，这些作品不仅规模宏大、造型精美，而且融入了丰富的文化元素和艺术创意。

（二）雪雕艺术的独特魅力

与冰雕相比，雪雕艺术更强调创意和表现力。雪雕艺术家通过对雪的雕刻，创造出各种形态各异、栩栩如生的雪雕作品。这些作品不仅在视觉上给人以震撼，更在文化和情感上与观众产生共鸣。

---

① 方圆. 在冰雪之间展现青春力量 ［N］. 人民日报，2024 - 02 - 18（005）.

（三）冰雪艺术与科技的融合

随着科技的进步，冰雪艺术也在不断创新和升级。现代冰雕和雪雕艺术已经不仅仅局限于传统的雕刻技艺，更加入了灯光、声效、投影等多种现代科技元素。[①] 这些元素不仅增强了冰雪艺术的表现力，也提升了游客的观赏体验。

例如，在冰雪大世界中，许多冰雕作品都会配合灯光效果进行展示。灯光通过冰雕的折射和反射，创造出各种绚丽的光影效果，让冰雕作品在夜晚显得更加璀璨动人。一些冰雕和雪雕作品还加入了互动投影和声效装置，让游客在观赏的同时，能够通过触摸和声音与作品产生互动，增加了娱乐性和参与感。

（四）冰雪艺术的文化传播

冰雪艺术不仅是一种视觉和体验的享受，更是一种文化的传播和交流。冰雪艺术的展示和互动体验，不仅增强了游客对冰雪旅游的兴趣和认识，也推动了冰雪文化的传播和发展。在冰雪节庆活动中，许多冰雕和雪雕作品都会融入当地的文化元素和故事，通过艺术的形式向游客展示哈尔滨的历史和文化。这种文化传播不仅提升了冰雪艺术的内涵和价值，也为游客提供了一种深层次的文化体验。

（五）冰雪艺术对旅游消费的促进作用

冰雪艺术的创新和升级，为游客提供了一种全新的旅游消费体验，极大地提升了哈尔滨冰雪旅游的吸引力和竞争力。游客在欣赏冰雪艺术的同时，也会在门票、娱乐项目、餐饮和纪念品等方面产生大量消费。这些消费不仅推动了当地旅游业的发展，也带动了相关产业的繁荣。未来，随着科技和创意的不断进步，哈尔滨的冰雪艺术将继续发挥其独特的魅力，吸引更多的游客前来体验和消费，推动冰雪旅游和地方经济的可持续发展。

五、冰雪美食：味蕾上的消费之旅

（一）哈尔滨冰雪美食的独特性

哈尔滨地处中国东北，冬季寒冷，食物的储存和保暖显得尤为重要。由于

---

① 曾帆，孝媛，王海跃，韩婷澎. 冰天雪地也是金山银山［DB/OL］. 人民网，http：//ln. people. com. cn/n2/2024/0109/c378319 – 40707221. html.

地理和气候条件的影响，哈尔滨的饮食文化具有浓厚的地方特色。这里的美食不仅口味独特，而且富有浓郁的地方风情，展示了北方人的智慧和生活方式。

哈尔滨的美食以其丰富的口味和种类著称。无论是传统的东北菜，还是受俄罗斯文化影响的西式料理，哈尔滨都能满足游客的多样化需求。尤其是在冰雪旅游期间，许多餐馆和小吃摊都会推出各种特色冰雪美食，让游客在寒冷的冬季感受到温暖和满足。

（二）冰雪美食的种类和特色

哈尔滨的冰雪美食种类繁多，既有传统的东北特色菜，也有受俄罗斯影响的异国风味，还有现代创新的冰雪主题美食。东北炖菜是哈尔滨的传统美食之一，以其丰富的食材和浓郁的口味著称。炖菜通常选用猪肉、牛肉、羊肉等肉类，搭配白菜、土豆、胡萝卜等蔬菜，经过长时间的炖煮，味道鲜美，适合在寒冷的冬季食用。受俄罗斯饮食文化影响，红肠已经成为哈尔滨的标志性美食。红肠选用优质猪肉，加入香料和调料，经过烟熏和烘焙，口感细腻，味道独特，是游客不可错过的美食之一。锅包肉是一道经典的东北菜，其独特的制作方法和酥脆的口感让人难以忘怀。锅包肉选用猪里脊肉，经过炸制后，裹上糖醋汁，味道酸甜可口，是哈尔滨冰雪美食中的一道经典菜肴。

（三）冰雪美食的体验方式

为了让游客更好地体验冰雪美食，哈尔滨不仅在各大餐馆和小吃摊提供各种特色美食，还推出了多种体验方式，让游客在品尝美食的同时，感受到冰雪文化的独特魅力。

冰雪美食街：每年冰雪节期间，哈尔滨都会在中央大街、松花江畔等地开设冰雪美食街，集中展示和销售各种冰雪美食。游客可以在这里品尝到各式各样的美食，感受到浓厚的冰雪氛围。

冰雪美食节：哈尔滨还会定期举办冰雪美食节，邀请国内外的美食家和游客前来参与。美食节期间，这里不仅有各种美食的展示和品尝活动，还有美食比赛、烹饪表演等丰富多彩的活动，吸引了大量游客前来体验。

冰雪美食体验馆：一些冰雪旅游景点还设有专门的冰雪美食体验馆，通过互动展示和现场制作的方式，让游客了解或体验冰雪美食的制作过程，增加了旅游的趣味性和参与性。

（四）冰雪美食对旅游消费的促进作用

冰雪美食作为冰雪旅游的重要组成部分，极大地提升了哈尔滨冰雪旅游的吸引力和竞争力。通过丰富多彩的美食体验，哈尔滨不仅满足了游客的味蕾需求，也激发了游客的消费欲望，推动了地方经济的发展。冰雪旅游期间，哈尔滨的餐馆、饭店和小吃摊都会迎来客流高峰，为当地创造了大量的就业机会和经济收入。冰雪美食节、美食街丰富的互动和体验活动，吸引了大量游客，增加了旅游的趣味性和吸引力。冰雪美食还带动了相关产业的发展。游客在品尝美食的同时，还会购买各种特产和纪念品，带动了哈尔滨的经济发展。

（五）冰雪美食的文化价值和影响力

冰雪美食不仅是一种味觉享受，更是一种文化体验。冰雪美食的文化价值不仅体现在美食本身，还体现在其背后的历史和故事。红肠的制作工艺和历史渊源，锅包肉的制作技巧和文化背景，马迭尔冰棍的品牌故事和传承等，都为冰雪美食增添了浓厚的文化色彩。通过冰雪美食的体验，游客不仅品尝到了美味，还了解了哈尔滨的历史和文化，增加了对哈尔滨的认同感和好感度。这种文化传播和交流，不仅提升了哈尔滨的国际知名度和影响力，也为当地旅游业的发展注入了新的活力。

六、总结

哈尔滨冰雪旅游在资源整合与创新驱动、服务质量的持续提升、经济带动效应的全面发挥、季节性波动的有效应对、环境保护与可持续发展的重视、市场推广与品牌建设的加强、国际化发展的推进、智慧旅游与数字化的应用等方面的努力和取得的成效，为其他地区提供了宝贵经验。

（案例作者　王旭平）

第七章

邮轮旅游消费需求报告[*]

第一节　邮轮旅游发展概述

一、概念界定

邮轮的原意是海洋上的指定路线、指定时期航行的大型客运轮船。在早期运输行业并不发达，航空还未兴起的时候，很多通信邮件都是靠这种大型船舶进行跨洋运输。一战以后至 20 世纪 60 年代初，随着民航业的迅猛发展，交通运输格局发生了重大变化，邮轮业在交通运输界的地位正逐渐被航空业所取代。由于海上客运量的巨大下滑，邮轮运营商迫于经营的压力不得不开始探索新的经营方式，尝试着由向旅客提供单纯的运输服务转变为向游客提供休闲舒适的新型海上度假服务。邮轮业经过一系列业务功能转型和运营模式创新，从原来单纯的海上客运业务，向规模庞大的现代专业旅游业务转变，娱乐设施和服务项目不断完善，逐渐成为现在为生活富裕及闲暇时间充裕的游客提供舒适海上旅行服务的邮轮。根据上海市旅游局、上海市交通委员会联合制定的《上海市邮轮旅游经营规范》，邮轮旅游可定义为以海上船舶为旅游目的地和交通工具，为旅游者提供海上游览、住宿、交通、餐饮、娱乐或到岸观光等多种服务的出境旅游方式。

二、政策背景

经历近半个世纪的蓬勃发展，中国邮轮产业已成为旅游与接待行业中经济

_* 本研究选取百度指数"用户关注度"衡量邮轮旅游消费需求，本章数据来源于百度指数官方平台。

效益最显著、发展速度最快的领域之一。邮轮业的迅速崛起离不开各级政府和相关部门的全力支持。2008 年，国家发展改革委发布了《关于印发促进我国邮轮业发展的指导意见的通知》，为行业提供了重要的政策指导。2009 年，《国务院关于推进上海加快发展现代服务业和先进制造业建设国际金融中心和国际航运中心的意见》中提出了"促进和规范邮轮产业发展"的目标，进一步推动了行业的规范化进程。

2015 年 8 月，国务院办公厅发布了《国务院办公厅关于进一步促进旅游投资和消费的若干意见》，明确指出要"推进邮轮旅游产业发展"以及"培育游艇旅游的大众消费市场"。这一系列政策为邮轮产业的发展奠定了坚实基础。

2015 年 3 月，国家发展改革委、外交部、商务部联合发布了《推动共建丝绸之路经济带和 21 世纪海上丝绸之路的愿景与行动》，其中明确指出要"推动 21 世纪海上丝绸之路邮轮旅游合作"，为我国邮轮航线布局与旅游合作开辟了更广阔的发展空间。邮轮旅游因此成为践行"一带一路"倡议的重要组成部分。2012～2017 年，上海、天津、深圳、青岛、大连和福州相继被批准为"中国邮轮旅游发展实验区"，旨在推动我国邮轮政策创新与产业变革。

2022 年，工业和信息化部、发展改革委、财政部、交通运输部以及文化和旅游部联合发布的《关于加快邮轮游艇装备及产业发展的实施意见》，提出到 2025 年要初步建立邮轮游艇装备产业体系。政策目标包括实现国产大型邮轮的建成交付、中型邮轮加速推进、小型邮轮实现批量生产，实现游艇产品系列化和规模化生产，旅游客船实现提档升级向特色化发展。

这一系列措施将大幅提升装备技术水平和供给能力，改善产品种类、质量和品牌，以更好地满足国内海洋及滨水旅游的发展需求以及部分国际市场的需求。同时，将建立邮轮游艇的本土配套及国际协作体系，形成专业化的供应链，健全法规标准体系，完善公共基础设施，从而构建良好的产业发展生态。

三、发展现状

经过十年的快速发展，我国邮轮旅游业实现了从小众旅游向大众旅游的转变，逐步从跟随国际规则转向积极主动参与旅游国际合作与旅游外交。自 2006 年邮轮母港市场启动以来，我国邮轮旅游业呈现井喷式增长，到 2016 年已经跃升为全球第二大邮轮市场。前瞻产业研究院的《中国邮轮旅游行业发展前景预测与投资战略规划分析报告》显示：2013 年，我国港口游客接待总量为 120.15 万人次，2014 年达到 172.37 万人次，2015 年增至 248 万人次，

2016 年更是达到 456. 66 万人次，2017 年为 495. 5 万人次。虽然 2018 年和 2019 年略有回落，分别为 488. 69 万人次和 416. 46 万人次，但整体趋势依然向好。

2018 年，中国船舶工业集团有限公司与美国嘉年华集团、意大利芬坎蒂尼集团在中国首届国际进口博览会上正式签订了 2 + 4 艘 vista 级、总吨位为 13. 55 万吨的大型邮轮建造合同，并举行了项目启动仪式，标志着中国船舶工业正式开启大型邮轮建造新时代。这一里程碑事件为我国邮轮产业的进一步发展奠定了坚实基础。

交通运输部、国家发展改革委等十部门联合发布的《关于促进我国邮轮经济发展的若干意见》指出，到 2035 年，中国邮轮市场预计将达到每年 1400 万人次的规模，遵循高质量发展的路径，届时国际邮轮对中国的产业经济贡献预计将达到 5 500 亿元。

作为全球最大邮轮业的新兴市场以及全球第二大邮轮客源国，中国蕴含着巨大的消费潜力和增长空间。自 2023 年中国国际邮轮运输实质性复航后，实现船供物资消费超过 1 亿元，95% 以上为国内采购。同时，邮轮港口出入境免税店消费约 370 万元，人均消费达疫情前的 2. 5 倍。此外，邮轮公司新增约 4 000 个就业岗位，推动 400 余家旅行社恢复国际邮轮业务，带动相关代理企业约 100 家。预计到 2024 年，邮轮行业将继续新增约 2 万个就业岗位。

第二节　邮轮消费需求年际变化趋势

一、消费需求数值年际变化

邮轮旅游消费需求数值的年际变化如表 7 – 1 所示。最小整体消费需求日均值（195 人次）出现在 2021 年，最大整体消费需求日均值（1 671 人次）出现在 2017 年，后者是前者的近 9 倍，整体年总值最小值为 71 175 人次，最大值为 609 915 人次。最小移动日均值（67 人次）出现在 2011 年，最大移动日均值（1 144 人次）出现在 2017 年，后者是前者的 17 倍，移动年总值最小值为 24 455 人次，最大值为 417 560 人次。显然，13 年时间里，邮轮旅游所受关注大幅增长，互联网大数据所展现的整体消费需求年总值累计突破 300 万人次，移动消费需求年总值超过 160 万人次。

表 7 - 1　　　　　2011～2023 年邮轮旅游消费需求日均值与年总值　　　单位：人次

年份	整体日均值	整体年总值	移动日均值	移动年总值
2011	336	122 640	67	24 455
2012	448	163 520	98	35 770
2013	530	193 450	166	60 590
2014	632	230 680	225	82 125
2015	903	329 595	395	144 175
2016	1 240	452 600	614	224 110
2017	1 671	609 915	1 144	417 560
2018	902	329 230	615	224 475
2019	651	237 615	511	186 515
2020	335	122 275	245	89 425
2021	195	71 175	118	43 070
2022	249	90 885	166	60 590
2023	255	93 075	171	62 415
合计	8 347	3 046 655	4 535	1 655 275

注：邮轮旅游消费需求日均值由百度指数所收录"邮轮旅游"关键词的用户关注度表征，此单一关键词将造成对邮轮旅游消费需求的低估，但同一标准下的数值仍具有研究价值，年际变化趋势分析能有效反映邮轮旅游发展动态。

　　图 7 - 1 更为形象地展示了邮轮旅游消费需求规模的年际变化：2011～2014 年公众对于邮轮旅游的关注及相应产生的需求变化幅度较小；但从 2015 年开始，随着《推动共建丝绸之路经济带和 21 世纪海上丝绸之路的愿景与行动》的提出，我国邮轮航线布局与旅游合作拥有了更大的发展空间，群众对于邮轮旅游的消费需求整体与移动年总值均呈现显著增长。随后 2016 年、2017 年政策拉力更为强劲，消费需求规模大幅上升；2017 年，邮轮旅游消费需求整体年总值和移动年总值都达到了最高峰，整体年总值突破 60 万人次，移动年总值突破 41 万人次。前瞻产业研究院发布的《2018～2023 年中国旅行社行业发展前景预测与投资战略规划分析报告》显示，两家邮轮巨头皇家加勒比和嘉年华公司 2018 年均下调了分配给中国市场的船舶比例。2017 年 4 月，公主邮轮旗下的蓝宝石公主号宣告离开中国市场；2017 年 10 月，皇家加勒比旗下

海洋神话号因被收购而推出告别航次；2017 年 8 月，海洋水手号暂别中国母港，因此 2018 年、2019 年的中国邮轮市场受到了一定的冲击，邮轮旅游消费需求大幅度降低，2020 年出现新冠疫情，使得邮轮旅游消费需求减弱，直至 2022 年消费需求整体减弱趋势才停止。

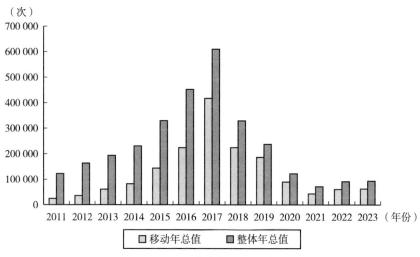

图 7 - 1 2011~2023 年邮轮旅游消费需求年总值

二、消费需求增长年际变化

邮轮旅游消费需求增长的年际变化如图 7 - 2 所示。2012~2023 年整体与移动消费需求均存在正、负双向增长，除了 2019 年整体消费需求变化率高于移动消费需求变化率外，其他年的移动消费需求变化率都高于整体变化率，可见移动端发展速度十分突出。

整体消费需求增长显示：2012~2017 年的邮轮旅游整体消费需求呈现出正向增长，由于国家政策效应和邮轮港的兴建，2015~2017 年邮轮旅游整体消费需求增长均高于 33%，体现了国内邮轮旅游行业的快速成长，日益成为中国游客接受的新兴出游方式。但是从 2018 年开始，由于外资邮轮公司逐步削减了分配给中国市场的船舶比例，邮轮旅游整体需求开始减少，2018~2021 年的邮轮旅游整体消费需求呈现出负向增长，新冠疫情的出现更是进一步抑制了邮轮旅游消费需求，直到 2022 年我国邮轮旅游需求才重新恢复正向增长。

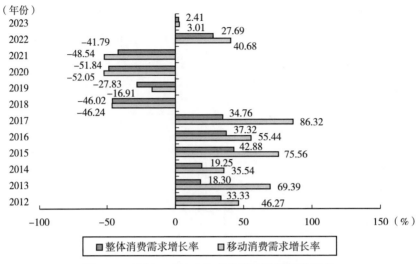

图7-2　2012～2023年邮轮旅游消费需求增长率

移动消费需求增长显示：随着信息化的发展和邮轮旅游发展政策的推动，2012～2017年的邮轮旅游移动消费需求呈现出正向增长，2017年邮轮旅游移动消费需求达到了最高峰。随着部分国际邮轮公司进行全球战略布局调整，中国邮轮旅游市场在2018年进入由"高速度增长"转向"高质量、高品位发展"的战略调整期，2018年邮轮旅游移动消费需求呈现出负向增长，新冠疫情的出现使得邮轮旅游消费需求进一步降低，2022年邮轮旅游消费需求才有所增加。

三、移动端需求占比年际变化

邮轮旅游移动搜索引致的消费需求占比年际变化如图7-3所示。

互联网搜索呈现的邮轮旅游消费需求主要源自移动端和PC端，移动端需求在整体消费需求中的占比能一定程度上显示公众信息来源与搜索偏好。由图7-3可知，2011～2023年移动端需求占比总体呈现稳步增长趋势，其中2011～2017年因基数较小而实现占比的高速增长，2018年稍有回落，2019年移动端占比再次实现约10%的增长，邮轮旅游移动消费需求占比达到78.49%，2020～2023年尽管移动端需求占比未实现更大的突破，但仍维持高于60%的比重，说明移动搜索已经成为人们获取信息的重要来源。

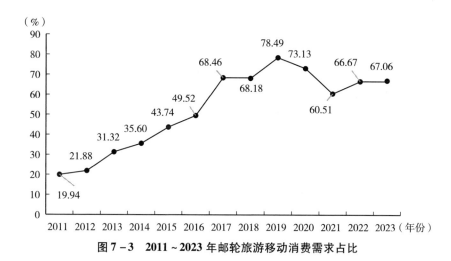

图 7 - 3　2011～2023 年邮轮旅游移动消费需求占比

第三节　2023 年邮轮旅游消费需求分析

一、消费群体分析

（一）性别分析

2023 年邮轮旅游消费群体性别分布如图 7 - 4 所示。男性占比 60.90%，TGI 指数为 118.73，表明男性对邮轮的关注程度高于平均水平；女性占比 39.10%，TGI 指数为 80.28，可见女性对邮轮的关注程度低于平均水平，可知邮轮旅游的消费群体中男性多于女性，这可能是由于男性相对于女性具有更强的探索欲，更愿意选择邮轮旅游探索海上世界。

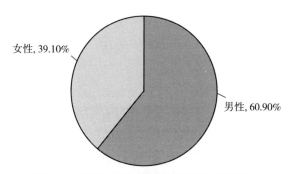

图 7 - 4　2023 年邮轮旅游消费群体性别分布

（二）年龄分析

2023 年邮轮旅游消费群体年龄分布如图 7 – 5 所示。19 岁及以下占比为 4.38%，TGI 指数为 42.58，该年龄段人群占比远低于另外三个年龄段，因此中小学生并不是邮轮旅游消费的主要群体。20 ~ 29 岁占比为 10.27%，TGI 指数为 45.58。以上两个年龄段人群对邮轮旅游的关注程度均低于平均水平。30 ~ 39 岁占比为 36.24%，TGI 指数为 111.43；40 ~ 49 岁占比为 26.52%，TGI 指数为 128.68；50 岁及以上群体占比为 22.59%，TGI 指数为 161.62，这三个年龄段人群对邮轮的关注程度远高于平均水平，因此中老年人成为邮轮旅游的主力军。

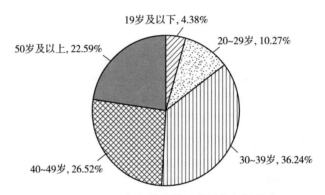

图 7 – 5　2023 年邮轮旅游消费群体年龄分布

二、消费需求分析

（一）时间分布

2023 年邮轮消费需求量的月度分布如表 7 – 2 所示。最小日均值出现在 12 月（212 人次），最大值出现在 2 月（310 人次），变化幅度为 46.23%，相应消费需求月总值分别为 6 572 人次、8 680 人次，变化幅度为 32.08%。

表 7 – 2　　　　　　　　　2023 年邮轮旅游消费需求时间特征

月份	日均值（人次）	月总值（人次）	月总值占比（%）
1	271	8 401	9.01
2	310	8 680	9.31

月份	日均值（人次）	月总值（人次）	月总值占比（%）
3	253	7 843	8.41
4	270	8 100	8.70
5	264	8 184	8.78
6	303	9 090	9.75
7	283	8 773	9.41
8	215	6 665	7.15
9	230	6 900	7.40
10	237	7 347	7.88
11	222	6 660	7.15
12	212	6 572	7.05

各月消费需求日均值跨度显示：所有月份消费需求日均值都高于 200 人次，2 月、6 月消费需求日均值高于 300 人次，其他月份消费需求日均值都位于 200～300 人次区间。

各月消费需求总值跨度显示：8 月、9 月、11 月、12 月消费需求总值低于 7 000 人次，3 月、10 月消费需求总值位于 7 000～8 000 人次区间，1 月、2 月、4 月、5 月、7 月消费需求总值位于 8 000～9 000 人次区间，6 月消费需求总值高于 9 000 人次。

由表 7－2 和图 7－6 可以看出，12 个月的月总值占比呈现上下波动，1 月、2 月、6 月、7 月的消费需求占比高于 9%，最高为 6 月，占比为 9.75%，最低为 12 月，占比为 7.05%，两者相差 2.7 个百分点，因此邮轮旅游存在一定的月度差异。

从季节分布来看（见图 7－7），春季（3～5 月）消费需求总值合计 24 127 人次，在本年度占比为 25.88%，夏季（6～8 月）消费需求总值为 24 528 人次，占比为 26.31%，秋季（9～11 月）消费需求总值为 20 907 人次，占比为 22.43%，冬季（12 月～次年 2 月）消费需求总值合计 23 653 人次，在本年度占比为 25.38%。显然，邮轮旅游消费需求季节占比由高到低分别为夏季、春季、冬季、秋季。

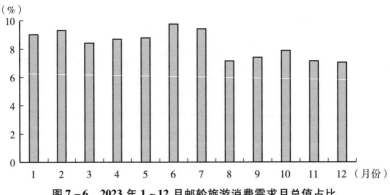

图7-6　2023年1~12月邮轮旅游消费需求月总值占比

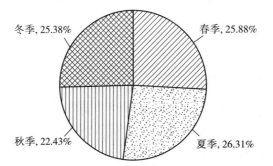

图7-7　2023年邮轮旅游消费需求季节占比

　　2023年邮轮旅游消费需求的月度变化如图7-8所示。由图7-8可知，6月为最高峰，消费需求月总值达到9 090人次；7月为次高峰，消费需求月总值为8 773人次。2023年12月邮轮旅游消费需求月总值为全年度最低，公众对邮轮的关注程度较低。1~2月消费需求月总值呈上升状态，直到3月回落，4~6月消费需求月总值不断上升，6月达到峰值，7~8月邮轮旅游消费需求逐渐回落，8~10月再次攀升，11~12月逐渐回落。

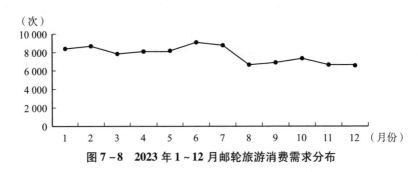

图7-8　2023年1~12月邮轮旅游消费需求分布

（二）空间分布

2023 年邮轮旅行消费需求空间分布如表 7-3 所示。其中，消费需求日均值最高的是广东省，达到 116 人次，总体而言，邮轮旅行消费需求空间分布十分不均衡。

表 7-3　　　　　　　　　2023 年邮轮旅行消费需求空间分布

省份	日均值（人次）	占比（%）	省份	日均值（人次）	占比（%）
安徽	45	2.99	江西	38	2.52
澳门	0	0.00	辽宁	62	4.12
北京	103	6.84	内蒙古	18	1.20
重庆	52	3.45	宁夏	3	0.20
福建	53	3.52	青海	1	0.07
广东	116	7.70	上海	105	6.97
广西	33	2.19	四川	73	4.85
甘肃	12	0.80	山东	86	5.71
贵州	21	1.39	山西	23	1.53
河北	65	4.32	陕西	39	2.59
黑龙江	34	2.26	天津	56	3.72
河南	63	4.18	台湾	3	0.20
湖南	56	3.72	西藏	0	0.00
湖北	64	4.25	香港	7	0.46
海南	21	1.39	新疆	11	0.73
吉林	24	1.59	云南	31	2.06
江苏	100	6.64	浙江	88	5.84

各省份邮轮旅游消费需求日均值跨度显示：广东、上海、北京、江苏、浙江、山东日均值高于 80 人次，这 6 个省份的日均值占比合计 39.7%；四川、河北、湖北、河南、辽宁、湖南、天津、福建、重庆、安徽日均值位于 40~80 人次区间，这 10 个省份的日均值占比合计 39.12%；陕西、江西、黑龙江、广西壮族自治区、云南、吉林、山西、贵州、海南日均值位于 20~40 人次区间，这 9 个省份的日均值占比合计 17.52%；余下 9 个省份的日均值占

比合计 3.66%，内蒙古自治区、甘肃、新疆维吾尔自治区的消费需求日均值位于 10～20 次区间。

第四节 邮轮旅游消费需求特征及影响因素

一、消费需求特征分析

（一）消费群体特征

中老年人群体占据邮轮出游人群的主体地位。中年旅游者普遍具有既"闲"又有钱的特点，是整个旅游市场的中坚力量，旅游消费频次较高，对豪华邮轮这种高端产品的需求也比较旺盛。对于老年旅游者来说，邮轮旅游推崇的是个性化服务，游客可随意选择自己喜欢的娱乐项目。与传统的团队游相比，邮轮旅游自主性强，不需要为旅途奔波，旅游满意度及舒适度更高，更适合行动缓慢的老年人。家庭"亲子游"市场发展迅速。众所周知，小朋友出游是否安全及是否开心是家长最关心的问题。邮轮旅游既能增长小朋友的见识，丰富其阅历，又能一并解决住宿、餐饮、娱乐等琐碎事务，成为越来越多家长出游的首选。邮轮旅游的消费群体中男性多于女性。这可能是由于男性相对于女性具有更强的探索欲，更愿意去选择邮轮旅游探索海上世界。

（二）时间分布特征

作为对气候和自然条件依赖性很强的产业，邮轮旅游季节性成因一般归结为自然因素和体制因素。[①] 自然因素包括温度、湿度、光照、风速、降水等气候因素，邮轮旅游需要适宜的天气才能感受到大海的美丽风光，过于恶劣的天气会影响到邮轮旅游游客的安全。因此 6～10 月是进行外出游玩、海上探索的最佳时期。邮轮亲子旅游的时间主要集中在暑期和国庆节，其中尤以暑期 7 月下旬和 8 月上旬出游最为密集。亲子游家庭人均单价要高于其他类型客户群体。中老年人时间充裕，他们出游时会潜意识地避开节假日高峰期。

---

① 孙晓东，武晓荣，冯学钢.邮轮旅游季节性特征：基于北美市场的实证分析 [J].旅游学刊，2015，30（5）：117-126.

（三）空间分布特征

由消费需求年总值数据可知，广东、上海、江苏、山东、浙江、北京的邮轮旅游消费需求最高。中国主要邮轮港口群为长三角邮轮圈、渤海湾邮轮圈和南部邮轮圈。上海作为国际贸易中心、国际经济中心、国际航运中心，承担长三角邮轮圈近全部运量，其经济条件、地理位置、旅游资源和支持政策等方面在全国邮轮港口城市均名列第一，因此以上海港为核心的长三角邮轮圈稳居市场"龙头"地位。渤海湾邮轮圈主要包括天津国际邮轮港、青岛邮轮港和大连港国际邮轮中心。南部邮轮圈在我国邮轮旅游产业发展初期的发展势头并不明显，但随着广州南沙邮轮港和深圳蛇口邮轮港的规划、建设和运营，南部邮轮圈近年来得到了快速发展。①

二、消费需求影响因素

（一）消费群体影响因素

1. 旅游者心理特征

参与邮轮旅游的游客首先需要具备一定的动机，这种动机是驱动他们进行旅游的内在因素。不同的动机会直接影响旅游者的偏好，进而促使他们选择不同类型的旅游活动。此外，游客对邮轮旅游的感知也是一个重要的影响因素。我国游客对邮轮的认知存在一些偏差，尤其是将邮轮无法靠岸视为旅游满意度不高的主要原因。最后，游客对邮轮旅游的态度也会影响他们的消费行为。邮轮旅游的态度是一种心理反应，受到知识、欲望和环境等多种因素的影响，因此，旅游者的选择偏好和消费习惯会直接影响其消费行为。

2. 旅游者个人特征

旅游者的性别、年龄和文化程度等因素都会在一定程度上影响他们对邮轮旅游的消费行为。数据显示，男性对邮轮旅游的需求高于女性，而50岁以上的邮轮旅游者占比超过60%，老年人已成为重要的消费群体。

3. 旅游消费者经济收入

邮轮旅游属于高消费，需要一定的经济能力，因此可支配收入的多少将直

---

① 朱园园，程爵浩. 中国沿海邮轮港口的空间聚集与竞争格局分析［J］. 海洋开发与管理，2020，37（8）：58－63.

接影响邮轮旅游消费者的消费偏好和水平。经济收入的高低将直接决定消费者选择的服务级别和产品，从而影响其消费行为。

（二）时间分布影响因素

1. 旅游者闲暇时间

旅游的时间长度直接影响到游客的消费行为。一般来说，人们的休息时间多为3~4天，而邮轮旅游的时间往往与上班族的假期安排相冲突，这使得老年人成为我国邮轮旅游的主要消费群体，因为他们退休后拥有相对充足的闲暇时间和养老金来支持旅游。

2. 季节变化

季节变化对邮轮航线的规划有显著影响。邮轮旅游是当前发展最快的旅游项目之一，为旅游产业带来了可观的经济效益。然而，这一产业的发展也会受到季节性因素的影响，可能导致经营的淡季出现。与其他旅游产业不同，邮轮旅游以邮轮为载体，游客在船上享受优质服务，并根据选择的航线欣赏沿途的风景和城市。然而，由于邮轮航线的地区性和季节性的变化，寒冷或炎热的天气都会影响旅游的开展，原定的航线可能无法使用，从而使游客的预期受到影响。

3. 突发事件影响

突发公共事件的不可预测性和不确定性也会影响邮轮旅游的需求和满意度。因此，需要对突发事件及常见问题进行合同约定，以保障各方的权益。

（三）空间分布影响因素

1. 城市化率和地区GDP

城市化水平的提高为潜在的邮轮旅游消费群体的培养奠定了良好的社会基础。公众的生活水平和物质条件不断提高，有利于激发对邮轮旅游的关注；经济稳步发展也为邮轮旅游产业链的配套设施建设提供了基础。

2. 对外开放程度

高水平的对外开放，船舶工业领域的双边和多边交流合作，邮轮游艇行业协会、企业和高校参与多样化的国际交流与合作，良好的投资环境等，都是吸引全球邮轮投资和合作的良好基础。

3. 邮轮母港建设

通过建设邮轮母港吸引国际邮轮停靠，开展国际邮轮业务，可以在潜移默化中提升对邮轮旅游的关注。因此，规划母港时，能否发挥沿海城市的"门户"与"枢纽"功能，对当地邮轮旅游的空间分布有重要影响。

第五节　邮轮旅行消费需求提升建议

一、政策支持

（一）健全指导体系

为优化邮轮旅游发展路径新时期的发展目标，各省应充分利用国家层面对邮轮旅游的有利政策，如《关于进一步促进旅游投资和消费的若干意见》和《"十三五"旅游业发展规划》，以消费者需求为导向，逐步探索适合中国邮轮旅游市场的实践路径。

（二）加大财政支持

发挥国家产融合作平台作用，鼓励各类金融机构加大对邮轮游艇发展的精准支持，更好地引导邮轮旅游业的发展。鼓励金融机构创新金融产品，支持邮轮游艇产业兼并重组和国际产能合作，探索面向游艇消费的信贷保险产品。拓宽邮轮企业投融资渠道，积极引导保险机构、商业银行等探索推出专门金融产品，推进邮轮融资租赁业务发展，为邮轮企业提供高效便利的金融服务。支持符合条件的邮轮企业通过股权、债权融资，吸引更多社会资本参与邮轮产业投资。

（三）深化部门联动

鼓励社会资本建立邮轮游艇产业发展基金，促进邮轮游艇融资租赁业务的发展，支持符合条件的邮轮游艇企业发行企业债券、上市融资。落实首台（套）重大技术装备保险补偿机制，重点支持大中型邮轮产业的发展。

（四）构建安全机制

建立一个统一的邮轮旅游业安全标准，包括硬设施建设、安全检查、紧急救援等，使在整个地区内都能应对各类可能发生的风险和危机情况。建立一套高效且响应迅速的紧急应对机制，设立专门的应急救援队伍，并定期进行应急救援演练，提高在紧急情况下的响应速度和处理能力。加强信息共享和通信连接，通过信息技术手段，建立密切的信息共享和通信连接机制，在发生风险时能够快速地获取并传递准确信息，及时进行决策和救援。

（五）推动通关便利

升级改造邮轮港口查验配套设施，提升对邮轮旅客及行李的智能监管，实现智慧旅检通关模式。用足用好"144 小时"过境免签政策、邮轮入境游客指纹采集便利措施，争取外国旅游团乘坐邮轮入境实施 15 天免签政策。完善船舶联合登临检查机制，依托国际贸易"单一窗口"船舶联合登临系统，推进海关、边检、海事一次性联合检查，提高邮轮查验效率。优化海上交通组织保障，开辟邮轮进出港绿色通道，提供优先通航服务。

二、产业升级

（一）提升邮轮研发设计建造能力

以国际主流大中型邮轮为重点，兼顾极地邮轮等专业化小型邮轮，加大总体设计和总装建造关键技术攻关，提升先进制造和工程管理能力，打造新一代研发制造一体化协同平台。加强邮轮系统集成和核心装备研发，突破海上邮轮救援关键技术和装备，加快大数据、云计算、5G 移动通信、人工智能、北斗导航、卫星通信等技术应用研究和试验验证。推进邮轮安全消防、卫生防疫、新能源清洁能源、环保材料、减震降噪等技术应用研究，全面提高邮轮安全绿色水平和质量可靠性。

（二）加强沿海内河旅游客船品质

以国内水路旅游客运精品航线发展需求为导向，大力发展适宜沿海沿江游、城市景观游、自然景观游、特色文化游等不同类型的旅游客船。全面提高船舶安全环保水平，推进新能源清洁能源动力示范应用，加强工业设计，采取减震降噪措施，增加休闲娱乐设施，提升外观和内部装饰美学水平，增强舒适性和娱乐性。深化国际国内邮轮港口合作，增加互为母港和多母港航线操作，延伸扩展更多访问港客源腹地。合理降低国际邮轮靠泊成本，鼓励邮轮船型多样化，吸引不同等级、不同品类、不同主题的邮轮来华停靠，扩大访问港邮轮艘次、入境游客数量和换乘比例。

（三）大力发展大众化消费游艇

以满足游艇大众消费需求为重点，大力发展中小型游艇，鼓励发展新能源、清洁能源新型游艇，推动国内游艇细分消费市场发展。加强游艇研发设计能力，提升技术水平和建造品质。鼓励游艇骨干企业与高校所在游艇领域合作创立高水平创新载体，争取在大众化游艇、新能源游艇等研发设计上实现重大突破。推动三亚国际邮轮母港建设，推进上海、天津、深圳、青岛、大连、厦门、福州、广州等地邮轮旅游发展，打造一批国际一流的邮轮旅游特色目的地。鼓励按照国家有关规定开展邮轮旅游创建示范工作。丰富邮轮旅游航线和产品，稳慎推进邮轮海上游航线试点，研究探索环岛游航线。推广实施邮轮船票管理制度，落实邮轮港服务规范，提升邮轮旅游服务体验。打造邮轮企业总部基地，吸引更多全球邮轮企业地区总部和全球运营中心落户，支持本土邮轮企业建设发展。

（四）打造旅游客船精品航线

支持在沿海地区、长江流域、西江流域等有条件的江河湖泊中发展国内水路旅游精品航线，为地方经济振兴和旅游业增添新的动力。重点推进环渤海、粤港澳大湾区、粤闽浙沿海城市群、海南自由贸易港、长江经济带、珠江—西江经济带和大运河文化带等区域的水上旅游资源开发，充分挖掘这些区域丰富的自然景观与深厚的文化底蕴。通过突出当地独特的历史文化、红色传承、自然风光、现代都市风貌及乡村振兴等特色，让游客在游览中深刻体验每个目的地的魅力。例如，设立与地方历史相关的主题航次，让游客在游览途中领略历史故事与人文风情，或结合红色旅游资源，推出专门的红色教育航线，增强游客的历史认知和情感共鸣。在此基础上，不仅要完善定点定线的船舶旅游产品，还应积极推出多样化的主题航次和个性化定制服务，以满足不同游客的需求。可以设计与当地传统节日相关的节庆主题航线，提供独特的美食体验和文化表演，或者推出亲子家庭航线，增加互动活动，让家庭游客共享愉快时光。这些丰富多样的旅游产品和个性化服务将进一步增强国内水路旅游的吸引力，提升整体游客体验，推动旅游市场的繁荣与可持续发展。

三、产品营销

（一）开拓邮轮旅游新兴市场

为稳固已有的邮轮旅游成熟市场，同时积极开拓新兴市场，各地应充分利用邮轮旅游网络的关注度差异，特别聚焦北京、江苏、上海、浙江和广东等一线城市及其周边区域，开展针对性的营销推广活动。这些地区因其经济发展和消费能力较强，成为邮轮旅游网络关注的热点，促进区域间的合作交流与联动发展显得尤为重要。此外，对于内陆经济较发达的省份，尤其是那些拥有邮轮母港的城市，更要依托其港口优势，积极拓展宣传范围，开辟中远程客源市场。值得一提的是，西部地区的邮轮旅游关注度逐渐上升，各地应及时掌握该地区的旅游需求，积极对接，培养新兴邮轮旅游客源市场，以实现更广泛的市场覆盖。通过这样的市场开拓策略，不仅能够提升邮轮旅游的整体吸引力，还能促进不同地区之间的旅游资源共享，从而推动整个邮轮旅游行业的可持续发展。

（二）创新邮轮旅游营销模式

面对邮轮旅游区域发展差异明显和需求差异化的问题，各省应积极创新宣传与营销模式，以适应不同市场的特性，推动邮轮旅游的全面发展。在营销过程中，除了重视整体区域的宣传外，还需关注那些相对冷淡的市场，确保宣传的覆盖面更广。此外，各省应结合新媒体的发展趋势，创新传统的营销方式，构建更加多样化和灵活的营销渠道。例如，可以通过社交媒体平台进行互动式推广，发布优质的游客体验视频和用户生成内容，以吸引潜在游客的注意。同时，线下活动也不可忽视，例如举办邮轮旅游展览、主题沙龙等，增加游客的参与感和体验感。通过线上线下结合的营销策略，借助新媒体的力量，能够更有效地触达目标受众，提升邮轮旅游的知名度与认可度，从而推动市场的进一步扩展。

（三）优化邮轮旅游营销策略

在邮轮旅游的营销策略上，各省应结合自身实际情况，强化市场营销的针对性，以提升邮轮旅游的市场吸引力和经济效益。首先，各地应认真评估自身的邮轮旅游发展条件，明确目标市场的潜力，并逐步调整相应的营销策略，以实现与当地经济形势的协同发展。针对不同地区的消费水平、居民受教育程度等因素，合理划分邮轮旅游的客源市场，制定差异化的营销策略。例如，对于高收入、受教育程度较高的地区，可以推出高端邮轮旅游产品，提供更为个性化的服务；而对于经济发展相对较慢的地区，则可以推出更具性价比的邮轮旅行方案，吸引更多的游客参与。通过合理的市场细分和精准的需求预判，设计出与市场需求相符的邮轮旅游产品，不仅能够有效提高游客的满意度，还能确保市场供需平衡，推动整个邮轮旅游行业的健康发展。

（四）开发邮轮旅游特色产品

在邮轮旅游产品的开发上，尤其需要运用新媒体技术，探索具有中国特色的邮轮旅游产品。一方面，邮轮的航线设计应当结合中国的独特地理与文化，开发一些只有邮轮才能抵达的小众目的地，比如南海的西沙群岛等，避免仅限于传统的沿海大城市。这不仅能带给游客新鲜感，还能使他们体验到独特的文化魅力。另一方面，邮轮上的餐饮和娱乐活动同样应融入中国文化，例如设置汉服文化体验馆，推出朝代文化主题航线，或在餐厅中引入地方特色菜肴和中式面点，让游客在享受美食的同时，感受深厚的文化底蕴。此外，邮轮公司要借鉴欧美市场的成功经验，加强在中国市场的品牌形象建设，使游客在船上感受到中国邮轮品牌的独特魅力。这些特色产品的开发，不仅能提升游客的满意度，还能增强品牌的市场竞争力，推动中国邮轮旅游产业的可持续发展。

案例　　　　　**海上宫殿，消费新航道**
———中国邮轮旅游的消费之旅

一、引言

随着全球化和区域经济一体化的不断推进，邮轮旅游作为一种新兴的休闲方式，为游客提供了一站式的度假体验，在全球范围内迅速发展。从美食到娱乐，从购物到休闲，邮轮上的每一次消费都是对旅行体验的丰富和提升。中国的邮轮旅游市场自 21 世纪初起步以来，已经展现出巨大的潜力和活力。本案例聚焦中国邮轮旅游市场的发展轨迹和创新突破，通过分析技术进步、产业链发展和市场拓展等方面，探讨邮轮旅游如何成为旅游消费的新航道。

二、中国邮轮旅游背景概述

中国邮轮旅游自 2006 年起步，经过多年的发展，已经成为全球邮轮旅游市场的重要组成部分。中国邮轮旅游市场从最初的接待业务开始，逐步发展成为全球第二大邮轮客源市场。上海作为中国邮轮旅游的中心，拥有亚洲第一、全球第四的邮轮母港，并成为游客接待量位列全球前五的邮轮母港城市。

前瞻产业研究院《中国邮轮旅游行业发展前景预测与投资战略规划分析报告》数据显示，2013 年中国港口游客接待总量为 120.15 万人次，2014 年中国港口游客接待总量为 172.37 万人次；2015 年中国港口游客接待总量为 248 万人次；2016 年中国港口游客接待总量为 456.66 万人次；2017 年中国港口游客接待总量为 495.5 万人次；2018 年中国港口游客接待总量为 488.69 万人次；2019 年中国港口游客接待总量为 416.46 万人次。[1]

由中国邮轮车船协会邮轮游船游艇分会和上海国际邮轮经济研究中心联合发布的《中国邮轮游船游艇行业发展报告》可知，中国邮轮港口在 2022 ~ 2023 年增速发展，稳健地恢复运营，服务能级上进行创新突破，促进邮轮港口自身升级。[2]《2023 年上半年中国出境旅游市场景气报告》显示，2023 年上半年中国出境游市场的景气指数超过 2019 年上半年水平，游客有更强的出行意愿。[3] 2018 年交通运输部、国家发改委等十部门联合印发的《关于促进我国邮轮经济发展的若干意见》提到，到 2035 年中国邮轮市场将达到每年 1 400 万人次的规模，届时国际邮轮对中国的产业经济贡献可望达到 5 500 亿元。[4]

中国邮轮产业正在逐步恢复并持续向好，政府将从邮轮旅游市场供给和需求两端协同发力，完善政策体系、优化制度环境，全产业链系统推进邮轮产业高质量发展。[5]

在航线布局方面，中国邮轮业务主要以组织游客出境游为主，航线主要布局于东北亚和东南亚区域。为促进市场健康发展，政府部门提出需要优化航线布局，形成邮轮消费内循环态势，提升区域经济辐射带动作用。此外，入境邮

---

① 前瞻产业研究院.中国邮轮旅游行业发展前景预测与投资战略规划分析报告 [R].2021.

② 中国邮轮车船协会邮轮游船游艇分会，上海国际邮轮经济研究中心.中国邮轮游船游艇行业发展报告 [R].2023.

③ 世界旅游联盟，浩华管理顾问公司.2023 年上半年中国出境旅游市场景气报告 [R].2023.

④ 交通运输部，国家发改委等十部门.关于促进我国邮轮经济发展的若干意见.2018.

⑤ 邱海峰.今明两年邮轮旅游市场将全面恢复——中国邮轮经济持续向好 [N].人民日报海外版，2024 - 05 - 24.

轮航线也在加快恢复，2024 年以来已有 21 艘国际邮轮在中国境内港口开展运营。据邮轮游艇行业协会预测，2024～2025 年中国邮轮旅游市场将进入产业发展新阶段。

为了促进邮轮产业的发展，我国还发布了《国际邮轮在中华人民共和国港口靠港补给的规定》，自 2024 年 6 月 1 日起施行。这将帮助企业享受通关便利，降低经营成本，为国际邮轮靠港补给物资仓储和配送提供便利，并优化国际邮轮靠港补给物资供船的方式。①

此外，中国邮轮产业的发展前景广阔，预计到 2035 年，中国邮轮市场将达到每年 1 400 万人次的规模，成为全球第一大邮轮市场。

三、技术突破与自主建造

中国邮轮旅游市场在技术突破与自主建造方面取得了显著进展，首先在技术方面，中国首艘国产大型邮轮"爱达·魔都号"的建造过程中，攻克了重量控制、减振降噪和安全返港等关键核心技术，形成了一系列科技创新成果。自 2024 年 1 月 1 日开启商业首航以来，已顺利运营 34 个航次，接待近 15 万名乘客，平均上座率超过 95%。"爱达·魔都号"的建造和运营不仅展示了中国邮轮产业的发展，还带动了上下游产业链的快速发展，这使中国成为全球第五个具备大型邮轮设计建造能力的国家，并且拥有完整的大型邮轮自主运营能力。②

"爱达·魔都号"的船体涂装灵感来源于敦煌壁画艺术，以"丝绸之路"为主题，融合了中式美学元素，展现出东方文化韵味。邮轮内部提供丰富的生活娱乐设施，包括剧院、酒吧、特色餐馆、免税购物广场、艺术走廊和水上乐园等，为乘客提供五星级的移动度假村体验。

此外，"爱达·魔都号"邮轮免税店是中国最大的海上免税购物中心，提供多样化的购物选择和便利服务，进一步增强了旅客的海上文旅体验。邮轮的航线覆盖我国上海、韩国济州岛、日本长崎和福冈等地，为旅客提供了丰富多彩的航行体验。

而在产业链方面，国产大型邮轮的建造带动了上下游产业的快速发展，包括船舶修造、配套产业、母港、零售等相关产业链，推动了酒店、娱乐等相关

---

① 国务院. 国际邮轮在中华人民共和国港口靠港补给的规定. 2024.
② 贾远琨. 国产首艘大型邮轮"爱达·魔都号"开始商业首航［N］. 新华网，2024-01-01.

行业的转型升级。中国正加大邮轮研发设计建造关键技术攻关，提升系统集成和核心装备研发能力，不断提升智能化水平，包括开发并运用新一代造船管理平台，实现设计、采购、现场管理全过程信息化协同管控，以及打造薄板生产智能车间，实现产线智能化管控。与此相对应的是，中国邮轮产业正着力加强配套供应链建设，利用国内现有船舶设备配套能力，加快内部装饰、数字影音、信息化系统等发展，推动相关产业向重点产业园区聚集，提升整体方案解决能力。[①]

四、本土化发展

（一）船供本土化

船供本土化是中国邮轮旅游产业发展的关键战略之一，它涉及邮轮的设计、建造、维修以及相关供应链的本土化。例如，国产首艘大型邮轮"爱达·魔都号"已成功运营多个航次，第二艘大型邮轮也进入了下坞总装阶段，这标志着中国已形成大型邮轮自主建造能力，这种能力不仅减少了对外依赖，还推动了国内造船技术的发展和创新。随着邮轮船队的增长，对维修和保养服务的需求也在增加。本土化服务能够提供更快速响应和成本效益，同时为国内相关服务业创造就业机会。

（二）文化本土化

文化本土化是中国邮轮旅游产业发展的重要组成部分，旨在提升国内游客的文化认同感，并吸引国际游客体验中国文化。在邮轮的内部装饰、艺术品展示、娱乐活动等方面融入中国传统文化元素，如中国书法、绘画、传统音乐和戏曲表演，让游客在旅行中体验中国文化的魅力；提供多样化的中式餐饮服务，包括地方特色美食和传统中餐，满足中国游客的口味习惯，同时向国际游客展示中国的饮食文化。

开发以中国港口为母港的航线，选择具有文化特色的目的地，如历史名城、文化遗产地等，让游客在岸上游览时能更深入地了解中国。在市场定位和品牌建设中强调中国文化特色，塑造具有中国特色的邮轮品牌形象，提升国内

---

① 易国伟，陈刚．国产首制大型邮轮总装能力建设与产业发展研究［J］．中国工程科学，2022（2）：113－122.

外游客对中国邮轮旅游的认知度和好感度。举办与中国传统节日相关的节庆活动，如春节、中秋节等，以及中国文化主题航次，如中国非遗文化体验航次，吸引游客参与。在邮轮上开展中国文化教育和交流活动，如中国历史讲座、文化工作坊、语言学习课程等，增进游客对中国传统文化的了解，结合现代设计理念和中国传统文化，创新产品设计，如邮轮上的休闲设施、娱乐项目、纪念品等，使之既有中国特色又符合现代审美。

（三）人才队伍及品牌的本土化

邮轮一线职场需要重视本土人才的培养，从初级人才积累开始，在工作实践中培养中高级人才。同时，加强对"软"文化的培养，如熟悉国际多元文化和掌握国际沟通技能，这对邮轮人才而言至关重要。加强与高等院校的合作，开设邮轮管理、旅游服务等相关专业，培养具备国际视野和本土文化理解的专业人才，同时为在职人员提供职业发展培训，包括服务技能、管理能力、多语言沟通等，以适应邮轮旅游市场的高标准需求。

中国邮轮品牌可以通过市场细分，选择差异化的赛道与打法，为不同收入层次的消费者提供不同定位的产品和服务。明确品牌定位，结合中国市场的特点和消费者需求，打造具有中国特色的邮轮品牌，在服务上进行创新，提供符合中国消费者习惯和喜好的服务项目，如中式餐饮、文化娱乐活动等。针对不同的消费群体，如家庭、年轻人、老年人等，提供差异化的产品和航线，满足不同市场细分的需求，利用本土媒体和社交平台进行品牌传播，通过故事营销、文化营销等方式，提升品牌知名度和美誉度。

五、产品创新与服务细分

（一）产品创新

产品创新是中国邮轮旅游市场发展的关键驱动力，中国邮轮企业可以利用最新科技，如人工智能、大数据分析等，提高邮轮运营效率，为游客提供个性化的旅游体验的同时引入智能家居和智能导航系统，提供智能化的客房服务和实时信息更新，增强游客的便捷性和舒适度。

邮轮上的剧院等娱乐设施能够为游客提供丰富多彩的夜生活，现场音乐会、互动游戏等也为游客提供多样化的休闲娱乐选择，娱乐消费成为邮轮旅游中不可或缺的一部分，不断更新和丰富邮轮上的娱乐活动可以为游客的海上生活增添无限乐趣。

在购物消费方面，邮轮上的免税店和品牌商店为游客提供了便捷的购物体验，从奢侈品到纪念品，购物消费在满足游客购物需求的同时，也为邮轮旅游经济作出了贡献。

邮轮上的餐厅提供世界各地的美食，从法国大餐到日本寿司，游客可以在旅途中享受到不同文化的味蕾之旅，提供多样化的餐饮选择，包括地方特色美食、国际美食、健康轻食等，满足不同饮食需求和偏好，美食消费不仅满足了游客的口腹之欲，也丰富了邮轮旅游的文化内涵。

在主题化产品设计方面，推出具有特定主题的邮轮产品，如节日庆典、季节性活动（如圣诞节、夏季海上派对）、文化探索等，以吸引不同兴趣的游客，提供定制化旅游服务，根据游客的特定需求和偏好，设计独一无二的旅游体验。

结合健康养生趋势，提供瑜伽、冥想、水疗等健康养生项目，帮助游客在旅行中保持身心健康，在产品设计中加入更多健康安全措施，如增强的卫生清洁标准、健康监测系统等，以增强游客对邮轮旅游安全的信心，健康消费在提升邮轮旅游体验中起到了重要作用。

（二）服务细分

服务细分是邮轮旅游行业满足不同消费者需求、提升客户满意度和增强市场竞争力的重要策略，邮轮企业应提供高端奢华服务、中端市场服务以及经济型服务。在高端奢华服务方面，为追求奢华体验的游客提供高端服务，如私人游艇、豪华套房、定制化旅行计划和专属活动等，从私人阳台到定制化服务，每一次高端消费都是对游轮旅游品质的提升。在中端市场服务方面，提供性价比较高的服务套餐，包括舒适的住宿、精选餐饮和基本娱乐活动；在经济型服务方面，为预算有限的消费者提供经济型服务选项，如共享住宿、简餐服务和基础娱乐设施。

针对不同的年龄层次，也可细分为不同的服务类型。面对不同针对老年游客的特殊需求，提供无障碍设施、宁静休闲区、健康讲座和养生活动等；为年轻游客提供充满活力的服务，如夜店、极限运动体验、电子游戏和社交活动等；邮轮上的儿童俱乐部、亲子活动和家庭套房等，为家庭游客提供了亲子游的理想选择。亲子消费在邮轮旅游中占据了重要比例，满足了家庭游客的多元化需求。

在其他服务方面，提供多语言服务人员，确保不同语言背景的游客都能获得顺畅的沟通和帮助；根据游客的个性化需求，提供定制服务，如特殊饮食要求、个性化行程安排等；为常客提供积分奖励、优先登船、专属活动等忠诚客户计划，以增强客户黏性。

六、探险之旅与绿色航行

（一）探险之旅

邮轮停靠的港口城市为游客提供了丰富的岸上旅游探险机会。从观光游览到文化体验，岸上旅游消费为邮轮旅游增添了更多的选择和体验。例如，邮轮公司会在一些港口或私人岛屿上开发海滩酒吧、餐馆和水上运动等设施，以吸引游客消费，此外，免税店和高级餐厅也是游客消费的重要场所。为了更好地满足游客的需求，邮轮公司需要优化岸上产品配置，提升岸上旅游服务标准。

随着全球旅游市场的多样化发展，邮轮旅游不再局限于传统的航线和目的地，而是开始探索更多未知的海域和地区，邮轮旅游的探险之旅是一种结合了探险、环保和文化体验的旅游方式，为游客提供了深入了解自然和文化的机会。

探险邮轮可以带领游客前往包括北极、南极、加拉帕戈斯群岛等在内的遥远地区。例如，海达路德游轮提供的航线包括从北极到南极的穿越两极探险之旅，覆盖四大洲100多个登陆点。探险邮轮之旅不仅仅是观光，还包括与自然和文化的亲密接触，探险邮轮通常配备先进的科技和专业的向导团队，确保游客安全并提供丰富的知识分享。

（二）绿色航行

随着环保意识的提高，邮轮旅游行业越来越重视可持续发展，邮轮旅游的绿色航行是一个多方面、多层次的综合性工程，需要政府、企业以及社会各界的共同努力和协作。邮轮旅游的环境影响主要包括空气污染、水污染、固体废物排放、噪声污染以及对海洋生物的撞击等。从节能减排到环保材料的使用，邮轮公司正努力减少对环境的影响。提升邮轮及其配套设施的技术水平，如安装能源利用效率更高动力系统，提升港口、船舶的污水、垃圾处理能力，是减少邮轮旅游环境影响的关键措施之一。

推广生态旅游，开发基于生态旅游的岸上观光产品，减少对环境的负面影响。例如，巴拿马运河地区研究表明，生态旅游能带来长期的生态和经济效益。国际邮轮业的扩张要求各国政府联合起来，制定邮轮排放废弃物的硬性标准，推广使用减排技术，促进废弃物循环和再利用。

七、消费者培养

加强邮轮旅游的市场教育，提高消费者对邮轮旅游的认知度，通过媒体宣传、旅游展会等方式普及邮轮文化，通过免费体验、特价促销等手段吸引初次尝试邮轮旅游的消费者，让他们亲身体验邮轮旅游的魅力，在学校、社区和旅游展览会上举办讲座和研讨会，教育公众了解邮轮旅游的文化和价值。建立客户数据库，收集客户反馈，通过个性化的沟通和服务提升客户满意度和忠诚度。加强与客户的沟通和联系，通过会员制度、定制服务等方式，建立长期的客户关系。

利用线上线下多渠道宣传，包括社交媒体、旅游网站、合作伙伴等，扩大品牌影响力，在旅游社区中积极互动，鼓励满意的客户分享他们的邮轮体验，分享邮轮旅游的故事、照片和视频，增强社群归属感，利用口碑效应吸引新客户。深入研究消费者需求和行为，洞察市场趋势，为消费者提供他们真正需要和感兴趣的产品。推出忠诚度奖励计划，对回头客提供积分、优惠或其他形式的回报，重视消费者反馈，及时调整服务和产品以满足消费者需求，向消费者提供详细的邮轮旅游信息，包括行程、费用、条款等，确保消费者能够做出明智的选择。

通过这些策略，邮轮公司可以有效地培养和扩大其消费者基础，同时提升邮轮旅游的市场竞争力。

八、案例总结

邮轮旅游作为一种集多种消费于一体的旅游模式，为游客提供了全方位的海上度假体验。通过对邮轮旅游消费主题的深入分析，本案例展示了邮轮旅游如何满足现代消费者多元化的需求，并探讨了邮轮旅游行业的可持续发展前景。

通过上述分析，可以看出中国邮轮市场通过政策引导、技术创新、航线布局优化、消费者培养、品牌本土化、行业合作等多方面的协同发展，展现出强大的生命力和发展潜力。展望未来，中国邮轮市场将继续沿着高质量、可持续的发展方向前进，不断优化产业结构，加强国际合作，提升服务品质，满足消费者多元化需求，最终实现在全球邮轮旅游市场中的领先地位。

（案例作者：罗杨天植）

第八章

研学旅行消费需求报告[*]

第一节　研学旅行发展概述

一、概念界定

国际上，研学旅行普遍被认为起源于日本明治维新时期栃木县第一初级中学的参观旅游活动。目前，研学旅行已发展相对成熟，拥有完整的制度体系与实施保障，尤其在日本、英国、美国、韩国等国家，研学旅行课程十分规范。相关学术研究也伴随研学实践的开展不断深入，英文中通常将研学旅行表述为"educational tourism"，是以学习为目的的旅行活动，[①] 使普通休闲度假演变为有意义的学习和旅行。[②]

在我国，研学旅行的历史源远流长，各个时代都对其进行了深入的探索与实践。回溯至春秋战国时期，孔子与其弟子们的周游列国之旅，便被视为研学旅行的典范。孔子的名言"君子之于学也，藏焉，修焉，息焉，游焉"（《礼记》）深刻揭示了学习与生活、游历相结合的教育理念。自汉代至唐代，研学旅行逐渐发展，并融入了更多的文化与社会元素。到了宋代至清代前期，这一活动更是达到了空前的兴盛，成为当时士人学子增长见识、磨砺品行的重要途径。时间推移至 20 世纪 30 年代，著名教育家陶行知先生大力倡导"知行合一"的教育思想，并亲自组织了"新安旅行团"，开展了一系列长途修学旅行活动。这些活动不仅让学生们走出课堂，深入社会，更在实践中深化了对知识

---

* 本研究选取百度指数"用户关注度"衡量研学旅行消费需求，本章数据来源于百度指数官方平台。

① McGladdery, C A, Lubbe, B A. Rethinking educational tourism: Proposing a new model and future directions [J]. Tourism Review, 2017, 72 (3): 319 – 329.

② Ritchie, B W. Managing educational tourism [M]. Bristol: Channel View Publication, 2010.

的理解和应用。中华人民共和国成立后，国家明确提出了教育必须与生产劳动相结合的教育方针，这一方针的实施为研学旅行在中小学教育中的开展提供了有力的政策支持。在这一时期，许多学校开始尝试将研学旅行纳入教学计划，通过组织学生参观工厂、农村、博物馆等地，让学生在实践中学习，在学习中实践。

进入 20 世纪 80 年代以后，随着教育改革的不断深入，研学旅行逐渐成为我国基础教育领域的一个热门话题。越来越多的学者和教育工作者开始关注这一话题，并进行了大量的研究和实践。这些努力不仅推动了研学旅行理论的不断完善，也促进了其在实践中的广泛应用和深入发展。如今，研学旅行已经成为我国基础教育改革的重要组成部分，对培养学生的创新精神、实践能力以及综合素质具有重要意义。未来，随着教育理念的进一步更新和教育技术的不断进步，研学旅行必将迎来更加广阔的发展前景。

2014 年 4 月 19 日，时任教育部基础教育一司司长的王定华在第十二届全国基础教育学校论坛上发表题为《我国基础教育新形势与蒲公英行动计划》的主题演讲。在演讲中，他提出研学旅行的定义：学生集体参加的有组织、有计划、有目的的校外参观体验实践活动。

2016 年 12 月 19 日，旅游行业标准《研学旅行服务规范》（LB/T 054—2016）发布，对研学旅行（study travel）做出如下界定：以中小学生为主体对象，以集体旅行生活为载体，以提升学生素质为教学目的，依托旅游吸引物等社会资源，进行体验式教育和研究性学习的一种教育旅游活动。同时，文件将研学旅行产品按照资源类型分为知识科普型、自然观赏型、体验考察型、励志拓展型、文化康乐型 5 类。

二、政策背景

2013 年 2 月，国务院首次印发关于研学旅行的政策——《国民旅游休闲纲要（2013—2020）》，文件明确要求"逐步推行中小学生研学旅行"，自此"研学旅行"作为一个正式概念在教育领域开始推广。

2014 年 8 月 21 日，国务院印发《关于促进旅游业改革发展的若干意见》，首次明确了"研学旅行"要纳入中小学生日常教育范畴，提出"按照教育为本、安全第一的原则，建立小学阶段以乡土乡情研学为主、初中阶段以县情市情研学为主、高中阶段以省情国情研学为主的研学旅行体系"。

2016 年 12 月 19 日，教育部等十一部门联合发布《关于推进中小学生研学旅行的意见》，对中小学生研学旅行做出规范，指出要"开发一批育人效果突出的研学旅行活动课程，建设一批具有良好示范带动作用的研学旅行基地，打造一批具有影响力的研学旅行精品线路，建立一套规范管理、责任清晰、多元筹资、保障安全的研学旅行工作机制"。

2017 年 9 月 25 日，教育部发布《中小学综合实践活动课程指导纲要》，指出，包括研学旅行在内的综合实践活动是国家义务教育和普通高中课程方案规定的必修课程，与学科课程并列设置，是基础教育课程体系的重要组成部分，自小学一年级至高中三年级全面实施。

2017 年 12 月 6 日，教育部公布第一批全国中小学生研学实践教育基地、营地名单，命名中国人民革命军事博物馆等 204 个单位为"全国中小学生研学实践教育基地"，河北省石家庄市青少年社会综合实践学校等 14 个单位为"全国中小学生研学实践教育营地"。

2019 年 2 月 26 日，中国旅行社协会与高校毕业生就业协会联合发布《研学旅行指导师（中小学）专业标准》（T/CATS 001—2019），对研学旅行指导师专业素养提出了基本要求，使研学旅行指导师实施研学旅行教育活动有了基本规范，是引领研学旅行指导师专业发展的基本准则。

2021 年 4 月，文化和旅游部所印发《"十四五"文化和旅游发展规划》，提出"推出一批具有鲜明非物质文化遗产特色的主题旅游线路、研学旅游产品""开展国家级研学旅行示范基地创建工作，推出一批主题鲜明、课程精良、运行规范的研学旅行示范基地"。

2022 年 1 月，国务院印发的《"十四五"旅游业发展规划》提道：推动研学实践活动发展，创建一批研学资源丰富、课程体系健全、活动特色鲜明、安全措施完善的研学实践活动基地，为中小学生有组织研学实践活动提供必要保障及支持。

2023 年 8 月，文化和旅游部联合教育部、共青团中央、全国妇联、中国关工委印发《用好红色资源 培育时代新人 红色旅游助推铸魂育人行动计划（2023—2025 年）》，提出：开展红色研学精品课程建设。文化和旅游部将以红色旅游资源为依托，面向新时代青少年，在全国推出一批导向明确、特色鲜明、内容丰富、形式活泼、具有新时代引领力的红色旅游研学项目。

研学旅行的政策红利正持续加码，展现出蓬勃的发展态势。在国家宏观层面，多个部门纷纷将目光投向研学旅行，不断推出更高层次、更具前瞻性和指导性的政策措施。这些政策不仅为研学旅行在时间上提供了更多灵活性，还在空间扩展和资源整合上给予了强有力支持，为研学旅行的深入发展奠定了坚实基础。转向省级层面，研学旅行与劳动实践等教育活动已成为各地文旅、教育等部门在"十四五"规划中的关键组成部分。各地政府及相关职能部门正积极推动研学旅行基地营地的评定工作，确保设施完善、资源丰富；同时，加强研学课程体系的建设，注重课程内容的创新与实践性，以满足学生多样化的学习需求。此外，指导师队伍的培养与建设也备受重视，相关部门正通过培训、认证等多种方式，提升指导师的专业素养和教学能力，为研学旅行的顺利实施提供有力保障。在这一背景下，研学旅行相关领域的融合、联动与协同趋势日益明显。文旅、教育等部门及各相关单位正加强沟通与合作，共同探索研学旅行的新模式、新路径，努力构建一个开放、共享、协同的研学旅行生态体系。这一系列的政策红利与实际行动，无疑为研学旅行的持续健康发展注入了强大动力。

三、发展现状

2016 年 11 月，《教育部等 11 部门关于推进中小学生研学旅行的意见》明确提出"各中小学要结合当地实际，把研学旅行纳入学校教育教学计划，与综合实践活动课程统筹考虑"，中小学生构成研学旅行的主要参与对象。《2023年全国教育事业发展统计公报》显示，2023 年我国小学阶段在校生 1.08 亿人，初中阶段在校生 5 243.69 万人，普通高中在校生 2 803.63 万人，如此庞大的在校中小学生数量表明，研学旅行发展潜力巨大，市场规模将进一步攀升。据《2023—2028 年中国研学旅行行业竞争分析及发展前景预测报告》分析，未来 5 年，我国研学旅行市场规模或将达到千亿元。

基于研学旅行自身"教育"与"旅行"兼具的特征，研学旅行的对象必定不只限于中小学生。《中国研学旅行发展报告 2022～2023》指出，研学旅行的参与者已从狭义的中小学生不断扩展到包括学龄前儿童、大学生以及成年人、老年人等全生命周期群体，呈现出更加广阔的发展空间。

作为研学旅行的核心承载空间，我国研学基地、营地的建设正处于高速扩张阶段。全国中小学生研学实践教育基地主要指各地各行业现有的，适合中小学生前往开展研究性学习和实践活动的优质资源单位。全国中小学生研学实践教育营地主要指具有承担一定规模中小学生研学实践教育的活动组织、课程和线路研发、集中接待、协调服务等功能，能够为广大中小学生开展研学实践活动提供集中食宿和交通等服务的单位。教育部已遴选出 581 个全国中小学生研学实践教育基地，40 个全国中小学生研学实践教育营地。在以营地为枢纽，基地为站点的研学实践教育网络下，各地各校组织开展了丰富的研学实践教育活动，不仅能够使得中小学生坚定理想信念、厚植爱国主义情怀、加强品德修养、增长知识见识、培养奋斗精神、增强综合素质，还能够提高中小学生的社会责任感、创新精神和实践能力，促进学生德智体美劳全面发展。

各省在研学实践教育基地的建设上不仅专业规范，而且成果显著。2024年2月，第六批陕西省中小学生研学实践教育基地名单公布，五批评选工作中累计共 252 个单位入选，申报类别包括优秀传统文化板块、革命传统教育板块、国防科工板块、自然生态板块等。根据陕西省教育厅文件，研学基地建设实行高标准、严要求：具备研学实践教育活动开展的专门接待场所，能够同时接待 500 名以上学生开展活动；实践活动项目不少于 10 项，必须具备知识性、趣味性、体验性；配有从事研学实践教育的专业人员，有系统的课程资源介绍，有符合中小学生需要、契合课程设置的专业讲解人员；安全管理制度健全，有完善的安全应急预案，配备数量充足的安全管理人员；研学实践教育活动不得开展以营利为目的的经营性创收；对已获得"陕西省中小学生研学实践教育基地"称号的单位实行动态管理机制。

学生校外研学实践的策划和组织，离不开研学旅行公司提供服务。依托我国领先的商业查询平台——天眼查，以"研学"为关键词，检索发现，截至 2024 年 11 月 30 日，我国有 4.26 万家开展研学业务的企业，集中分布在华中、华东地区，其中以湖南、山东、安徽 3 个省份最为突出（见图 8 - 1）。此外，《中国研学旅行发展报告 2022～2023》显示，虽然受疫情影响，新增注册

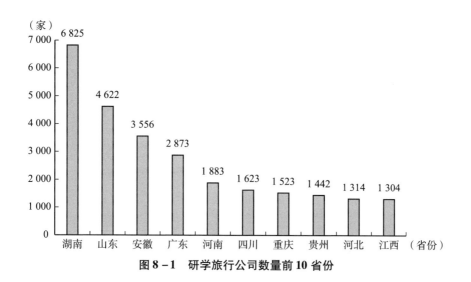

图 8 - 1　研学旅行公司数量前 10 省份

企业数量有所减少，但总体而言，2021～2022年开展研学业务企业的数量仍是不断增加的，开展研学业务的企业主体更加多元。

研学旅行数字化建设也有了新的推进，由陕旅集团旗下骏途网研发的"数字研学"，具有线下线上融合的特点，是陕西省首个面向研学基地，集"云上学、实地游、强交互"三位一体新体验为核心特色的研学教育数字化平台。成都市研学旅游协会成立大会发布了"成都市研学实践教育管理平台"，致力于聚合各方资源，打造"旅游+教育"，家校社企联合的全域智慧研学的新局面。

第二节　研学旅行消费需求年际变化趋势

一、消费需求数值年际变化

研学旅行消费需求数值的年际变化如表8-1所示，各年份呈现不规则波动。最小整体日均值（62人次）出现在2013年，最大整体日均值（1 201人次）出现在2023年，两数值相差超19倍，相应消费需求年总值最小值为22 630人次，最大值为438 365人次。最小移动日均值（17人次）出现在2011年，最大移动日均值（870人次）出现在2023年，二者相差51倍，相应消费需求年总值为最小值6 205人次，最大值317 550人次。显然，13年时间里，研学所受关注大幅增长，互联网大数据所展现的整体消费需求年总值累计突破200万人次，移动消费需求年总值超130万人次。

表8-1　　　2011～2023年研学旅行消费需求日均值与年总值　　单位：人次

年份	整体日均值	整体年总值	移动日均值	移动年总值
2011	93	33 945	17	6 205
2012	79	28 835	21	7 665
2013	62	22 630	22	8 030
2014	64	23 360	28	10 220
2015	93	33 945	40	14 600
2016	124	45 260	60	21 900
2017	239	87 235	125	45 625

续表

年份	整体日均值	整体年总值	移动日均值	移动年总值
2018	524	191 260	310	113 150
2019	911	332 515	629	229 585
2020	605	220 825	398	145 270
2021	845	308 425	587	214 255
2022	728	265 720	493	179 945
2023	1 201	438 365	870	317 550
合计	5 568	2 032 320	3 600	1 314 000

注：研学旅行消费需求日均值由百度指数所收录"研学"关键词的用户关注度表征，此单一关键词将造成对研学旅行消费需求的低估，但同一标准下的数值仍具有研究价值，年际变化趋势分析能有效反映研学旅行发展动态。

图 8 - 2 更为形象地展示了研学旅行消费需求规模的年际变化。2011 ~ 2016 年公众对于研学的关注及相应产生的需求变化幅度较小；2017 年整体与移动年总值均呈现显著增长，可见 2016 年末颁布的《关于推进中小学生研学旅行的意见》具有突出的政策影响。2018 年、2019 年政策拉动更为强劲，消费需求规模大幅上升。2020 年新冠疫情发生，消费需求值大幅回落。2021 年有所回升，2022 年再次回落，这与两年间的疫情感染局面、国家防控政策尤其是出行限制措施密切相关。2023 年重新提升，这与出行限制重新放开，消费需求反弹有关。

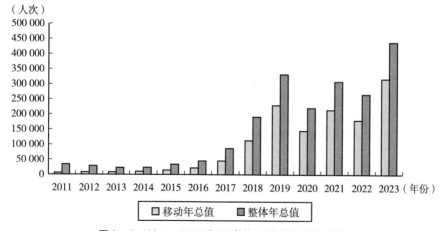

图 8 - 2　2011 ~ 2023 年研学旅行消费需求年总值

二、消费需求增长年际变化

研学旅行消费需求增长的年际变化如图 8 - 3 所示。2012 ~ 2023 年整体与移动消费需求均存在正、负双向增长，移动消费需求变化率普遍高于整体变化率，可见移动端发展速度十分突出。

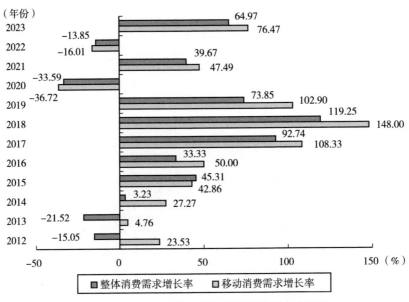

图 8 - 3　2012 ~ 2023 年研学旅行消费需求增长率

整体消费需求增长显示：2012 ~ 2016 年这 5 年的增长比例均小于 50%，前两年甚至出现负增长；2017 年消费需求在国家政策效应下实现 92.74% 增长，2018 年进一步超 100% 幅度增长，消费需求年总值接近 20 万人次，2019 年在这一高量级需求规模基础上仍有高于 70% 的增长；2020 年因新冠疫情暴发，消费需求出现负增长，需求量减少约 1/3，2021 年回升近 40%，2022 年小幅跌落，2023 年大幅提升超 60%，整体上显示公共卫生事件的不可抗性与影响不确定性。

2012 ~ 2016 年，移动消费需求涨幅普遍高于整体消费需求，这与我国长期以来的信息化发展政策有关；2017 ~ 2019 年，加上研学旅行发展政策的拉动，移动消费需求三年增幅均超 100%，规模不断翻番，其中 2018 年增长最为显著，接近 1.5 倍；2020 ~ 2023 年，新冠疫情局面的变化与防控措施的调整导致移动端消费需求呈正负双向波动，且幅度均超过整体表现。

三、移动端需求占比年际变化

研学旅行移动搜索引致的消费需求占比年际变化如图 8 - 4 所示。

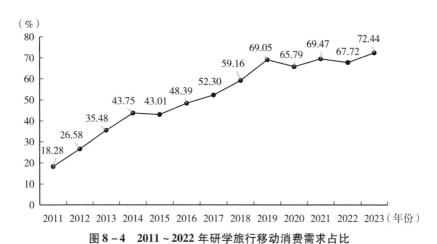

图 8 - 4　2011～2022 年研学旅行移动消费需求占比

由图 8 - 4 可知，2011～2023 年移动端消费需求占比总体呈现稳步增长趋势，其中 2011～2014 年因基数较小而实现占比的高速增长；2015 年稍有回落；随后三年增幅放缓（5%～7%）；2019 年，移动端占比实现约 10% 的增幅；2020～2023 年尽管移动端消费需求占比没有实现更大的突破，但仍维持高于 65% 的比重。随着网络日趋完善、移动终端性能不断提升，移动搜索已成为人们获取资讯的重要渠道和流量入口。

第三节　2023 年研学旅行消费需求分析

一、消费群体分析

（一）性别分布

2023 年研学旅行消费群体性别分布如图 8 - 5 所示。女性占比高于男性，且女性 TGI 指数（110.49）高于男性 TGI 指数（89.99），可见女性对研学的关注程度高于男性，且高于平均水平。这一偏差可能是由于我国大部分家庭中母亲这一角色相较于父亲，在中小学生研学旅行的决策中参与度更高。

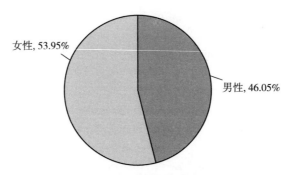

图 8 - 5　2023 年研学旅行消费群体性别分布

（二）年龄分布

2023 年研学旅行消费群体年龄分布如图 8 - 6 所示。19 岁及以下群体 TGI 指数为 151.76，显示出研学旅行参与主体——中小学生消费需求的旺盛，并且这类群体的互联网使用时间受限，该占比很可能低于实际消费需求。20～29 岁群体 TGI 指数为 127.96，该年龄段人群对研学的关注程度显著高于网络平均水平，显示出青年大学生对研学旅行消费需求较旺盛。30～39 岁群体是比重最大的消费群体，TGI 指数为 119.78，同样表现出显著高于平均水平的关注程度，考虑小学生家长集中于该年龄段，此群体重视培养子女综合素养，十分重视和支持研学旅行。40～49 岁群体 TGI 指数为 63.75，该年龄段人群对研学的关注程度低于平均水平。50 岁及以上群体 TGI 指数为 24.75，该年龄段人群对研学的关注程度远低于平均水平，表明其在家庭中很少参与中小学生的研学旅行消费决策。

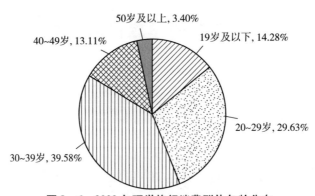

图 8 - 6　2023 年研学旅行消费群体年龄分布

二、消费需求分析

（一）时间分布

2023 年研学旅行消费需求量的月度分布如表 8 - 2 所示。最小日均值出现在 1 月（427 人次），最大值出现于 4 月（1 908 人次），后者是前者的 4 倍多，相应月总值分别为 13 237 人次、57 240 人次，变化幅度为 432. 42%。

表 8 - 2　　　　　　　　　2023 年研学旅行消费需求时间特征

月份	日均值（人次）	月总值（人次）	月总值占比（%）
1	427	13 237	3. 02
2	889	24 892	5. 68
3	1 354	41 974	9. 58
4	1 908	57 240	13. 06
5	1 543	47 833	10. 92
6	1 305	39 150	8. 93
7	1 312	40 672	9. 28
8	1 185	36 735	8. 38
9	975	29 250	6. 67
10	1 151	35 681	8. 14
11	1 322	39 660	9. 05
12	1 029	31 899	7. 28

各月消费需求日均值跨度显示：1 月、2 月、9 月日均值在 1 000 人次以下，8 月、10 月、12 月日均值位于 1 000 ~ 1 200 人次区间，3 月、6 月、7 月、11 月日均值位于 1 200 ~ 1 400 人次区间，4 月、5 月日均值超过 1 400 人次。

各月消费需求总值跨度显示：1 月消费需求总值低于 2 万人次，2 月、9 月消费需求总值位于 2 万 ~ 3 万人次区间，6 月、8 月、10 月、11 月、12 月消费需求总值位于 3 万 ~ 4 万人次区间，3 月、4 月、5 月、7 月消费需求总值高于 4 万人次。

2023 年 1 ~ 12 月研学旅行消费需求每月总值占比见表 8 - 2。结合图 8 - 7，不难发现，12 个月的月总值占比呈现上下波动，但没有占比高于 14% 的月份，最低占比超过 3%，说明整体相差幅度在 12% 以内，各月消费需求占比差异不大。

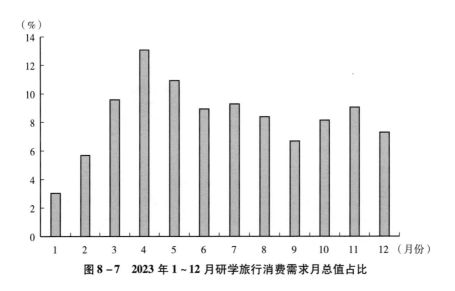

图 8 - 7　2023 年 1 ~ 12 月研学旅行消费需求月总值占比

从季节分布来看（见图 8 - 8），研学旅行消费需求季节占比由高到低分别为春季、夏季、秋季、冬季，消费需求规模的最大季节差达到 77 019 人次，春、夏两季需求值都高于 11 万人次，占比均超过 1/4，合计 60.15%，秋季占比略小于 25%，春夏秋三季占比超八成，冬季表现最为平淡。

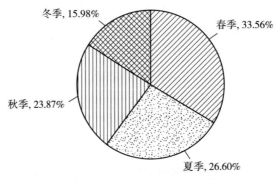

图 8 - 8　2023 年研学旅行消费需求季节占比

2023 年研学旅行消费需求的月度变化如图 8 - 9 所示。年内月度呈现"四峰"型特征分布：4 月为最高峰，消费需求月总值达到 57 240 人次；3 月、5 月、7 月为次高峰，消费需求月总值分别为 41 974 人次、47 833 人次、40 672 人次，峰值间的差距并不大。3 月、4 月、5 月春暖花开，7 月气温适宜、花草繁盛，成为我国中小学组织研学旅行的集中时段，消费需求达到峰值。2023 年最低值出现在 1 月，这是由于 1 月因春节团聚习俗和天气原因，公众对研学的关注程度同样较低，2 月需求值上升，4 月达到峰值，5 月迅速回落，随后消费需求再次攀升，6~8 月月总值全部超过 3.5 万人次，9 月逐渐回落，10、11 月进一步攀升至高峰，12 月再次回落。

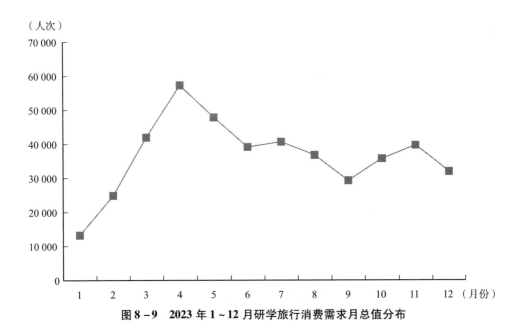

图 8 - 9　2023 年 1 ~ 12 月研学旅行消费需求月总值分布

（二）空间分布

2023 年研学旅行消费需求空间分布如表 8 - 3 所示。其中，消费需求日均值最高的是广东省，达到 276 人次，总体而言，研学旅行消费需求空间分布十分不均衡。

表 8 – 3 2023 年研学旅行消费需求空间分布

省份	日均值（人次）	占比（%）	省份	日均值（人次）	占比（%）
安徽	154	3.41	江西	158	3.50
澳门	2	0.04	辽宁	128	2.83
北京	213	4.72	内蒙古	105	2.33
重庆	135	2.99	宁夏	54	1.20
福建	190	4.21	青海	36	0.80
广东	276	6.11	上海	148	3.28
广西	158	3.50	四川	189	4.19
甘肃	103	2.28	山东	232	5.14
贵州	117	2.59	山西	135	2.99
河北	170	3.77	陕西	155	3.43
黑龙江	107	2.37	天津	113	2.50
河南	200	4.43	台湾	2	0.04
湖南	177	3.92	西藏	14	0.31
湖北	174	3.85	香港	15	0.33
海南	103	2.28	新疆	103	2.28
吉林	114	2.52	云南	111	2.46
江苏	193	4.27	浙江	231	5.12

广东、山东、浙江、北京、河南、江苏日均值高于 190 人次，这 5 个省份的日均值占比合计 29.79%，超过 1/4，表明这是研学旅行消费需求最为集中的省域。福建、四川、湖南、湖北、河北、广西、江西、陕西、安徽、上海、重庆、山西、辽宁、贵州、日均值位于 115～190 人次区间，这 15 个省份的日均值占比合计 48.46%，接近一半，可见这是研学旅行的主要消费市场。吉林、天津、云南、黑龙江、内蒙古、甘肃、海南、新疆维吾尔自治区日均值位于 100～115 人次区间，这 8 个省份的日均值占比合计 19.03%。余下 6 个省份（宁夏、青海、西藏、台湾、香港、澳门）的日均值占比合计为 2.72%。

第四节　研学旅行消费需求特征及影响因素

一、消费需求特征分析

（一）消费群体特征

由 2023 年研学旅行消费群体性别分布数据中可知，女性在研学旅行方面的兴趣和关注程度明显高于男性。女性在家庭中担任十分重要的角色，帮助子女做研学旅行相关决策时母亲参与度普遍高于父亲，因而呈现更突出的女性网络关注度。

在研学旅行家庭决策中，小学家长发挥了重要的主导作用。根据 2023 年研学旅行消费群体年龄分布数据，小学家长（通常为 30～39 岁）是研学旅行消费群体中比重最大的群体，占据了整个研学旅行市场的 39.58%，他们不仅收入稳定，而且相比初高中家长更关注孩子的心智塑造和三观培养。

中小学生作为参与主体高度关注研学旅行。虽然 19 岁及以下年龄群体只占研学旅行消费群体的 14.28%，但是他们对研学旅行的关注程度远高于网络平均水平，TGI 指数高达 151.76。这说明了在研学旅行市场中，青少年是一个活跃且关注度较高的参与主体。

（二）时间分布特征

从年度变迁的视角来看，研学旅行的繁荣与国家政策紧密相连，特别是在 2016 年底《关于推进中小学生研学旅行的意见》出台后，研学旅行的市场需求在 2017～2019 年迎来了持续且显著的增长浪潮。然而，这一强劲的增长势头在新冠疫情的冲击下暂时受阻，2020 年需求量骤降，尽管如此，其年度总量仍超越了 2018 年的水平，并迅速展现出强恢复力。与此同时，移动互联网的蓬勃发展进一步推动了研学旅行市场的变革，移动端的消费需求增长显著快于整体市场，其市场份额持续攀升，即便在 2020～2022 年疫情影响的背景下，移动端消费需求占比依然稳定在 65% 以上的高位。

聚焦 2023 年的具体表现，消费需求呈现出明显的月度波动。年初 1 月出现了全年需求的最小值，4 月则攀升至峰值，特别是在 3～5 月这一时段内，日均需求突破 1 000 大关，月度总量更是超过了 4.5 万人次，形成了年度需求的最高峰。紧随其后的 6 月和 11 月也呈现出次高峰的特征。全年 12 个月中，尽管消费需求有所起伏，但各月间的占比差异相对较小，保持在 5% 以内，显示出市场需求的相对稳定性。从季节分布来看，春季成为研学旅行的热门季节，其需求占比高居榜首，夏季紧随其后，两者共同占据了超过半数的市场份额。相比之下，秋季的需求占比稍显温和（23.87%），而冬季则相对较为冷清，体现了研学旅行市场鲜明的季节性特征。

（三）空间分布特征

研学旅行消费需求的地理分布呈现出显著的不均衡性，这一特点在 2023 年覆盖 34 个省份的数据中得到了清晰体现。总体而言，研学旅行的热门区域主要集中在经济繁荣、人口密集且对外开放程度较高的中东部地区，呈现出南方市场需求更为旺盛，东部相较西部更为活跃的态势。细化到我国的七大地理区域，华东、华中与华南地区以其独特的地理优势和经济活力，成为研学旅行消费需求的三大高地。这些地区不仅拥有丰富的教育资源，还吸引了大量学生群体，为研学旅行市场的蓬勃发展提供了坚实的基础。

具体到省份层面，那些地势平坦、海拔较低的东南沿海地区，如浙江、山东、江苏等地，凭借其优越的地理位置和发达的教育体系，成为研学旅行的热门目的地。同时，学生数量众多、教育发展水平较高的省份，如河南，也展现出了强劲的研学旅行消费需求。一些在研学旅行领域实施积极政策、拥有良好产业发展基础的省份，如广东和北京，通过构建完善的研学人才培养体系，进一步激发了市场的活力，使得其研学旅行消费需求尤为突出。这些地区不仅为本地学生提供了丰富的研学资源，还吸引了来自全国各地的学子前来体验，共同推动了研学旅行市场的繁荣与发展。

二、消费需求影响因素

（一）消费群体影响因素

1. 父母角色差异

家长在研学旅行中更加关注学生的体验、感受、舒适度和安全保障，其次关注学生的学习效果，他们为学生提供研学旅行资金，并影响学校的决策甚至决定研学旅行基地或服务机构的选择。而作为母亲的女性，普遍承担更多的保育责任，因此在子女尤其是低龄儿童是否参与学校统一组织的研学旅行，以及提供哪些辅助性支持的问题方面，参与度显著高于作为父亲的男性。基于此，研学旅行营销信息传递需高度重视母亲这一主体，兼顾作为家长的父亲。

2. 家庭决策模式

因参与主体是未成年学生，研学旅行匹配的是典型家庭决策，不同家庭成员的关注重点有差异。总体来看，研学目的地条件（安全情况、自然环境、地域文化和语言的适应度、生活质量及开销等）的众多方面均可能被考虑，所有家庭成员都在不同程度地关注研学旅行，覆盖全年龄段。

3. 学生主体特征

学校作为研学旅行活动的主办方，是研学旅行活动的决策者和组织者，学校决定了研学旅行的开展时间、开展时长、目的地选择、服务机构选择等。而学校里的学生是研学旅行的实际参与者，他们在充实自我动机（获得知识、提升能力、满足兴趣、放松身心、开阔视野）与社会认同动机（环境认可、分享欲望、沟通交际和休闲调剂等）的影响下，对研学旅行产生浓厚的兴趣，因而积极主动地搜集相关信息、表达参与意愿。

（二）时间分布影响因素

1. 政策引导与支持

作为旅游和教育的融合业态，研学旅行在中央及地方各种政策的助推下蓬勃发展。2016 年 12 月教育部等十一部门联合发布《关于推进中小学生研学旅行的意见》，直接拉动研学旅行消费需求进入高速增长阶段。随后几年，各类相关政策、纲要、标准发布，研学旅行消费需求增长迅速。

2. 互联网技术演进

从需求端来看，随着以报纸、杂志、广播和电视为代表的传统媒体所覆盖受众人群的逐年递减，其宣传价值也逐年衰减。同时伴随互联网渗透率的不断提升和移动互联网的逐步完善，公众拥有了更为多样、便捷的渠道获取研学旅行相关信息，整体消费需求因此不断增长，其中移动端所引致的消费需求规模及占比都十分突出。

从供给端来看，互联网技术迭代与成熟程度使得研学旅行的技术能力与服务水平得到长足发展，宣传与反馈渠道也得以开发和拓展，研学机构能够根据消费者的行为痕迹了解和分析其喜好，从而为目标群体提供推送或定制研学服务，实现精准化营销，促进研学旅行产品不断完善与升级，推动行业发展呈现总体上升趋势。

3. 学年与季节变化

作为学校统一组织的集体性出行活动，研学旅行消费需求与我国中小学学年安排密不可分。在学年期间一般选择气候适宜的时间安排出行，因而春暖花开的4月、气温适宜的6月、秋意正浓的11月成为集中时段。相应的季节分布以春、夏、秋三季为主，天气寒冷、正值寒假的冬季成为淡季。

4. 突发公共事件冲击

突然发生、造成或可能造成严重社会危害，需要采取应急处置措施的突发公共事件对旅游行业的冲击不言而喻，研学旅行同样受到影响。其中典型代表自然是新冠疫情这一突发公共卫生事件，直接导致2017年以来的研学旅行消费需求高速增长态势骤停，2020年需求量同比减少1/3，2020～2022年这三年时间需求波动明显，且未能恢复到2019年整体水平。

（三）空间分布影响因素

1. 地形分布与气候特征

地形地势与气候条件直接影响研学旅行目的地的可进入性、适宜游览时长、对外交流程度，为本省及周边区域提供差异化的研学旅行基础条件。同时周边不同地区存在不同的地貌状况和自然环境，成为研学旅行的又一动因。地势平坦、海拔较低的东南沿海地区，纬度较低、气候适宜的南方地区，表现出更为旺盛的研学旅行消费需求。

2. 经济发展与基础设施

具有较高经济发展水平、通达度和开放度以及高人口密度的区域对研学旅行的需求更为旺盛。这些地区经济实力强劲、服务业高度发达，为研学旅行发展提供了坚实的物质基础，从供给和需求两方面都对研学旅行消费需求的空间分布格局产生了影响。此外，研学旅行消费需求还与基础设施配套相关，如立体交通网络的构建、旅游交通系统的完善、住宿餐饮服务的提供、研学基地的建设等。

3. 教育发展与学生规模

作为教育与旅游融合的新业态，研学旅行发展与教育发展也呈密切正相关。一方面，教育的发展趋势是从传统教育机构，转向混合、多样化的学习格局，教育发展水平较高的地区，学生的知识获取渠道更宽阔，学校教育和正规教育机构与其他非正规教育经验有更加密切的互动。这些地区能够率先布局学生综合素质培养，重视研学旅行开展、关注研学旅行质量，另一方面，学生规模更大的地区，研学旅行参与主体规模较大，市场潜力突出。江苏、浙江、山东、河南等教育大省表现出十分强烈的研学旅行消费意愿。

4. 地方政策与文旅宣传

作为出行距离通常不会非常远的一项活动，研学旅行目的地集中于学校所在省（区、市），以及周边省份。地方政策支持力度将直接影响各省研学旅行发展，地方政府重视推进研学旅行线路开发、课程设计、营地（基地）建设、服务标准制定，相应研学旅行产品十分丰富，可以拉动更多的消费需求。同时，文旅宣传水平将影响本省研学旅行产品的推介，激活本省以及其他更多省外地区的市场需求。

5. 研学产业与人才培养

研学旅行产业发展基础较好、相关人才培养体系完善的地区，研学旅行消费需求更高。产业发展程度高意味着研学旅行监管体系健全、产品类型丰富、服务质量有保障。人才培养体系完善意味着省内各高等院校设置相关专业培养高素质专门人才，同时研学导师等专业人员的资质考核、从业准则、培训进修十分规范。由此，更好地将研究性学习与旅行结合起来，以高品质的研学旅行产品与服务激发强烈的消费需求。

第五节　研学旅行消费需求提升建议

一、政策支持

（一）健全指导体系

现阶段，研学旅行获得国家各部委多项政策支持，纳入相关"十四五"规划，已作为现代教育体系的重要组成部分被高度认可与关注。面对进一步推动其高质量发展的要求，国家应健全相关指导体系，重点完善研学旅行标准，如细化专项产品标准、课程设计与评价标准、研学导师评定与服务规范、研学旅行安全管理标准等。政策上要向中西部倾斜，中西部地区旅游资源丰富、少数民族文化多彩绚丽，而研学旅行消费需求相对于东部地区较少，未来须给予中西部更多的政策和资金支持。同时组织相关类型试点单位建设、国家级示范单位评定、国家级精品课程评选、全国研学旅行指导师技能大赛等，辅助各项标准的制定、实施和完善。通过"立标准、树标杆"，为研学旅行指明方向，让地方政府、景区、企业行有所依，明确其发展路径、奋斗目标和工作举措。

（二）加强政策落实

为了促进研学旅行的全面均衡发展，各省应在国家政策的宏观指引下，采取双管齐下的策略。一方面，应积极对标先进，组织跨省交流与学习活动，借鉴成功案例的经验与做法，提升本省研学旅行的整体水平。通过互访、研讨、培训等形式，加强省份间的沟通与协作，共同探索研学旅行的新思路、新路径。另一方面，各省还需紧密结合自身实际情况，深入挖掘地方特色与文化底蕴，将其融入研学旅行产业的发展与产品打造之中。通过创新设计具有地域特色的研学课程与活动，丰富研学旅行的内容与形式，有效增强学生的体验感与参与感，进一步激发研学旅行的市场活力与吸引力。

（三）结合区域特色

中国七大地理地区应立足自身特色资源，因地制宜发展研学旅行产业，突出主题特色，打造系列精品研学旅行线路，实现区域联动发展。对于研学旅行消费需求较高的东部地区，应加强对研学旅行相关部门与机构的管理及统筹发展；对于中西部地区，特别是贵州、宁夏、青海、西藏等研学旅行消费需求较低且又具有鲜明民族特色的地区，要大力发展旅游业，以旅游经济带动生态保护与文化传承、以生态文化引领研学旅行发展。

（四）深化部门联动

《关于推进中小学生研学旅行的意见》，这份具有里程碑意义的文件，是2016年由教育部携手国家发展改革委、公安部、财政部、交通运输部、文化部、食品药品监管总局、国家旅游局、保监会、共青团中央以及中国铁路总公司等共11个关键部门联合颁布的，彰显了研学旅行这一教育形式所跨越的广泛领域与深远影响。当前，无论是国家层面还是地方层面，都已建立起多部门协同合作的政策制定与工作部署机制，旨在全方位、多层次地推动研学旅行的健康发展。然而，为进一步规范市场秩序、保障研学旅行的质量与安全，深化部门间的联动机制显得尤为迫切。

为此，开通一个专门的政务信息平台，以作为研学旅行管理的中枢纽带。该平台将承担起信息汇聚、流程监管、安全保障及监督评价等多重职能。具体而言，研学旅行的计划需首先提交至教育部门进行审批，一旦获得批准，其详细行程安排将被上传至该信息平台。随后，相关地区及部门将据此进行登记备案，确保信息的透明与共享。在活动期间，平台将发挥关键作用，为研学团队在交通、餐饮、住宿、参观及体验等各个环节提供必要的支持与保障。通过协调各方资源，必要时可开设绿色通道，以应对可能出现的紧急情况，确保研学活动的顺利进行。同时，平台还将对服务提供方的行为进行严密监督，确保服务质量与标准，维护学生的合法权益。

总之，这一政务信息平台的建立，将有力促进研学旅行领域的部门联动与资源共享，为研学旅行的规范化、安全化及高质量发展奠定坚实基础。

（五）构建协同机制

策划并促进一场高质量的研学旅行，需要学校、研学旅行目的地以及提供服务的企业三者之间紧密合作。为促进研学旅行达到教育价值与体验质量的双重提升，政府部门应通过健全的市场准入机制筛选合格的研学旅行机构，积极引导构建协同机制。让作为研学体验者的学生、作为学生监护人的家长、作为活动策划的学校教师都能适度参与研学旅行安排，为串联研学旅行服务的旅行社提供良好沟通渠道，帮助其在考虑学校各群体诉求的基础上，便捷地获取目的地相关服务支持。同时，因研学旅行的公益性特点，高效协同机制还有助于控制成本，降低费用。

二、产业升级

（一）打造研学平台

获得从上到下高度重视、归属多个监管部门、涉及多方参与群体，这是研学旅行不容忽视的复杂特征，其产业升级亟须解决各方的信息共享问题，这就需要打造权威、专业、智能的研学平台。互联网已有的研学平台以商业性质为主，直接导致重"游"轻"学"，公益性、教育性、创新性不足。因此，由政府主导，相关部门贯通，中小学进驻，研学机构主动加入的研学平台打造是十分必要的。在研学平台的建设上，要重视完善售后体系和反馈机制，使潜在消费者可以通过他人的评价获取该研学产品的相关信息。

（二）建设旅游研学基地

作为专注于提供高质量研学体验的社会化平台，研学旅行基地不仅是研学目的地的核心承载者，也是推动整个研学旅行产业蓬勃发展的关键要素。随着国家及地方层面对示范性基地建设的持续推动，我国研学旅行基地的数量正经历着显著的增长，然而，在数量扩张的同时，其建设质量与特色发展更需成为关注的焦点。

为确保研学旅行基地能够满足不同年龄段学生的多元化需求，必须精心配置一系列紧扣主题的实践活动场所及先进的教育设施设备。这些设施不仅要彰显其观赏性与教育性，还应深入挖掘并展现当地的历史底蕴、文化精髓及科学魅力，确保每一次研学之旅都能成为一次知识与文化的深度探索。为避免同质化竞争与资源浪费，研学旅行基地的规划与建设应紧密依托本地独特的文化和旅游资源，明确自身的核心价值定位，并据此深入挖掘研学主题，设计富有创意与特色的研学线路。开发一系列寓教于乐、创新独特的课程体系，让学生在实践中学习，在学习中成长。研学旅行基地还应高度重视专业人才队伍的建设。一支跨学科、跨专业、综合素质高的专业团队，不仅需具备深厚的专业知识与技能，还应具备良好的组织协调能力与创新能力，能够确保研学旅行活动的安全、有序与高效进行，为学生提供全方位、高质量的研学体验。

（三）培育研学企业

研学旅行的广阔前景吸引了教育培训机构、文化旅游企业、传统旅行社、书店乃至在线旅行服务商和互联网巨头等纷纷加入。参与者的多元化也带来了一些问题，如市场产品参差不齐。培育优质的研学企业，首要任务是建立健全研学旅行市场的准入机制，由相关部门严格把关，确保具备专业资质、良好信誉和服务能力的企业进入市场。同时，行业协会应发挥桥梁作用，为有意转型的企业提供详尽的市场信息、政策解读及转型咨询服务，助力其顺利过渡并聚焦于研学旅行的核心业务。

此外，设立研学企业孵化项目，特别是针对初创和小微型企业，通过资金、技术、市场等多方面的扶持，加速其成长与发展，为市场注入新鲜血液与创新活力。

（四）培养研学人才

实现快乐旅行与深度学习并重的目标，离不开一支由专业人士精心组织与实施的团队。在这个团队中，组长扮演着协调全局的角色，确保各项活动的顺利进行；安全员负责全程的安全教育与风险防控，为学生的安全保驾护航；研学导师是知识的引路人，他们提供高质量的研究性学习指导，激发学生的探索欲与求知欲。

教育部于 2019 年 10 月将"研学旅行管理与服务"专业正式纳入《普通高等学校高等职业教育（专科）专业目录》增补范畴，这一举措不仅反映了该领域专业人才的紧缺现状，更彰显了国家对这一新兴教育模式的高度重视与前瞻布局。相关院校应当积极响应，充分发挥其教育资源优势，精心设置研学旅行相关专业课程，构建理论与实践相结合的教学体系。同时，加强与行业企业的合作，为学生提供实习实训平台，帮助他们将所学知识应用于实际工作中，提升职业素养与综合能力；指导学生积极考取相关职业资格证书，增强就业竞争力。

三、产品营销

（一）定制研学产品

研学旅行产品的定制化成为确保教育质量与效果的关键环节。学校、目的地与研学机构之间的紧密合作，为定制化产品的实现提供了坚实的支撑。研学机构负责精选安全且富有教育意义的研学基地，巧妙融入地域特色的文化旅游元素，打造出涵盖自然探索、历史追溯、地理认知、科技体验、人文浸润及实践体验等多维度的研学产品。同时，穿插社会实践、生活技能、安全自救等教育内容，使研学之旅成为一次全方位的学习与成长之旅。在定制过程中，研学机构需深入调研学校的研学目标、学生的课程进度、兴趣点及家长意见，确保产品能够精准对接学生的学段特点、年龄层次、知识储备、能力水平及实践需求。

（二）创新研学课程

课程是研学的核心，课程是否科学、合理、规范，从根本上决定了研学旅行的体验效果，直接影响产品质量。研学课程应当不断创新：围绕立德树人的根本任务，契合基础教育课程教学改革要求，确定研学课程指导思想，分解课程目标，设置课程主题；结合教材内容、知识要求、学习进度，安排研学课程内容；顺应技术进步趋势，将信息化、数字化、网络化、智能化融入研学课程实施。同时，研学旅行课程要依据生活教育理论的原则，以生活为教育内容，坚持生活化、社会化、体验化的方向，克服研学旅行课程过于学科化、知识化的倾向。

（三）塑造研学品牌

研学旅行企业的客户通常是学校、教育培训机构等组织，与之建立良好的合作关系是品牌发展的重要支撑。要提供专业、有吸引力的研学项目，赢得客户的信任和支持；要不断丰富品牌内涵，充实品牌联想，促进品牌资产增长。研学旅行机构需要伴随行业发展调整品牌定位，逐步提炼本企业产品与服务特色，建立与目标市场相关的品牌形象，赋予品牌文化和个性，从而在众多企业中脱颖而出。

（四）重视研学宣传

研学旅游企业需精准定位其沟通对象——教师、家长与学生，并深刻理解他们各自的关注点与需求。教师侧重于教育价值与教学设计的契合度，家长更关心旅行过程的安全性及孩子的生活照顾，学生则对目的地的新奇体验与活动安排充满兴趣。基于上述洞察，研学旅行企业应定制化沟通内容，确保信息传达的精准性与生动性。可通过文字描述、高清图片、生动视频以及互动链接等多元化媒介，全方位展示研学产品的独特魅力与丰富内涵。

在宣传渠道的选择上，研学旅行企业应采取线上线下相结合的方式，构建全方位、多层次的宣传网络。一方面，积极入驻各大研学旅行平台，利用平台的广泛影响力与精准定位，向目标受众展示品牌形象与产品特色；另一方面，深入校园，与学校建立直接联系，通过举办业务洽谈会、产品发布会等形式，面对面传递研学旅行的教育价值与实践意义。研学旅行企业可充分利用抖音、快手、哔哩哔哩、小红书等热门社交媒体，发布创意短视频、图文攻略、直播互动等内容，与教师、家长、学生建立更加紧密的联系与互动。这种贴近年轻用户群体的宣传方式，不仅能提升品牌知名度与美誉度，还能有效促进研学产品的销售转化。

案例　　　　　寓教于乐
——华银生态园研学旅行*

一、引言

2024 年 6 月 22 日下午，379 名来自湘乡市名民实验中学的八年级学生正在湘潭华银生态园的研学园区忙碌着。为期 3 天的研学中，学生们有的在这里学习高科技农业灌溉技术，有的在这里学习植保无人机飞手课程，有的在走"长征路"……在华银生态园的企业荣誉墙上，安静地挂着企业成长以来的多项荣誉：全国共享农民田间学校、湖南省五星乡村旅游区、湖南省全民国防教育基地、湖南省中小学劳动教育实践基地、湖南省中小学研学实践教育基地、湘潭市科学技术普及基地……

华银生态园今天有如此的成就，究竟是什么原因？

二、乡村振兴，建立绿色生态园

从 20 世纪 90 年代开始创业，到 2002 年经营 KTV，再到华银大酒店的顺畅运行，付锡文在市里面闯出了一番天地，2015 年，华银集团荣获"湖南餐饮百强企业""湖南省创新创业带动就业示范典型优质初创企业"。事业上的成就让他更加有社会责任感，他特别希望带领村子里的人们发家致富。如何让这里富裕起来呢？建立一个以"科技农业"为主题的生态农业园这一想法应运而生。

三、弥补遗憾，支持家乡教育

作为一个成功的企业家，付锡文曾获"省百名最美扶贫人物""中国餐饮行业杰出企业家""全省抗洪救灾先进个人、特殊贡献奖""湖南慈善奖最具爱心捐赠企业"等多项荣誉。然而，年少辍学一直是付锡文难以弥补的遗憾。如何让家乡的孩子不再有这种遗憾，2012 年 5 月，他毫不犹豫地捐资 200 万元，修建了湘潭市雨湖区姜畲镇金陵华银希望小学。

---

*　该案例系作者实地调研后撰写，数据来自案例企业提供的一手资料，并已获得企业授权。

然而，希望小学里传统的课堂教学，学生只能通过纸上解题来掌握学科知识。老师们也想寻求改变，但总是感到力不从心。付锡文思考了很久，觉得生态园的优美环境可以好好利用来开展创新形式的教学。2013年，《国民旅游休闲纲要（2013—2020年）》提出"逐步推行中小学生研学旅行"的方针，国内研学旅行开始渐受关注。付锡文感觉到这与自己的想法不谋而合，华银生态园即将迎来一次发展教育事业的好机会。

四、探索创新，建立研学旅游基地

国家研学旅游政策实施以来，付锡文就把自己的事业和研学教育联系在一起。2016年，教育部出台了《关于推进中小学研学旅行的意见》，明确"中小学的研学旅行是由教育部门和学校有计划地组织安排，通过集体旅行、集中食宿等方式开展的研究性学习和旅行体验相结合的校外教育活动，是学校教育和校外教育衔接的创新形式，是教育教学的重要内容，是综合实践育人的有效途径"。国家旅游局发布了《研学旅行服务规范》，明确了研学旅行的定义：以中小学生为主体对象，以集体旅行生活为载体，以提升学生素质为教学目的，依托旅游吸引物等社会资源，进行体验式教育和研究性学习的一种教育旅游活动。湘潭市被教育部确定为全国11个研学旅行试点城市。

这样的好消息不断触动着付锡文的心弦。他决定加大资金投入，把绿色生态园办成研学基地。

（一）建立基地，快乐于行

2016年11月，华银率先成立了华银研学实践教育基地，开始探索一条专属于华银的研学之路。

付锡文坚定地说："华银生态园搞研学项目，具有'天时、地利、人和'的优势。国家和地方制定了多项文件大力支持研学，这是'天时'；华银生态园距离长沙、株洲、湘潭三市中心城区只有15～50分钟车程，320国道就在门口，这是'地利'；华银集团的口碑向来非常好，我们又与学校建立了良好的合作关系，名气也打出来了，这是'人和'。我们一定要做研学，让更多的孩子受益！"

华银生态园到底要做什么样的研学项目呢？付锡文把大家召集起来进行头脑风暴，一起探讨这个问题。"孩子的天性就是爱玩，我们一定要让孩子们有'学'，更有'玩'。建个游乐场，这样一定能吸引很多孩子来玩。"有人说。

"你说得对，但又不全对。如果我们只是单纯地建一个游乐场，那和其他游乐园有什么区别呢？寓教于乐就是要把教育跟娱乐融合为一体，使人在娱乐中受到教育。要建就要建一个可以在玩中学、学中玩的拓展训练场。"谭建民总经理补充说。"我们办研学，一定要办出特色，决不能完全照搬其他机构的模式，而且我们要发挥自身的优势，做人无我有、人有我优的东西。""我们现在有草莓园、蔬菜园，可以让学生们体验生态种植等农事活动。以后还可以建很多与研学相关的配套设施，如红色教育、传统文化、军事拓展等方面，让孩子们身临其境，深刻体会，爱上学习。我们一定要给孩子们提供良好的学习情境！"付锡文坚定地说……

（二）提升品质，创设情景

起初的华银生态园把所有研学项目都放在十个临时大棚里面进行。考虑到市场需求的不断扩大，学校、家长们对研学环境的要求也有所提升，大棚已经不能满足高标准的研学课程要求，2021 年，华银生态园做出了一个重大决定，改善硬件，提升研学品质。

（1）新建红色教育中心。红色教育中心包含 4 个红色展厅——劳模精神展厅、伟大精神展厅、国防教育展厅以及乡村振兴展厅。劳模精神展厅展现了湘潭劳模们的光荣事迹，弘扬的是新时代劳动精神、劳模精神和工匠精神；伟大精神展厅以中国共产党的百年奋斗历程为主线，带领参观者追寻中国共产党的发展史；国防教育展厅中摆满了我国各种型号的舰艇和战斗机模型，体现了我们祖国现在的繁荣昌盛和富强民主；乡村振兴展厅分别从产业兴旺、治理有效、生态宜居、乡风文明以及共同富裕五个部分做了阐述。除此之外，华银生态园还在园区内设置了巨型红色文化长廊、中共"一大"纪念船、湘潭百年图片展等。

（2）增添智能农业种植场所。在省农科院、湖南农大等机构专业人士指导下，华银生态园不仅规划了开心农场、草莓园、蘑菇工厂、蔬菜种植园，还设置了智能恒温种植大棚，生产基地采用喷灌、无人机等高科技农业技术，实现设施化栽培、数字化管理、科技化支撑。学生们既可以在这里体验传统的种植方式，又能够学习先进的农业科技知识。

（3）建立孝道文化教育研学园。在华银生态园的中心地带，有一座石雕孔子像。它不仅承载着深厚的历史文化底蕴，更象征着智慧、仁爱和教育的力量。它提醒师生们要时刻铭记孔子先生的教诲，以"仁爱"之心待人接物，以"礼义"之道行事处世。在石雕孔子像的熏陶下，学生们沐浴在孔子的伟大思想和教育理念中，学生们更加乐于去追求生活中的真、善、美，走向阳光健康、积极向上的人生道德之路。

（4）新建研学住宿场所。酒店业是华银的强项，新建的研学大楼里设有113 间标准房，可同时入住 200 余人。为了满足夏令营和冬令营团队住宿需求，园区打造了一个区别于标准间的独立营房，营房内部有 30 多个上下铺的床，参加同一期研学活动的孩子可以在这里同吃同住，体验一段在家中从未有过的集体生活。

（三）重视师资，建立快乐教学团队

在华银生态园的研学教育发展历程中，师资力量的建设无疑是十分关键的一环。面对初期的师资短缺问题，付锡文与研学部经理刘磊的相遇仿佛是命运的安排。刘磊不仅为华银生态园带来了宝贵的研学经验和教育理念，更激发了团队对研学教育事业的共同信念和追求。

从最初的 3 人小团队，到如今拥有 20 多名专业人员的队伍，华银生态园在师资建设上实现了质的飞跃。这一转变背后，是团队对研学教育深刻理解与不懈探索的结果，也是他们勇于创新、敢于尝试新路径的体现。

在招募策略上，华银生态园采取了多元化的方式。他们不仅吸引了研学经验丰富的老手加入，还大胆尝试招募喜欢小朋友的年轻人，打造了一支年轻、活力、专业的教学团队。这种策略不仅解决了师资短缺的问题，更为团队注入了新鲜血液，带来了更多的创意和活力。

同时，华银生态园还非常注重教官和老师的专业培训。他们通过送教官到专业研学培训基地学习、组织老师们外出跟班学习等方式，不断提升团队的专业素养和教学能力。这些培训不仅让教官和老师们掌握了更多的研学指导方法，也让他们更加深入地理解了研学教育的真谛。

此外，华银生态园还积极邀请全国劳动模范、"工匠人才"以及心理学、教育学专家，为研学课程提供专业课程的技术指导。这种开放合作的态度，不仅提升了课程的品质，也拓宽了团队的视野和思路。

在研学教育中，研学导师的角色至关重要。他们不仅是知识的传递者，更是中小学生研学的支持者、合作者和引导者。华银生态园的老师们深知这一点，他们不仅在教学中注重知识的传授，更注重培养学生的创新思维和实践能力。他们通过组织专题研讨交流会、总结经验等方式，不断提升自己的教学水

平和指导能力，为孩子们的成长提供了有力的支持。

总之，华银生态园在研学教育师资建设上取得了显著的成效。他们通过多元化的招募策略、专业的培训机制以及开放合作的态度，打造了一支高素质、专业化的教学团队。这支团队不仅为华银生态园的研学教育事业提供了坚实的支撑，更为孩子们的成长和发展贡献了自己的力量。

（四）潜心开发，打造快乐学习课程

（1）赓续红色血脉，开发红色文化课程。依托园区的红色教育资源，充分挖掘本土红色文化，将其融入课程中，不断加强青少年党史学习教育，教育引导广大学生传承红色基因，赓续红色血脉。学生们通过看实景、听故事、演舞台剧等方式参与学习，既有收获，又乐在其中。

（2）彰显智能科技，开发农业科技课程。依托现有农业智能科技体系，开发了农业科技、植物保护、植保无人机飞手等特色课程；设计了参观蔬菜种植基地及温控大棚、农作物病虫害防治技术及农药喷淋实操、土壤与水质改良方法、有机肥料和生物肥料的使用等实训活动，满足不同年龄阶段孩子的培育需求，以理论结合实践，保障研学效果。对于大多数学生来说，种菜方法、喷灌技术和无人机飞手都是新奇的事物，学习过程总是乐此不疲。

（3）传播传统文化，开发孝文化主题课程。从成立之初到现在，华银集团一直秉承"以爱立业，以孝治企"的企业理念。2019 年，华银生态园决定传播推广企业的孝文化，特量身定制了一系列"孝"文化主题课程，并与湘潭电视台电视新闻中心合作打造了为期五天四晚的全湘潭规模最大、配置最齐全的首家"孝"文化主题冬令营。活动中，孩子们在寓教于乐的氛围中汲取传统文化中那经久璀璨的孝道之光。

（4）磨炼钢铁意志，开发拓展训练课程。通过调研，课程研发团队了解到，除了学习"孝"文化，家长们还希望孩子们能学习更多知识，也希望孩子们能来锻炼身体、磨炼意志。华银生态园决定拓展一个综合性较强的项目。在课程开发探讨会上，教官和老师们敞开心怀，各抒己见。一位教官提议："国防教育要从娃娃抓起，我认为可以打造一个我们特警训练那样的场地，让孩子们体验真实的军营训练，这样才能真正让他们身临其境，磨炼他们的意志。"经过开会多次探讨，大家达成了许多共识。华银花费 100 余万元，根据特警五项训练场地缩小比例在杨梅园里建立一个障碍跑项目训练场地。麻雀虽小，五脏俱全，新建的训练场地深受孩子们喜欢。

（五）寓教于乐，丰富教学手段

华银生态园在推动研学教育的过程中，不仅注重传统文化的传承与弘扬，还积极响应国家关于加强学生劳动教育和实践能力培养的号召，创新性地开发了一系列富有特色的户外拓展和实践活动课程。这些课程不仅丰富了学生的知识体系，更在潜移默化中锻炼了他们的意志品质、团队协作能力和社会责任感。

通过与人教版小学课本的紧密结合，华银生态园开发的户外种植课程让学生们在亲身体验中学习了农业知识，了解了应季蔬菜的种植与营养价值，增强了他们的环保意识和动手能力。课程设计的每一个环节都充满了教育的智慧：从问题引导激发学生的思考兴趣，到分组合作培养学生的团队协作能力，再到收尾环节的卫生清理和工具归位，无不体现出对学生综合素质培养的重视。而最佳小组的评选和奖励机制，更是激发了学生们的参与热情和竞争意识，让学习过程变得更加生动有趣。

华银生态园的户外军事训练课程，则是另一项深受学生喜爱的研学项目。通过模拟真实的军营训练环境，学生们在挑战中不断成长，学会了勇敢面对困难和挫折，理解了团结协作的重要性。教官们通过问卷调查了解学生的基础情况，因材施教，确保每位学生都能从训练中获得实质性的提升。同时，教官们还通过自身的言行举止，为学生们树立了勤俭节约、珍惜粮食的良好榜样。

华银生态园的教师团队在研学教育的道路上不断前行，他们与时俱进，紧跟教育发展的步伐，不断优化课程内容，提升教学质量。每一次课程结束后，教师们都会认真总结经验教训，打磨核心要点，力求让下一次的课程更加完美。而课前根据学生的实际情况微调课程内容，更是体现了教师们的专业素养和对学生的高度负责。

总之，华银生态园通过开发一系列富有特色的研学课程，不仅为学生们提供了一个丰富多彩的课外学习平台，更为他们的全面发展和综合素质提升奠定了坚实的基础。

（六）完善制度，实施安全保障

孩子的安全是学校和家长们考虑的头等大事。为贯彻落实"安全第一，预防为主"的安全工作方针，切实保障广大学生研学旅行活动安全，华银生态园成立多部门安全领导小组，制定详尽保障制度。制度涵盖点名、交通、食品、活动安全及应急处理等方面。活动前，执行团队组织安全教育会议，向家长发信提醒，班主任也开展集体安全教育。出发前，全校学生接受安全、纪律教育，辅导员进行专业培训，公司设立指挥中心与应急小组，并制定各类应急预案，全方位保障学生安全。

五、成就大业　创建示范基地

华银生态园秉承"以爱立业，以孝治企"理念，打造绿色蔬果种植及高科技农业园区，融合孔子园、红色教育、生态餐饮等，成为湖南乃至全国红色教育、乡村振兴及劳动实践的综合示范园区。青少年在此体验农事，感受农耕与孝道文化，培养爱国情怀、劳动习惯与环保意识。华银生态园内的红色文化项目，打造经典红色旅游培训线路及模式，至今已接待游客800余批次。游乐园人气火爆，节假日每天要接待2 000多人。

六、尾声

华银生态园已发展为集生态种养、加工销售、研学实践于一体的现代高标准科技园，设有多种规模培训室，可同时容纳近2 000人进行研学培训。华银生态园课程丰富，涵盖国学、微景观、扎染、手工等多领域，可根据学生年龄和需求定制研学活动。融合"以爱立业，以孝治企"理念，注重思维与价值观引导，设计高质量、实践性强的课程，让学生快乐学习，研学结合。

同时，通过不断改进升级和积极申请，华银生态园现已经成为"湖南省中小学生劳动教育实践基地"和"绿色生态研学实践湖南省科普基地"，湖南和其他省份的学生纷至沓来，成为全国性的研学基地。近年来，华银生态园荣誉不断，先后获得"全国五星级休闲农庄""乡村旅游精品园区""湖南省农民田间学校""省级农业产业化龙头企业""全国共享农民田间学校"等荣誉称号或授牌。

"事业如同航行中的巨轮，随着风浪的增大，掌舵者的责任也愈发重大。我深知，唯有稳健前行，方能不负众望，抵达成功的彼岸。"付锡文感觉自己肩上的责任越来越重。依托园区良好的环境，他正带领着自己的精英团队积极探索更多的可能性，给孩子们带来更广阔的学习空间，让孩子们在快乐的氛围中遨游知识的海洋。

（案例作者：陈素平　钟　声　张　薇）